조선 인물 청문회

조선을 움직인 23인
그들을 다시 불러세우다

조선
인물
청문회

윤용철 편저

이색·독살인가, 자연사인가·길재·충신은 두 임금을 섬기지 아니한다·정도전·아득한 세월 한 그루의 소나무·조 준·도량이 너그럽고 넓다 하였으나·황 희·청빈하지 않으나 청렴하였다·맹사성·조선조 청백리의 으뜸·이언적·동방에서 자못 비견될 사람이 드물었다·김상헌·동방에 오직 김상헌 한 사람이 있을 뿐·성삼문·일평생 먹은 마음 변할 줄이 있으랴·신숙주·그래도 공이 과를 덮는다·한명회·말단 궁지기에서 영의정까지·변계량·살기를 탐하고 죽기를 두려워하며·이순지·그의 딸이 사노와 간통하고·홍윤성·그 주인의 그 종 – 노복은 세도를 믿고·임숭재·마누라까지 왕에게 바친 희대의 간신·이이첨·사람됨이 간교하고 독살스러워서·윤원형·흉악한 죄들은 머리털을 뽑아 헤아린다·해도·정 철·조선 가사문학의 최고봉·허 균·훗날 반드시 이론이 있을 것·김만중·한글로 쓴 문학이라야 진정한 국문학·강희안·시, 그림, 글에 뛰어난 조선의 3절·이 황·도산 달밤에 핀 매화·김종직·글 하나 때문에 두 번을 죽다

말글빛냄

홀로 산창에 기대서니
밤기운이 차가운데

매화나무 가지 끝에
둥근 달이 떠 오르네

구태여 부르지 않아도
산들바람도 이니

맑은 향기 저절로
뜨락에 가득 차네

이황 〈도산 달밤에 핀 매화〉

머리말

"그들을 불러내어 역사 앞에 다시 세우다"

역사는 승자의 기록이다. 패자는 승자의 손끝에서 다시 태어나고 죽기를 거듭한다. 그리고 그러한 기록들은 시대를 넘어 또다시 정치적·국민계몽적 목적 하에 부단히 왜곡되어 과도하게 추앙되거나 폄훼되어 왔다.

따라서 이 책을 쓴 의도는 그동안 후세에 의해 이처럼 왜곡되어 과도하게 추앙되거나 폄훼되어 왔던, 조선을 움직인 인물들에 대한 인식을 바로 잡기 위함이다. 나아가 그들의 숨겨진 이면을 들추어 밝힘으로써 그들을 다시 역사 앞에 불러내 재평가할 수 있는 독자 청문회의 단초를 제공하고

자 하는 데 있다. 그 사실적 근거를 조선의 정사인 〈조선왕조실록〉에서 찾고자 했다.

〈조선왕조실록〉은 조선시대 태조에서부터 철종에 이르기까지 25대 472년에 걸친 역대 왕들의 실록 28종을 하나로 묶어 정리한 책이다.

〈조선왕조실록〉은 고려시대의 〈삼국사기〉와 달리 어느 특정한 시기에 특정한 사람들에 의해 의도적으로 기획, 기술, 편찬된 책이 아니라 조선시대 국왕이 교체될 때마다 후왕대에서 선왕대에 기록된 사관들의 초록을 근거로 이루어진 것이며, 당시 조정의 전 분야를 망라하여 기록한 정사正史이다. 따라서 비록 그것이 승자의 기록이라 할지라도 어느 기록보다도 사실에 기초한 신뢰할 수 있는 기록일 수밖에 없다.

이 책 〈조선 인물 청문회〉는 이러한 〈조선왕조실록〉 중에서 조선 초·중기 시대에 가장 영향력 있는 인물 23인을 선정, 그동안 오도되고 왜곡되어 전달되었던 실록에 기록된 그들의 평가와 그 평가에 관련된 사건 및 일화들을 뽑아 정리한 것이다.

〈조선왕조실록〉은 태조부터 철종에 이르기까지의 유명인사 2,125명에 대해 死後 평가를 '졸기卒記'라는 제목으로 수록하고 있다. 여기에는 해당 인사에 대한 출생에서부터 죽음에 이르기까지 전반적인 내용을 기술하고 있다. 단, 이 책 〈조선 인물 청문회〉에 수록된 인물 중에는 허균을 비롯하여 졸기에 오르지 않은 몇 명이 있음도 밝혀둔다. 이들은 대부분 역모에 관련되어 죽은 이들로 실록은 이들을 졸기에서 제외시키고 있다. 따라서 저자가 그들의 죽음의 현장 기록과 평가를 실록과 기타 자료에서 발췌하여 추가했다.

가능한 그 사람의 업적과 과오 그리고 사건에 대해 저자의 주관적인 입장을 개진하지 않으려 노력했으며, 따라서 실록에 나타난 기록에 의거해 객관적 사실 전달에 주력하고자 했다.

실록의 기록에서 줄기만큼 중요한 것이 해당 인물에 대한 탄핵 상소문이다. 주요 인사들에 대한 탄핵 상소문은 그 개인의 삶과 인격, 나아가 그에 대한 당시의 여론을 살필 수 있는 귀중한 자료이다. 물론 탄핵 상소문이라는 것이 대부분 과過를 묻고자 하는 것일 뿐, 공功을 이야기하는 것이 아니기 때문에 그 상소문의 내용을 가지고 탄핵 당사자에 대한 전반적인 평가를 한다는 것은 분명 무리가 있다. 그러나 한 시대를 풍미한 인물들에 대한 평가는 공보다는 과에 대해 세밀한 잣대를 들이댈 수밖에 없고, 우리는 그 과를 통해 삶의 교훈을 얻고자 함이기 때문에 탄핵 상소문에 나타난 내용을 중요하게 다룰 수밖에 없었다.

그럼에도 불구하고 〈조선왕조실록〉의 기록은 사가들이 흔히 말하는 승자의 기록이라는 느낌 또한 지울 수 없음도 이 책을 쓰면서 더욱 굳어진 어쩔 수 없는 안타까움이다. 그러나 오늘날의 사가들이 당시의 정치 권력에 밀려 실록에서 잘못 평가된 인물들에 대해 재평가하여 제자리로 돌려놓고 있음은 참으로 다행한 일이다.

역사의 기록은 참으로 무섭다. 수백 년을 넘어 전해지는 〈조선왕조실록〉뿐 아니라 오늘을 사는 우리 시대 우리 삶의 기록도 동해물과 백두산이 마르고 닳도록 후세에게 전해지고 평가될 것이다. 역사의 잣대는 한 치의 오류도 용납하지 않는다. 이 시대를 책임지는 오늘의 지식인과 정치가들이 참으로 유념해야 할 일이다.

이 책은 이미 〈조선왕조실록-줄기〉를 바탕으로 〈살기를 탐하고 죽기를 두려워하며〉라는 제목으로 출간된 바 있으나 교정 오류 등 미비한 점을 보완, 새롭게 정리하여 재출간하게 되었다.

이 책을 집필하면서 내내 마음 한 자락에 체하듯 아픈 이가 있으니 곧 허균이다. 당대에 "천지간의 괴물"이라고까지 질시 받았던 그는 분명 시대를 잘못 태어난, 시대를 뛰어넘은 천재였다. 찢겨서 죽어가던 육신처럼 시대와 화합하지 못했던 그의 찢겨진 영혼이 수백 년을 넘어 아직도 바람처럼 이 땅 어느 산하에 외로이 떠돌고 있는지 모르겠다.

그에게 이 책을 바치고자 한다.

2013년 봄
윤용철

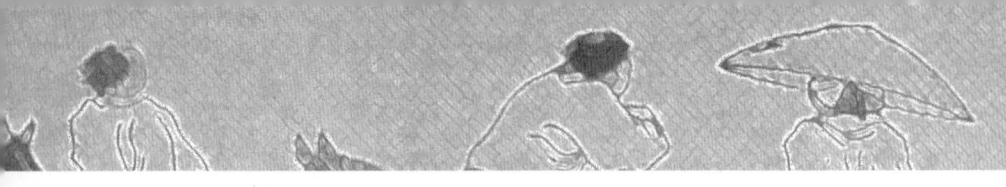

차례

머리말 · 그들을 불러내어 역사 앞에 다시 세우다 _ 6

1부 개국의 새벽, 남은 자와 떠난 자

이 색 · 독살인가, 자연사인가　16
길 재 · 충신은 두 임금을 섬기지 아니한다　26
정도전 · 아득한 세월, 한 그루의 소나무　36
조 준 · 도량이 너그럽고 넓다 하였으나　48

2부 내 곳간부터 뒤져라

황 희 · 청빈하지 않았으나 청렴하였다　64
맹사성 · 조선조 청백리의 최으뜸　81
이언적 · 동방에서 자못 비견할 사람이 드물었다　93
김상헌 · 동방에 오직 김상헌 한 사람이 있을 뿐　105

3부 충절인가, 변절인가

성삼문 · 일평생 먹은 마음 변할 줄이 있으랴 122
신숙주 · 그래도 공이 과를 덮는다 140
한명회 · 말단 궁지기에서 영의정까지 151

4부 세상이 부끄럽구나

변계량 · 살기를 탐하고 죽기를 두려워하며 166
이순지 · 그의 딸이 사노와 간통하고 175
홍윤성 · 그 주인에 그 종 - "노복은 세도를 믿고" 187

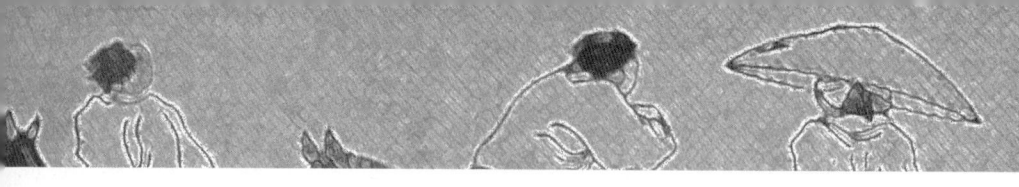

5부 백성의 원성이 하늘에 닿다

임숭재 · 마누라까지 왕에게 바친 희대의 간신 202
이이첨 · 사람됨이 간교하고 독살스러워서 212
윤원형 · 흉악한 죄는 머리털을 뽑아
헤아린다 해도 다 셀 수가 없다 227

6부 시대를 넘어, 문장을 넘어

정 철 · 조선 가사문학의 최고봉 242
허 균 · 훗날 반드시 이론이 있을 것 255
김만중 · 한글로 쓴 문학이라야 진정한 국문학 272

7부 벼슬엔 뜻이 없고

강희안 · 시, 그림, 글에 뛰어난 조선의 3절　282
이 황 · 도산 달밤에 핀 매화　291
김종직 · 글 하나 때문에 두번을 죽다　303

조선인물청문회

제1부

개국의 새벽, 남은 자와 떠난 자

조준 · 도량이 너그럽고 넓다 하였으나
정도전 · 아득한 세월, 한 그루의 소나무
길재 · 충신은 두 임금을 섬기지 아니한다
이색 · 독살인가, 자연사인가

이색 李穡(1328~1396년)

고려 말의 문신, 학자. 삼은三隱의 한 사람이다. 정방 폐지, 3년상을 제도화하고, 김구용, 정몽주 등과 성리학 발전에 공헌했다. 고려 우왕의 사부였다. 위화도 회군 후 창왕을 즉위시켜 이성계를 억제하려 했다. 조선 태조가 한산백에 책봉했으나 사양했다.

독살인가, 자연사인가

한산백 이색이 여흥에 있는 신륵사에서 졸하였다.

부음이 들리자 임금이 조회를 정지하고 치제致祭하였으며, 부의를 내려주고 시호를 문정文靖이라 하였다. 이색의 자는 영숙潁叔, 호는 목은牧隱이며, 도첨의찬성사 문효공 이곡의 아들이다.

어릴 때부터 총명과 슬기로움이 보통 사람과 달랐고, 나이 14세에 성균시에 합격하였다. 1348년에 이곡이 원나라의 중서사전부가 되었는데 이색은 조관의 아들이라 하여 원나라에 가서 국자감 생원이 되었다.

　1351년 1월에 이곡이 본국에 돌아와 죽으니 부친상으로 귀국하여 상제를 마치고 계사년 공민왕이 처음으로 과거를 설치할 때는 지공거 이제현 등이 이색을 장원으로 뽑았다. 가을에 정동성의 향시에 급제했고, 원나라에 가서 1354년에 회시 대책에서 1등, 전시와 정시에서 2등갑 제2번으로 뽑혔다. 1356년에 모친이 늙었다 하여 벼슬을 버리고 본국으로 돌아와 가을에 이부시랑에 임명되고, 이어서 우부승선에 이르렀다. 1361년에 홍건적의 침입으로 경성京城이 함락되어 공민왕이 남행할 때 이색은 왕을 수행했다. 정미년에 원나라 정동성 낭중으로 제수되고, 본국에서는 판개성 겸 성균 대사성으로 임명되었는데, 한때의 경술經術을 통하는 정몽주, 이숭인 등 6~7인을 천거하여 모두 학관을 겸했다. 경전을 나누어 수업을 하매 서로 어려운 것을 논란해서 각각 있는 지식을 다했다.

　이색은 변론하고 분석하며 절충하는 데 날이 저물도록 게을리 하지 않았다. 이리하여 기억하고 외우기만 하는 습관과 공리功利의 학설이 점점 없어지고 성리학이 다시 일어났다.

　공민왕이 노국공주의 영전을 짓는 데 말할 수 없으리만큼 사치하고 호화롭기가 지극하여, 시중 유탁이 임금에게 중지하기를 청하니 임금이 노여워하여 유탁을 죽이려 했다. 이색을 시켜서 여러 신하들에게 알리는 교유문을 지으라 했다. 이색이 죄명을 임금에게 물으니 임금이 탁의 네 가지 죄목을 들었다. 이색이 대답하였다.

　"이것은 죽을 만한 죄가 아닙니다. 원컨대 깊이 생각하옵소서."

　임금이 더욱 노하며 독촉하자 이색이 아뢰었다.

"신이 차라리 죄를 받을지언정 어찌 글로써 죄를 만들겠습니까?"

임금이 감탄하고 깨우치니 탁이 죽기를 면했다.

신해년에 모친상을 당하고 이듬해 임금이 복권을 시켰는데 병이 있다고 고사했다. 갑인년에 공민왕이 세상을 떠났다. 이색이 병이 중해서 문을 닫고 7~8년을 지내다가 우왕 8년 임술년에 판삼사사判三司事로 임명되고, 무진년에 최영이 요동을 공격하자고 청하자 우왕이 나이 많은 신하들로 하여금 모여서 가부를 논의하라고 하니, 모두 임금의 비위를 맞추어서 반대하는 자가 적고 찬성하는 자가 많았다. 이색도 여러 사람의 의견을 따랐으나 물러 나와서 자제들에게 하는 말이

"오늘날 내가 너희들을 위해서 의리에 거슬리는 논의를 했다."

고 하였다.

태조(이성계)가 회군하자 최영을 물리치고 이색으로 문하시중을 삼았다. 공민왕이 죽은 후, 원나라 천자가 번번이 대신을 들어오라고 해서 모두 겁을 내고 감히 가지 못했는데 이색이 시중이 되어 원나라에 들어가기를 자청했다. 그러자 이성계가 칭찬하여 말하길

"이 노인은 의기가 있다."

공양왕이 즉위했는데, 이색은 시론時論에 참예하지 않았다고 해서 다섯 차례나 벼슬이 깎이고 배척을 당했다. 태조가 즉위하자 옛날의 벗이라 하여 용서하니 태조에게 나아가서 보고 올 때마다 자제들에게 하는 말이,

"참으로 천명을 받은 거룩한 임금님이시다." 하였다.

을해년 가을에 관동(강원도)에 관광하기를 청하여 오대산에 들어가 그곳에서 거주하려 하자, 임금이 신하를 보내 불러 와서 한산백을 봉했다.

이색의 말이

"개국하던 날 어찌 저에게 알리지 않았습니까? 저에게 만일 알렸다면 예를 다하여 사양하여 빛이 났을 터인데, 어찌 배극렴(이성계 휘하의 무신. 개국공신 1등에 책록)으로 하여금 추대하는 수석이 되게 하셨습니까?"

남은(이성계 휘하의 문신)이 옆에 있다가 하는 말이,

"어찌 그대 같은 썩은 선비에게 알리겠는가?"

하니, 임금이 남은을 꾸짖어 다시 말을 잇지 못하게 하고 옛날 친구의 예로 대접하여 중문까지 나가서 전별하였다. 뒤에 이것을 거론하는 자가 있어 남재가 이색의 아들 이종선을 불러서 하는 말이

"당신 아버지가 실언을 하여 이를 거론하는 자가 있으니 떠나지 않는다면 반드시 화를 입을 것이오" 하였다.

병자년 5월에 신륵사로 피신을 했는데 도중에 병이 생겼다. 절에 도착하자 병이 더하니 중이 옆에 와서 무슨 말을 하려고 하자 이색이 손을 내흔들면서 하는 말이

"죽고 사는 이치는 내가 의심하지 않으오"라고 했다.

이색은 타고난 자질이 밝고 슬기로웠으며, 학문이 바르고 깊었고 마음가짐이 관대했다. 사리를 처리하는 데에 자상하고 밝아서 재상이 되어 기성의 법을 따르는데 힘을 쓰고 복잡하게 고치기를 좋아하지 않았다. 후학을 가르치는 데에도 애를 쓰고 부지런하여 게을리 하지 않았으며, 문장을 짓는 데는 붓만 잡으면 즉시 쓰되 사연이 정밀하고 간절했었다. 문집 55권이 세상에 나왔다.

집을 위해서는 재산의 유무를 묻지 않았으며, 평시에 경솔한 말과 갑자

기 노여워하는 얼굴빛을 보지 못했다. 연회나 접대를 받는 자리에서도 여유 있고 침착했고 마음에 거리낌이 없었으며 언동은 자연스러웠다. 오랫동안 임금의 총애를 받았고 높은 자리에 있었어도 기뻐하지 않았으며, 두 번이나 변란과 불행을 만났으되 슬퍼하지도 않았다. 늙어서 왕의 뜻을 받들어 지공대사와 나옹대사의 탑에 비명을 지었는데 중들이 그의 문하에 내왕해서 불교를 좋아한다는 비판을 받았다.

이색이 듣고 하는 말이

"저들이 임금과 어버이를 위해서 복을 기원해 주는데 내가 감히 거절할 수 없었다" 하였다.

이색은 세 아들이 있는데, 맏아들 이종덕과 둘째 아들 이종학은 모두 벼슬이 밀직사에 이르렀으나 먼저 죽었고, 셋째 아들 이종선은 지금 병조참의가 되었다.

〈태조실록〉 9권-1396년(태조 9년) 5월 7일

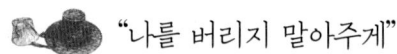 "나를 버리지 말아주게"

국운이 다한 고려의 끝에서 나라의 걱정에 수심이 가득하여 이색이 읊은 애틋하고 착잡한 심정의 시 한 편이 남아 있다.

　　백설이 잦아진 골에 구름이 머흘레라
　　반가운 매화는 어느 곳에 피었는고

석양에 홀로 서서 갈 곳 몰라 하노라

　오늘날 책을 읽은 사람 치고 이 시를 모르는 사람은 없을 것이다. 여기서 '백설'은 고려의 유신들을 일컬으며 '구름'은 신흥세력 이성계 일파를 말한다. '반가운 매화'는 구국지사, '석양'은 기울어져 가는 고려 왕조를 각각 비유하고 있다.

　이성계와 그의 추종 세력들에 의해 조선이 개국되면서 고려에 충절을 다하고자 했던 이색의 많은 친구와 제자들이 죽임을 당했다. 그럼에도 불구하고 그가 왕조가 바뀌는 격변의 시기에도 살아남았음은 고려에서뿐만이 아니라 중국에서까지 명성이 높았기 때문일 것이다. 1392년 이성계가 왕위에 오르자 이색은 불사이군의 충절로 태조의 손을 뿌리치고 고향인 한산으로 돌아간다.

　이색은 한산 이씨의 시조이다. 후손들에게 전해지는 이야기로는 이성계가 어느 날 낙향해 있는 이색을 찾아와 도움을 청했다고 한다.

　"나를 버리지 말아주게."

　친구의 이 말에 목은은

　"나라 안에 내가 앉을 곳이 없잖소. 망국의 신하는 그저 낙향해 있다가 죽으면 해골을 가져다 고산에 묻을 뿐이오"라고 대답했다.

　이러한 독야청청하고 대나무처럼 굳게 변함없는 절개는 이색처럼 새로운 조선에 대한 참여를 거부하고 고향으로 낙향하던 야은 길재에게 써준 시에서도 잘 나타난다.

구름같은 벼슬 따윈 급급할 바 아니라서
기러기 아득아득 공중으로 날아가네.

그리고 고향에 내려간 지 4년 후, 고향 근처 신륵사에서 죽음을 맞이한다. 실록은 그가 신륵사로 가는 도중 중병이 들었다고 기술하고 있으나 세상 사람들은 그의 죽음에 의문을 갖고 있었던 것 같다. 이색을 오래 전부터 시기해오며 제거하려고 노리던 간신배들이 적지 않았는데 태조의 보호로 무사한 적이 한두 번이 아니었다.

일설에 의하면 그를 못마땅하게 여겨오던 이방원 일파가 목은이 69세이던 병자년 5월 7일, 여주 신륵사에서 피서하고 있다는 소식을 접하고는 관리를 보내 여강의 연자탄 제비여울에서 휴식을 취하고 있던 이색에게 태조가 내린 술과 안주라 속이고 독이 들어 있는 술병을 보냈다.

이를 수상히 여긴 신륵사 승려들이 마시지 말라고 말렸으나 이색은 명이 하늘에 있는데 죽고 사는 것을 어찌 두려워하랴? 하며 태조가 보냈다는 독술을 마신 후 곧 배안에서 명을 마쳤다는 이야기다. 실록에는 단지 병이 깊은 그에게 중이 와서 위로를 하자 "죽고 사는 이치는 내가 의심하지 않으오"라는 말로 거두절미 기술하고 있는데 후세의 사람들이 이를 두고 독살이니 아니니 하고 추단하기는 어렵다.

그는 왕조가 바뀌는 위기의 시대를 풍미한 풍운아요 대문호였고 사상가였으면 충신이며, 고려와 조선의 과도기를 살았던 역사적인 인물이다. 이성계 일파의 견제와 일부 사가들에 의해 폄하되고 유교를 국시로 하던 조선의 사가들은 그를 불교 숭배자로 매도했다 이색의 삶에 대한 흔적은 실록의 짧은 줄기에 나타나 있을 뿐이다. 이 줄기는 이색의 제자인 권근이 지은 〈목은 선생〉, 하륜의 신도비 등에 있는 글을 참고한 것이었다. 그러나 이색을 비방하는 문체는 조선조 치하에서의 고려사 편찬의 역사관을 검토하는 데 있어 매우 중요하다.

정도전의 감리하에 편찬된 〈고려사〉는 고려왕조사를 여러 차례 수정한 후에 이태조에게 진상되었다. 비방의 초점은 우왕과 창왕 시대에 맞추어 있는데, 이 두 왕을 각별히 추종하던 이색이 화살의 표적이 되고 있다. 정인지는 〈용비어천가〉의 편찬에서도 서얼 출신의 두 왕을 지지하는 사람들을 중국 역사에 견주어 악인으로 비방하고 있다.

 "개 짖고 닭 우는 소리가 사방에 들려오고 있다"

조선 후기 학자이자 평론가였던 홍만종이 쓴 〈순오지〉旬五志에는 이색이 원나라에서 머물 때 원의 대신과 나눈 일화가 있다. 이색이 중국 원나라에 들어가 과거에 급제해서 관에 나가자 학사 구양현이라는 자가 변방 사람이라 하여 경솔히 여기고 글을 한 수 지어 조롱했다.

"짐승의 발자취와 새의 발자취가 어찌 중국에 와서 왕래하느냐?"

하자, 이색은 즉석에서 대답하기를

"개 짖고 닭 우는 소리가 사방에 들려오고 있다."

하여 구양현을 놀라게 했다.

짐승의 발자취와 새의 발자취가 어찌 중국에 와서 다니느냐? 한 것은 조선인을 극도로 멸시하여 너희들 새나 짐승 같은 것들이 어찌 감히 우리 중국 땅을 더럽히느냐 하는 뜻이리라. 그러나 여기에 답한 이색의 대구가 절묘하기 그지없다. 개가 짖고 닭이 우는 소리, 즉 우리 조선을 새나 짐승으로 취급한다면 당신네 중국 역시 개나 닭이지 뭐냐는 풍자였다.

구양현은 기이히 여기고 또 글을 한 수 지었다.

"잔을 가지고 바다에 들어가니, 바다가 큰 줄 알겠도다."

하자, 이색은 또 즉석에서

"우물에 앉아 하늘을 보고 하늘을 작다고 하는도다."

라고 회답하니 구양현은 크게 경탄하여 굴복하고 말았다.

홍만종은 이렇게 찬탄하며 말을 맺고 있다.

아아! 이색의 회답한 이 글은 다만 대구로서만 용할 뿐이 아니라 실로 문장과 이치가 모두 구비해서 하늘의 조화로 자연을 이루어놓은 것과 같으니 실로 그는 동파東坡(소동파를 이름)나 그 밖의 이와 대등한 여러 사람에게 못지않다 하겠다.〈순오지〉

    천지는 가이없고 인생은 덧없거늘
    호연히 돌아갈 뜻 어디로 가야 하나
    여강 한 구비 산은 마치 한 폭의 그림 같아
    반쯤은 그림인 듯 반쯤은 시인 듯.

    이 세상 살아 가는 것이
    결국은 떠돌이 삶일진대

고향 따지고 인연 물을 것 없다.
세월은 백대를 지나가는 과객이요
천지는 만물이 쉬어가는 여관이다
내 여기서 잠시 쉬었다 가리라.

이색의 시 '여강의 술회'이다. 천지는 가이 없고 인생은 덧없다고 읊던 이색이 간 지 700여년, 그가 머물며 숨을 거둔 신륵사 근처 봄이 오는 여강 한 구비 산은 예나 지금이나 마치 한 폭의 그림 같을 것이다.

길재 吉再(1353~1419년)

고려 말~조선 초의 성리학자. 고려 말인 1389년(창왕 1) 문하주서에 임명되었으나 이듬해 고려의 쇠망을 예측하여 늙은 어머니에 대한 봉양을 구실로 사직하였다. 조선이 건국된 뒤 1400년(정종 2년)에 이방원이 태상박사에 임명하였으나 두 임금을 섬기지 않겠다는 뜻을 말하며 거절하였다. 문집에 〈야은집〉, 〈야은속집〉, 언행록인 〈야은언행습유록〉이 있다.

충신은 두 임금을 섬기지 아니한다

고려 문하주서門下注書 길재가 졸하였다.

임금이 호조에 명하여 부의로 백미, 콩 15석과 종이 1백 권을 보내고 매장할 인부를 보내주었다. 길재의 호는 야은冶隱인데, 혹은 금오산인金烏山人이라고도 했다. 선산부에 소속된 해평현 사람이다. 길재는 어릴 적부터 청수하고 영리했다. 아버지 길원진은 서울에서 벼슬하고, 길재는 어머니 김씨를 따라서 시골에 있었다. 아버지가 보성 고을 원이 되자 어머니도 같이 가야 하는데 봉급이 워낙 박해 길재를 외가에 남겨두니 그때 나이 8세였다. 하루는 혼자서 남쪽 시냇가에서 놀다가 가재 한 마리를 잡아들고 노래 부르기를,

"가재야 가재야, 너도 어미를 잃었느냐. 나는 너를 삶아먹고 싶지만 네가 어미를 잃은 것이 나와 같기로 너를 놓아준다."

하고 물에 던지며 너무도 슬피 울부짖으니 이웃집 할멈이 보고 흐느껴 울었고 온 고을 사람이 듣고 눈물을 흘리지 않는 사람이 없었다. 뒤에 아버지는 서울로 가고 어머니는 고향으로 돌아갔다. 아버지 원진이 노盧씨를 재취로 들이고 어머니를 박대하여 어머니가 원망하니 길재는 어머니께 말하기를

"아내가 남편에게나, 자식이 어버이에게는 비록 불의의 일이 있을지라도 그르게 여기는 마음을 조금도 두어서는 안 됩니다. 인륜에 괴변은 옛날 성인도 면하지 못했으니 다만 바르게 처사하여 정상으로 돌아올 때를 기다릴 따름입니다."

하니, 어머니는 감동하여 마침내 원망하는 말을 입 밖에 내지 아니하였다. 길재는 나이 18세에 상주 사록司錄 박분을 찾아가서 수학했다. 집이 몹시 가난하여 말도 종도 없는데 하루는 어머니에게 하직하며 하는 말이,

"아버지를 두고 뵙지 못하니 자식된 도리가 아닙니다."

하고 곧 박분을 따라 서울로 가서 아버지를 섬기어 효성이 지극했다. 계모 노씨가 사랑하지 않으나 길재가 공경과 효도를 다하니 노씨는 감화되어 자기가 난 자식과 같이 대접하여 이웃 마을에서도 칭찬이 자자했다.

드디어 이색, 정몽주, 권근들과 교유하여 배우고 국학國學에 입학하여

생원, 진사에 합격하였다. 상왕(이방원. 훗날의 태종)이 사저에 있을 때 입학하여 글을 읽으니 길재는 한 마을에 사는 관계로 상종하여 학을 연구하며, 정의가 매우 단란하였다. 병인년에 과거에 올랐다. 우왕이 요동을 공격하게 되자 길재는 시를 짓되,

"몸은 비록 특별난 것 없지마는 백이숙제 수양산에 굶어죽는 뜻을 가졌다"라고 했다.

기사년에 문하주서가 되었다. 경오년 봄에 나라가 장차 위태함을 알고서 벼슬을 버리고 시골로 돌아가는 길에 이색에게 들러 하직을 고하니 이색이 시를 지어 주었다.

구름같은 벼슬 따윈 급급할 바 아니라서,
기러기 아득아득 공중으로 날아가네.

길재는 드디어 선산의 옛집에 돌아와 여러 차례 불러도 나가지 않았다. 우왕의 흉보를 듣게 되자 3년 복을 입고 야채와 젓국을 먹지 않았으며 어머니를 극진히 봉양하여 혼정신성昏定晨省(저녁에는 잠자리를 보아 드리고, 아침에는 문안을 드린다는 뜻)을 폐하지 않고 반드시 맛있는 음식을 장만해 올렸다. 집안에 양식이 자주 떨어져도 늘 흔연하여 조금도 염려하는 기색이 없었으며, 제자를 가르치되 효제충신孝悌忠信, 예의염치禮義廉恥를 먼저 하였다. 태종이 세자가 되자 불러들여 봉상박사의 직을 제수하니, 길재는 전문을 올려 진정하기를

"충신은 두 임금을 섬기지 아니한다 하였는데 신은 황폐한 땅의 태생으

로 고려조에 신하되어 벼슬까지 받았으니 다시 또 거룩한 조정에 출사하여 풍교에 누를 끼칠 수 없습니다."

하므로, 태조가 그 절의를 가상히 여겨 후한 예로 대접해 보냈다. 어머니가 세상을 떠나자 차례와 제사를 한결같이 주문공의 〈가례〉에 의하고, 불가의 화장법을 쓰지 않았다.

길재는 제삿날을 당하면 나물밥으로 제사를 지내고 슬피 울기를 초상 때와 같이 하며, 늘 남들에게 이르기를

"사람의 언행이 낮에 착오되는 것은 밤에 주의를 아니 하기 때문이라."

고 하였다. 밤이면 반드시 고요히 앉았다가 밤중에야 잠들며, 혹은 옷깃을 여미고 날을 새기도 하며 닭이 처음 울면 의관을 갖추고 사당과 선성先聖께 절하고 자제와 더불어 경서를 강론하며, 비록 병이 들어도 손에서 책을 놓지 않았다. 병이 위급하게 되자 초상 장사를 주문공의 〈가례〉에 의하도록 부탁하고 그 말을 마치자 졸하였다. 권근은 일찍이 길재의 시에 서문을 짓기를

"고려 5백 년에 교화를 배양하여 선비의 기풍을 격려한 효과가 선생의 한 몸에서 수확되었고, 조선 억만년에 강상綱常을 부식하여 신하된 절개를 밝히는 근본이 선생의 한 몸에서 터를 닦았으니 명교名教에 유공有功함이 이보다 클 수 없다"고 했다.

〈세종실록〉3권 · 1419년(세종 1년) 4월 12일

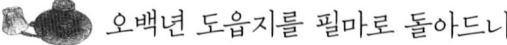 오백년 도읍지를 필마로 돌아드니

초야에 묻혀 은둔생활을 하다가 한 필의 말에 외로운 자신을 의지하고 옛도읍지를 돌아보니, 변함없는 산천초목과 달리 절개를 끝까지 지키지 못한 사람들에게서 씁쓸한 인생의 무상을 느낀다는 길재의 시는 유명하다.

오백년 도읍지를 필마로 돌아드니
산천은 의구하되 인걸은 간 데 없다.
어즈버 태평연월이 꿈이런가 하노라

고려가 망하고 조선이 들어서자 고려의 재상들이 변절하여 조선왕조의 신하가 되었다. 그러나 끝까지 절개를 지킨 충신들은 망국의 한과 슬픔으로 벼슬과 인연을 끊고 은둔생활을 하였다. 길재 역시 그러한 사람 중의 한 사람으로서 초야에 묻혀 지내다가 옛 도읍지를 돌아본 느낌을 이 시조로 노래하고 있다.

고려 말에 일찌감치 낙향한 길재는 태종과 성균관에서 같이 공부한 인연이 있었다. 태종이 세자가 된 뒤인 1400년 7월, 길재가 서울에 왔다. 학문에 뛰어나고 행실이 바르다 해서 세자가 부른 것이다.

길재는 우왕 때 벼슬해 문하부 주서가 되었는데, 1389년에 창왕이 가짜 왕씨(우왕과 창왕은 승려 신돈의 아들이다)로 몰려 쫓겨나자 벼슬을 버리고 선산으로 돌아가 홀어머니를 봉양했는데 고향 사람들이 그의 효성에 대해 칭찬이 자자했다.

〈태종실록〉을 보면 하루는 세자가 서연 관원들과 더불어 숨은 선비에 대해 논하다가 길재를 두고 이르기를 "길재는 강직한 사람이다. 내가 일찍이 함께 배웠는데, 보지 못한 지 오래 되었다" 하였다. 그때 길재와 같은 고향 사람인 전가식이라는 관원이 길재가 집에 있으면서 효도를 다하고 있다고 말하자 세자인 이방원은 기뻐하며 그를 궁으로 불렀다.

길재가 역마를 타고 서울에 오니 세자는 임금에게 청해 봉상시 박사에 임명했지만, 길재는 대궐에 나와 예를 올리지 않고 세자에게 편지를 올린다.

"제가 옛날 저하와 더불어 성균관에서 〈시경〉을 읽었는데, 지금 신을 부르신 것은 옛 정을 잊지 않으신 것입니다. 그러나 저는 신씨 조정에서 과거에 올라 벼슬하다가 왕씨가 복위하자 곧 고향에 돌아가 평생을 보내려 했습니다. 지금 옛일을 기억하고 부르셨으니 제가 올라와서 뵙고 곧 돌아가려 했을 뿐 벼슬에 종사할 생각은 없습니다."

세자가 답했다.

"그대가 말한 것은 바로 바꿀 수 없는 강상의 도리니 의리상 뜻을 빼앗기는 어렵다. 그러나 부른 것은 나지만 벼슬을 준 것은 주상이니 주상께 사면을 고하는 것이 옳다."

그러자 길재가 또 글을 올렸다.

"신이 본래 한미한 사람으로 신씨 조정에 벼슬해 과거에 뽑히고 문하부 주서에 이르렀습니다. 신이 듣건대, 여자는 두 남편을 섬기지 않고 신하는 두 임금을 섬기지 않는다고 합니다. 제발 시골로 돌아가도록 풀어주서서 두 성을 섬기지 않는 뜻을 이루게 하고, 늙은 어미를 효도로 봉양하며 남은 생애를 마치게 하소서."

라면서 뜻을 굽히지 않았다.

이러한 그도 아들 사순이 세종의 부름을 받아 서울로 올라가게 되자 "임금이 먼저 신하를 불러 보는 것은 3대 이후의 드문 일이니, 너는 마땅히 내가 고려에 쏠리는 그 마음을 본받아 네 조선의 임금을 섬기도록 하라"며 허락을 한다. 실록에는 세종조부터 성종조에 이르기까지 길재의 자손들을 찾아 벼슬을 내리고 있다. 태종의 간곡한 만류에도 불구하고 선산의 옛집으로 내려간 길재는 그곳에서 자연과 친화된 유유자적한 생활을 영위하다 생의 마지막을 맞는다.

그는 천성이 은자였다

그런데 그가 남긴 글과 행적을 보면, 꼭 불사이군의 충절을 지키고자 중앙무대를 떠났는가 하는 생각이 들기도 하다. 그의 성품은 왕조가 바뀌는 격변의 회오리 속에서 배반과 권모술수와는 맞지 않는 전형적인 산림 은

자형이었던 것 같다. 출세는 결코 그의 삶의 지향점이 아니었다.

그가 남긴 '산가서山家序'라는 글에는 그러한 삶이 완곡히 나타나 있다.

저 세속을 떠나 걸음을 높이 걷고 멀리 숨어 몸을 깨끗이 하고 인륜을 저버림 같은 것이야 어찌 선비의 하고자 하는 일일까 보냐.

그러나 세상에 공자 같은 인물이 있으면 안자晏子와 같이 마을 안에서 스스로 즐길 수는 있지마는 혹시 때와 맞지 않으면 태공과 같이 바닷가에 숨어 살기도 하는 것이니 그러므로 고기를 낚건 밭을 갈건 어찌 그것을 꾸짖을 수야 있을 것이랴.

내가 지정년간至正年間(1341~1367)에 여기다 집을 지었더니 이제 십여년이 지났다. 세속의 손님은 오지 아니하고 세상의 소식도 들리지 않으니 나와 벗하는 이는 중이요, 나를 알아주는 것은 물새뿐이다.

이름 얻은 영화로움과 잇끝 위하는 수고로움은 모두 다 잊어버리고 고을의 태수조차 있건 없건 알 것 없이 피곤해지면 낮잠 들고, 즐거우면 시를 읊고, 다만 해와 달이 오고가고 시냇물이 끊임없이 흘러가는 것만 볼 따름이다.

벗이 있어 찾아오면 상 위의 먼지를 쓸고 맞아들이고 허드렛 사람이 문을 두드리면 상에서 내려가 접견하니 과연 선비의 화평하되 속되지 않은 기상을 볼 수 있으리라.

저 산 뼈다귀 같이 늘어서고 뭇 봉우리들이 웅깃쭝깃 기이한 바윗돌과 이상한 날짐승과 솔바람 달그림자, 학이며 잔나비 울음 울고 산 속이 차워지며 가을이 닥쳐오고 달빛조차 맑은 저녁이 되려 할 제 그런 때면 차가운 마음과 맑은 뜻으로 저 거룩한 우왕의 높은 산을 바로 잡은 공로를 그려보는 것이다.

그리고 강바람 불지 않고 파도조차 일지 않아 아득하고 멀고 먼데 해오리 물고기들 유유히 지나가고 장삿배들 여기저기 어부 노래 화답할제 그런 때면 고개 들고 시 읊으며 저 거룩한 우왕의 홍수 다스린 공로를 그려보는 것이다.

샘물이 출렁출렁 마른 목을 추기고 강물이 늠실늠실 갓 끈을 씻을만 한데 술 있으면 거르고 술 없으면 사와서 혼자 따라 마시고 저라사 노래하고 춤 출제 산새들은 노래 벗이요 처마 끝 제비들은 춤추는 짝이 되는 것이다.

높이 올라 멀리 바라보며 저 공자의 태산에 오른 기상을 그려보고 냇물가에 이르러 시를 읊으며 저 공자의 강가에서 탄식한 것을 배우는 것이다.

회오리바람 일지 않으니 한 칸 방도 편안하고 밝은 달이 뜰에 차면 천천히 혼자 거닐며 주룩주룩 비나 내리면 이따금 목침을 높이 베고 꿈을 이루고 펄펄 눈이나 지면 혹시 차를 끓여 혼자 따른다.

그리고 봄날이 따스하여 뭇새들 지저귀자 풀숲은 욱어지고 물 나물 자주 캐며 버들가지 날리고 복숭아꽃 피어나면 친구 한 두엇 데리고서 물 찾아 목욕하고 언덕에 올라 바람 쐬며 혹시 푸른 매랑 사나운 개랑 이끌고 흰말 타고 활 쏘며 사냥하고 또 혹시 술안주 싣고 막대를 끌고서 꽃밭 대숲 찾아들기도 하는 것이다.

다시 여름날이 찌고 더워 뙤약볕이 사람을 쬐일 때면 돛배 타고 강호를 내려가고 해 저물자 서늘해지며 성긴 빗발이 흩뿌리면 호미 메고 전원으로 돌아간다.

그러다 가을장마 갓 개어 된더위도 풀리면서 온갖 곡식 다 익고 농어조차 살이 찌면 고깃배에 올라앉아 낚시를 드리우고 흐름따라 내려가다 거슬려 올라오다 갈꽃은 펄펄 바람은 솔솔 안개비는 오락가락 구름 물은 늠실늠실 호탕한 물결 위에 나를 붙들 이 그 누구랴.

눈보라가 창을 치고 찬 기운 매서울 때면 혹시 화로를 안고 앉아 술 항아리 기울이고 있을, 또는 책을 펴들고 마음을 수양하며 끝없는 천지에 조용히 즐겨 숨어 사는 길재의 모습을 그린다. 사후 600여년을 넘어 눈앞에 그가 아른거림은 무엇 때문인가.

정도전 鄭道傳 (1342~1398년)

고려 말~조선 초의 문신, 학자. 본관 봉화. 호 삼봉三峰. 유학의 대가로 개국 후 군사, 외교, 행정, 역사, 성리학 등 여러 방면에서 활약했고, 척불숭유를 국시로 삼게 하여 유학의 발전에 공헌했다. 글씨에도 뛰어났으며 저서에 〈삼봉집〉, 〈경제육전〉, 〈경제문감〉 등이 있다.

아득한 세월, 한 그루의 소나무

정도전의 자는 종지宗之, 호는 삼봉이며, 본관은 안동 봉화로 형부상서(고려시대) 정운경의 아들이다. 고려 왕조 공민왕 경자년(1360년)에 성균시에 합격하여 관계에 진출하였다. 도전은 타고난 자질이 총명하고 민첩하며, 어릴 때부터 학문을 좋아하여 많은 책을 널리 보아 해박하였으며, 항상 아랫사람들을 가르치고 이단異端을 배척하는 것을 자기의 임무로 삼았다. 일찍이 곤궁하게 살면서도 여유롭게 행동하였으며, 스스로 글과 무예에 재주가 있다고 생각하였다.

무릇 임금을 도울 만한 것은 모의하지 않은 것이 없었으므로 마침내 큰 공업을 이루어 상등의 공훈이 되었던 것이다.

그러나 도량이 좁고 시기가 많았으며 또한 겁이 많아 반드시 자기보다 나은 사람들을 해쳐 묵은 감정을 보복하고자 매양 임금에게 사람을 죽여 위엄을 세우기를 권고하였으나 임금은 모두 듣지 않았다.

그가 쓴 〈고려국사〉는 공민왕 이후에는 가필하고 삭제한 것이 사실과 다른 것이 많아 식견이 있는 사람들이 이를 그르게 여겼다. 처음에 도전이 이색을 스승으로 섬기고 정몽주, 이숭인과 친구가 되어 친밀한 우정이 실제로 깊었는데, 후에 조준과 교제하고자 하여 세 사람을 참소하고 헐뜯어 원수가 되었다. 또 외할아버지인 고려말의 선비 우연의 장인이었던 김진이 일찍이 중이 되었는데, 그의 종이었던 수이의 아내를 몰래 간통하여 딸 하나를 낳으니 이가 도전의 외할머니였다. 이는 김진의 인척인 우현보의 자손이 그 내력을 자세히 알고 있었다.

도전이 당초에 관직에 임명될 적에, 임명장에 대한 승인이 지체된 것을 우현보의 자손이 그 내력을 남에게 알려 그렇게 된 것이라 생각하여 원망을 쌓아 두었다가, 그가 뜻대로 되매 결국 현보의 집안을 모함하여 죄를 만들어 내고자 하였다. 몰래 거정이라는 자를 사주해 세 아들과 이숭인 등 다섯 명을 죽였다. 이에 남은 등과 더불어 어린 서자庶子의 세력을 믿고 자기의 뜻을 마음대로 행하고자 하여 종친을 해치려고 모의하다가, 자신과 세 아들이 모두 죽음에 이르렀다.

〈태조실록〉14권 · 1398년(태조 7년) 8월 26일

관상쟁이를 만나 얻은 아들

패자는 말이 없다. 기록은 승자의 것일 뿐, 패자에게는 가혹하리만치 인색한 게 역사의 정사 기록이다. 그를 제대로 평가할 수 있는 것은 정사가 아니라 야사의 기록뿐이다. 〈조선왕조실록〉은 개국 일등공신인 그를 칭찬하기보다는 폄훼하는 기록이 주를 이룰 뿐이다. 그러나 조선의 개국과 국가적 기틀을 마련하고 저 광대한 대륙으로의 진출을 꿈꾸었으며, 백성이 국가의 근본이라는 언론에 의한 왕도정치를 이룩하려 했던 정도전, 그의 웅대한 꿈은 수백년 동안 묻히고 왜곡되어 왔다. 근래에 들어 그에 대한 새로운 조명이 시도되고 있어 그나마 다행이다.

정도전의 출생지는 외가였던 충청도 단양으로 알려져 있다. 단양 하면 가장 먼저 떠오르는 것이 천하명승 단양팔경이고, 그중에서도 으뜸은 도담삼봉이다. 도담삼봉은 소백산 자락을 휘감아 돌던 남한강이 매포읍 도담리에 이르러 강 한가운데 봉긋하게 일궈낸 봉우리 세 개를 일컫는다. 그의 호 삼봉은 여기서 따온 것이다.

정도전의 출생과 관련된 이야기들이 여럿 전해 내려오고 있다. 그가 태어났던 외가가 있던 단양에 내려오는 이야기로 정도전의 아버지 정운경이 젊었을 때 관상쟁이를 만났는데, 10년 후에 결혼하면 재상이 될 아이를 얻을 수 있다고 예언했다. 정운경은 이 말을 믿고 10년 동안 금강산에 들어가 수양을 하고 돌아오는 길에 도담삼봉에 이르러 비를 만나 길가 어느 초막집에 유숙하게 되었는데 우씨 소녀를 만나 정도전을 낳게 되었다. 이러한 구전을 액면 그대로 받아들일 수는 없지만 정도전의 출생지가 도담삼봉 근방일 가능성을 암시해준다.

그러나 외가가 단양이라는 사실과 구전만으로 정도전이 도담삼봉에서 출생했다고 단정할 수는 없다. 이를 증명할 역사적 기록이 없기 때문이다. 출생지에 대한 별다른 기록이 없다는 것은 정도전이 본향인 봉화에서 태어났을 가능성도 말해준다. 본향에서 태어났기에 굳이 출생지를 따로 기록할 필요가 없었다고 볼 수도 있는 것이다.

정도전의 본가는 현재의 행정구역으로 치면 경북 영주시 이산면 신암리로, 영주에서 봉화로 가는 지방도로 중간쯤에서 왼쪽으로 꺾어져 들어간 벽촌이다.

 아침에 밥이 끓는지 저녁에 죽이 끓는지

정도전은 고려왕조를 무너뜨리고 조선왕조를 세우는데 결정적인 역할을 한 인물이다. 만약 정도전이 없었다면 이성계는 어쩌면 조선왕조를 세우지 못했을 것이다. 실록은 그의 졸기에서 이렇게 기록하고 있다.

조선이 개국할 즈음 정도전은 종종 취중에 이렇게 이야기하고는 했다.
"한나라 고조가 장자방을 쓴 것이 아니라 장자방이 곧 한 고조를 쓴 것이다."

이 말은 즉, 유방이 한나라를 세울 때에 일등공신이었던 장량을 만나 항우를 물리치고 천하를 통일한 고사를 인용하여, 나라를 세울 때에는 신하가 오히려 임금이 될 사람을 선택할 수도 있다고 한 것이다.

고려 공양왕 때 그는 형벌과 상이 잘못되었다고 왕에게 직언을 했다가 실권자인 이인임과 왕의 미움을 사 나주로 유배되어 9년간의 유랑 생활을 하게 된다. 유배 당시에 쓴 〈삼봉집〉에 실린 아내가 보낸 편지를 보면 그녀가 얼마나 힘들었었는지를 알 수 있다.

> 당신은 평상시에 공부만 하느라고 아침에 밥이 끓는지 저녁에 죽이 끓는지를 알지도 못하시니 집안 형편이 어려워 곳간이 텅 비어 쌀 한 톨도 없습니다. 방안에 가득한 아이들이 춥고 배고프다고 보채고 울었으나, 제가 집안을 도맡아 꾸려나가면서도 오직 당신이 열심히 공부하여 성공하시면 처자들을 남이 우러러 보게 만들고 가문의 영광을 가져오리라 믿었습니다. 그런데 나라의 법을 어겨 이름이 욕되고 행적이 폄하되어 몸은 남쪽지방에 귀양 가서 병까지 얻으시었습니다. 형제들은 쓰러져 가문이 망하니 뭇 사람들의 비아냥이 이 지경에까지 이르게 되었습니다. 현인군자라는 것이 진실로 이러한 것인지요.

이에 대해 정도전은 아내에게 회답하기를

> 당신의 말이 참으로 옳구려. 내 친구들과의 정이 형제보다 나았으나 내가 망한 것을 보고 그들은 마치 뜬구름처럼 흩어져 버렸소. 그들이 나

를 걱정하지 않는 것은 본래 권력으로 맺어진 것이 아니었기 때문이오. 부부의 도리는 한번 맺어지면 일생을 두고 변치 않는 것이니, 당신이 나를 원망하는 것은 나를 사랑해서이지 미워해서가 아닐 것임을 압니다. 또한 지어미가 지아비를 섬기는 것은 신하가 임금을 섬기는 것과 같은데, 이러한 이치는 쓸데없는 것이 아니라 모두 천성에서 우러나오는 것입니다. 당신이 집안을 걱정하는 것과 내가 나라를 근심하는 것이 어찌 다를 바가 있겠소. 각자 자기가 맡은 직분을 다할 뿐이오. 사람의 성공과 실패, 이익과 손해, 영예와 치욕 그리고 잘하고 못하는 것은 하늘에 달려있는 것이지 사람에게 달려 있는 것이 아닐진데, 그 무엇을 걱정하리요?

라고 쓰고 있다.

유배 당시 정도전은 농가에서 밥을 얻어먹기도 하고 손수 쟁기로 밭을 갈 정도로 어려운 생활을 했다. 이것은 결국 그가 남은과 모의하여 새로운 왕을 추대하기로 모의를 하게 된 동기가 되었다.

유배를 끝내고 돌아온 그는 절치부심하다가 1383년 가을, 함흥에 머무르던 동북면 도지휘사로 있던 이성계를 찾아간다. 진포해전에서 최무선의 화포에 작살이 나 육지로 옮겨가 노략질을 일삼던 왜구 잔당들을 소탕해 영웅이 된 이성계를 만나 나라의 창업을 의논하고자 함이었다.

그는 이성계의 군대의 지휘 체계가 일사분란하고 질서정연한 것을 보고 이성계에게 다음과 같이 말했다고 실록은 졸기에 기술하고 있다.

"훌륭합니다. 이 군대로 무슨 일인들 성공하지 못하겠습니까?"

이에 이성계가 말하였다.

"무엇을 말함인가?"

도전이 대답하였다.

"왜구를 동남방에서 치는 것을 이름입니다."

이 정도면 충분히 고려를 뒤엎고 창업을 할 수 있다는 것을 빗댄 것인데 짐짓 왜구를 핑계 댄 것이었다. 이어 그는 군영 앞에 늙은 소나무 한 그루가 있었는데, 소나무 위에 시를 남기겠다 하고서 껍질을 벗기고 썼다. 그 시는 이러했다.

아득한 세월 한 그루의 소나무
몇 만 겹의 청산에서 생장하였네.
다른 해에 서로 볼 수 있을런지
인간은 살다 보면 문득 지난 일이네.

이 시는 이성계를 커다란 소나무로 비유하고 언젠가는 위업을 이루고 오늘을 되돌아볼 것이라며 이성계의 개국을 부추기고 있다. 정도전은 자신의 꿈을 이루기 위해 막강한 군대의 힘을 지니고 있던 이성계가 필요했던 것이다. 즉 조선의 창업을 위해 한쪽은 지략으로, 한쪽은 군권으로 도모했던 것이다. 시의 한 구절처럼 사후 아득한 세월 동안 그는 조선의 창업자로서 백성과 학자들, 정치가들에게 한 그루 청청한 소나무였다.

 ## 외할머니는 겁탈 당해 태어난 종의 딸이었다

실록의 정도전 졸기는 태생적 천함을 지적하고 그 사실을 발설한 사람을 무고하여 죽였다고 비난하고 있다. 그러나 그러한 원인이 어디에 있었는가는 제대로 밝히지 않고 있다.

정도전의 아버지 정운경은 진사시험에 합격한 후 우연이라는 선비의 첩의 딸과 결혼했다. 우연은 고려 개국공신 가문인 연안 차씨 집안의 사위였으니 정운경과는 비교가 안 되는 명문가 출신이었다. 그러나 정운경 역시 이미 초시에 합격한 성균관 학생으로 오늘날 사법연수원생 비슷한 신분이었으니 장래가 촉망되는 청년이었다. 따라서 정운경이 비록 명문가 출신은 아니었지만 중앙 귀족가문과 혼사를 맺는 것은 자연스러운 일이었을 것이다. 그러나 이 혼인은 훗날 참혹한 비극의 단서가 되어 〈태조실록〉에까지 등장하게 되었다.

실록은 정운경의 장모, 즉 정도전의 외할머니는 승려 김진과 여자 노비 사이에서 태어났다고 기록하고 있다. 승려 김진은 고려의 명문가인 단양 우씨 우현보 집안의 인척이었는데 자기 종인 수이의 아내와 간통해서 딸을 낳았다. 김진은 그 딸을 특별히 사랑하여 명문가의 선비인 우연의 첩으로 시집보내고 노비와 토지와 집 등 모든 재산을 모두 우연에게 물려주었다는 것이다. 후에 김진의 딸과 우연 사이에서 난 딸이 바로 정운경의 처가 되었다.

김진의 인척인 우현보 가문은 고려말 구세력의 대표였고, 우현보의 손자는 고려의 마지막 임금 공양왕의 사위였다. 우현보에게는 세 아들이 있었는데, 이들은 정도전이 처음 벼슬길에 나설 때부터 자기 집안 종의 자손이라고 업신여겼으며, 대간 벼슬에 있으면서 정도전이 벼슬을 옮길 때마다 정도전의 고신(관직 임명 사령장)에 서명을 해주지 않아 괴롭혔다고 기록돼 있다. 정도전은 당시의 원한이 뼈에 사무쳤던 듯, 조선 건국 후 우현보와 아들 3형제 그리고 맏손자를 귀양 보낸 후 3형제에게 곤장형을 가해 몰살해버렸다. 이색의 문하에서 절친한 친구였던 이숭인까지 다섯 명이 죽임을 당했으니 피의 복수였던 셈이다.

이와 관련하여 실록의 줄기는 정도전에 대해 "옛날에 품었던 감정을 갖고 기어코 보복하려 했다"는 평을 남기고 있다. 우씨 형제 장살사건은 정도전의 정치 인생에 가장 큰 오점으로 기록된 것이다.

그러나 이 피비린내 나는 살육극의 책임을 정도전에게만 물을 수는 없다. 고려말에는 역성혁명 세력과 구세력의 대립이 격화되면서 수단 방법을 가리지 않고 정적을 물고뜯는 처절한 인신공격이 횡행하였다. 한때 정도전의 가장 가까운 동지였으며 당대 선비들 사이에서 '도덕의 으뜸'으로 칭송받던 정몽주조차 대간들을 움직여 그를 탄핵하면서 "천한 혈통을 감추기 위해 본 주인을 제거하려고 모함했다"는 것을 죄상으로 들었으니 정도전으로서는 기가 찰 노릇이었을 것이다. 여기서 '본 주인' 이란 표현은 정도전을 우현보 집안의 노비쯤으로 본 것이요, 정도전의 개혁운동을 천민의 피를 감추기 위한 '핏줄 콤플렉스' 정도로 깎아내린 것이다.

온후한 빛과 엄중한 용모에 배불뚝이

정도전에 대한 당대인들의 평가는 극과 극이다. 〈태조실록〉에서는 정도전을 극도로 비하하고 있지만 그 외에는 정도전을 비판하는 기록을 찾아볼 수 없다. 반면 이성계와 몇몇 선비들은 정도전을 극찬한 기록들을 남기고 있다.

특히 조선의 창업자 이성계가 정도전을 어떻게 평가했는가는 정도전의 역사적 역할을 옳게 자리매김하는 데 대단히 중요한 대목이다. 이성계야말로 조선 창업공신들의 논공행상에 대해 가장 책임 있게 평가할 수 있는 위치에 있었기 때문이다. 다음은 1395년 1월 25일 삼사판사 정도전이 정당문학 정총과 함께 〈고려사〉를 지어 바치자 이성계가 이를 치하하며 정도전에게 내린 글이다.

경의 학문은 경서와 역사의 깊은 문제까지 파고들어갔고 지식은 고금의 변천을 꿰뚫고 있으며 공정한 의견은 모두 성인들의 말에서 출발하고 명확한 평가는 언제나 충실한 것과 간사한 것을 갈라놓았다. 나를 도와 새 왕조를 세우는 데 공로가 있을 뿐 아니라 좋은 계책은 정사에 도움이 될 만하고 뛰어난 글재주는 문학 관계의 일을 맡길 만하다. 거기다가 온순한 선비의 기상과 늠름한 재상의 풍채를 갖고 있다. 내가 왕위에 오른 첫날부터 경이 유용한 학식을 갖고 있어 재상으로 임명하고 또한 역사를 맡은 관직까지 겸임하게 하였더니 재상의 직책을 다하면서도 책을 만드는 데서까지 업적을 나타내었다.

이성계는 왕위에 오른 후 술이 거나하게 취할 때마다 "삼봉이 아니면 내가 어찌 오늘 이 자리에 있을 수 있겠는가"라고 정도전의 공을 치하했다. 세종, 세조 때의 명신 신숙주도 정도전에 대해 "개국 초기에 실시된 큰 정책은 다 선생이 계획한 것으로서 당시 영웅호걸이 일시에 일어나 구름이 용을 따르듯 하였으나 선생과 더불어 견줄 자가 없었다"고 했다. 심지어 실록도 "무릇 임금을 도울 만한 것은 모의하지 않은 것이 없었으므로, 마침내 큰 공업을 이루어 진실로 상등의 공훈이 되었던 것이다"라는 평을 남기고 있다. 이색 문하에서 함께 수학하다가 후에 이방원 측에 가담했던 당대의 유학자 권근은 '삼봉선생 진찬'이라는 글에서 외모에 칭찬을 아끼지 않고 있다.

"온후한 빛과 엄중한 용모는 쳐다보면 높은 산을 우러러보는 듯, 다가서면 봄바람 속에 앉은 듯하다. 그 얼굴이 윤택하고 등이 퍼진 것을 보니 온화함과 순함이 속에 있음을 알겠다."

이 글을 보면 정도전의 풍채가 매우 좋았음이 확실하다. 정도전은 유배 시절에 지은 〈농부에게 답하다〉에서 스스로의 용모를 "뺨이 풍요하고 배가 나왔다"고 묘사한 바 있다. 실록을 보면 정도전이 이방원의 군사에 쫓겨 그 이웃의 전 판사였던 민부의 집으로 들어갔는데 민부가 이방원에게 일러바치기를 "배가 불룩한 사람이 내 집에 들어왔습니다"라고 기술하고 있음을 보아 정도전이 배가 나온 비만형이었던 싶다. 등이 곧게 퍼졌으며, 온후하면서도 엄중한 기운을 풍긴다는 것은 요즈음의 비만형 체질이 아니라 풍채 좋고 늠름한 인상이었음을 말해준다. 권근은 정도전의 기백에 대해서도 격찬했다.

빛은 만 길이나 솟아오르고 기는 무지개를 뱉어놓은 듯, 바야흐로 곤궁할 때도 그 뜻이 꺾이지 않고, 귀하게 되어서도 그 덕은 더욱 높기만 하도다. 이것은 그 마음이 넓고 스스로 만족한 때문이니 정의를 집결하여 속을 채운 데서 오는 것이리라.

그가 권력을 잡은 것도 이 때문이었고, 목숨을 잃은 것 또한 이 때문이었다. 유배와 유랑의 시절이나, 일인지하 만인지상의 재상시절에나 그는 이 길에서 결코 흐트러짐이 없었다.

역사는 수백 년이 지나도 그를 기억하고 이제 패자의 기록을 넘어 왕도정치와 중국 정벌의 기상을 펼치고자 했던 그를 재조명하고 있다.

조준 趙浚 (1346~1405년)

고려 말~조선 초의 문신. 본관 평양. 호 우재吁齋, 송당松堂. 평양 출생. 1374년(우왕 즉위) 문과에 급제한 뒤 조선 태종 때 영의정에까지 올랐다. 고려 말 전제개혁을 단행하여 조선 개국의 경제적인 기반을 닦고, 이성계를 추대하여 개국공신이 되었다. 제차 왕자의 난 전후로 이방원의 세자 책봉을 주장했으며, 태종을 옹립하였다. 토지제도에 밝은 학자로 〈경제육전〉을 편찬하였다.

도량이 너그럽고 넓다 하였으나

영의정 평양 부원군 조준이 죽었다. 증조는 조인규인데, 고려에 공이 있어 벼슬이 문하시중에 이르고, 아버지는 조덕유인데 판도판서版圖判書이다. 조준은 집안이 지체 높았으나 조금도 티를 내지 않았으며 어려서부터 큰 뜻이 있어 충효로서 자신을 드러내었다. 어머니 오씨가 일찍이 새로 과거에 급제한 사람의 행차를 보고 탄식하기를

"내 아들이 비록 많으나, 한 사람도 급제한 자가 없으니 장차 어디에 쓸 것인가?"

하니 조준이 곧 눈물을 흘리며 스스로 맹세하고 분발해 배움에 힘썼다. 공민왕이 수덕궁에 있을 적에 조준이 책을 끼고 궁 앞을 지나가게 되었는데 왕이 보고 기특하게 여겨 곧 보마배행수에 보하고 매우 총애했다. 1374년에 과거에 합격해 후에 강릉도 안렴사가 되었는데 지방의 아전들과 백성들이 두려워하고 좋아하여 사납고 간사한 무리가 없어졌다. 순행하다가 정선군에 이르러 다음과 같은 시구를 남겼는데 식자들이 옳게 여겼다.

"동쪽 나라 바다를 깨끗이 씻을 날이 있을 것이니, 여기 사는 백성은 눈을 씻고 그때를 기다리게나."

전법 판서에 올랐을 때 조정의 정치가 날로 어지럽고 왜구의 침범이 잦아 장수들이 두려워서 위축되어 있었는데, 병마 도통사 최영이 조준을 천거하여 경상 감군을 시키니 조준이 이르러 병마사 유익환을 참하여 장수들에게 조리를 돌렸으므로 여러 장수들이 몹시 두려워하여 명령을 받들었다. 최영이 군사를 일으켜 요동을 칠 때에 우리 태조 이성계가 대의를 들어 회군하여 최영을 잡아 물리치고 쌓인 폐단을 크게 개혁하여 모든 정치를 일신하려고 하였는데 조준이 덕망이 있다는 말을 일찍이 들었다. 조준을 불러서 더불어 일을 의논하고는 크게 기뻐하여 사헌부 대사헌으로 발탁하시고 크고 작은 일 없이 모두 물어서 하니 조준이 감격하여 아는 것이 있으면 말하지 아니함이 없었다.

고려 우왕이 강화로 쫓겨날 적에 태상왕(이성계)이 왕씨로 왕을 세우고자 의논하였는데 수상 조민수가 본래부터 이인임의 편으로서 우왕의 아들 창을 세웠다. 이에 조준이 맨 먼저 조민수의 간사함을 논하여 쫓고 이어서 이인임의 죄를 논했다. 또 사전私田을 폐지하여 민생을 후하게 하기를 청하니 세도가와 왕실에서 원망과 비방이 매우 심하였다. 그러나 조준이 고집하고 논쟁하기에 더욱 힘쓰니 이성계가 조준과 뜻이 맞아 마침내 여러 논의를 물리치고 시행했다. 조준이 본래부터 왕씨의 뒤가 끊긴 것을 분하게 여기고(창왕을 신돈의 아들로 여김), 마침내 이성계의 계책에 찬성하여 심덕부, 정몽주 등 일곱 사람과 더불어 공양왕을 맞아서 세웠다.

정몽주가, 태상왕이 말에서 떨어져 병이 위독할 때를 타서 대간을 시켜 조준과 남은, 정도전 등을 탄핵했다. 붕당을 만들어서 정치를 어지럽게 한다고 지적하여 모두 외방으로 귀양보냈다가 이내 수원부로 잡아 올려 극형에 처하려고 했다. 4월에 우리 주상(태종)께서 조영규로 하여금 정몽주를 쳐 죽이게 하여 조준이 죽음을 면하고 찬성사에 복직되었다. 1392년에 조준이 여러 백관들을 거느리고 태상왕을 추대하였다. 태상왕이 즉위하던 날 저녁에 조준을 침실로 불러들여 말하기를,

"5도병마를 모두 경에게 위임하여 통솔하게 할 것이다."

이방번은 후비 강씨에게서 출생하였는데 태상왕이 그를 특별히 사랑하였다. 강씨가 개국에 공이 있다 하여 태상왕이 이방번을 세자로 세우려고 조준과 배극렴, 정도전, 남은 등을 불러 의논하니, 극렴이 말하기를

"적장자로 세우는 것이 고금의 사례입니다."

하매, 태상왕이 기뻐하지 아니하였다. 조준에게 묻기를

"경의 뜻은 어떠한가?"

하니, 조준이 대답하기를

"세상이 태평하면 적장자를 먼저 하고 세상이 어지러우면 공이 있는 이를 먼저 하오니, 원컨대 다시 세 번 생각하소서" 하였다.

강씨가 이를 엿들어 알고 그 우는 소리가 밖에까지 들렸다. 태상왕이 종이와 붓을 가져다 조준에게 주며 이방번의 이름을 쓰게 하니 조준이 땅에 엎드려 쓰지 않았다. 이리하여 태상왕이 마침내 강씨의 어린 아들 이방석을 세자로 삼으니 조준 등이 감히 다시 말하지 못했다.

조준이 재상이 되어 8년 동안 있었는데 초창기에 정사가 번거롭고 사무가 바쁜데 우상 김사형은 성품이 순하여 일을 모두 조준에게 결단하게 했다. 조준은 성품이 강명정대하고 과감하여 의심하지 아니하며 비록 지휘를 내릴지라도 옳지 못함이 있다 해도 대신들이 숙연하여 감히 한마디 말도 하지 못하였다. 이에 체통이 엄하고 기강이 떨치었다. 그러나 임금의 총애를 독점하고 권세를 오래 잡고 있었기 때문에 원망하는 사람이 많았다. 정비靜妃의 동생 민무구와 민무질이 벼슬을 갖고자 여러 번 요청하였으나 조준이 막고 쓰지 않았다. 그러므로 두 사람이 가만히 대간들을 사주하여 몇 가지 유언비어를 가지고 조준을 논하여 국문하기를 청하니, 드디어 옥에 가두었다. 임금이 동궁에 머무르면서 일이 민씨에게서 나온 줄 알고 노하여 말하기를

"대간은 마땅히 이른 아침부터 저녁 늦게까지 맡은 직무를 다해야 하거늘, 세도가에 분주히 다니면서 그들의 뜻에 맞추어 일을 꾸며 충성스런 사람을 무고하여 해치니, 이는 실로 고려 말기의 나쁜 폐단이다."

그리고, 곧 상왕(정종)에게 아뢰어 조준을 풀려나오게 하였다. 11월에 태종이 왕위에 오르자 후에 좌정승이 되었다. 조준이 다시 정승이 되어 일을 시행하고자 하였으나 번번이 자기와 뜻이 다른 자에게 방해를 받아 어찌 할 수가 없었다. 얼마 안 되어 다시 영의정이 되었다. 그때 나이 60살이다.

조준이 만년에 비방을 자주 들었으므로 스스로 물러나 피하려고 애썼다. 그러나 임금의 총애와 대우는 조금도 변하지 않아, 임금이 일찍이 공신들과 함께 잔치를 베풀었는데, 술이 조준에게 이르자 임금이 장수하기를 빌고 그를 위하여 자리에서 일어섰다. 그가 죽은 뒤에 임금이 매우 슬퍼하여 통곡하고 그의 죽음을 들은 자는 애석해 하지 않는 자가 없었고, 장사할 때 이르러서는 모든 관청의 관리들이 모두 노제를 베풀고 곡하였다. 어진 정승을 평론할 적에 풍도風度와 기개를 반드시 조준을 으뜸을 삼고 항상 '조 정승'이라 칭하고 이름을 부르지 않았으니 처음부터 끝까지 이를 공경하고 중히 여김이 이와 같았다.

조준은 도량이 너그럽고 넓으며 풍채가 늠름하였으니, 선을 좋아하고 악을 미워함은 그의 천성에서 나온 것이었다. 사람을 정성으로 대접하고 차별을 두지 않았으며 좋은 인재를 장려, 인도하고 숨어 있는 인재들을 올려 뽑되, 오직 미치지 못할까 두려워하며 조그만 장점이라도 반드시 취하고 작은 허물은 묻어두었다. 이미 귀하게 되어서도 같은 나이의 친구를 만나면 문에서 영접하여 숙식을 제공하고 조용히 손을 잡으며 친절히 대하되 벼슬하기 전과 다름이 없이 하였다. 역사에 능하고 시문이 호탕하여 그 사람됨과 같았다. 〈경제육전〉을 저술했다. 아들이 하나 있으니 조대림이다. 임금의 딸 경정 궁주에게 장가들어 평녕군에 봉하였다.

〈태종실록〉9권 · 1405년(태종 5년) 6월 27일

장차 어디에 쓸 것인가?

다음은 조준의 문집에 있는 편지글 중의 일부이다. 조준은 그의 글에서 말한 것처럼 생애를 통해 이를 실천했다.

급변하는 세상에서 자신을 키울 수 있는 버팀목은 지식뿐이다. 그리고 훌륭한 인간관계를 구축하는 것 또한 필수임에 틀림없다.

원래 그의 본관인 평양 조씨는 미약한 집안이었다. 그러나 충선왕 시절 증조할아버지인 조인규는 당시 몽고어를 잘해서 역관으로 출세, 결국 충선왕의 장인이 되면서 일약 명문의 반열에 오르고 만다. 지금으로 말하면 국무총리격인 문하시중의 자리에 오른 인물이다.

조준이 태어날 무렵 그의 가문은 명문세가 중의 하나가 되었고 따라서 조준은 유복한 환경에서 자랐다. 그러나 여러 형제들이 있었으나 과거에 급제한 사람이 한 명도 없어 어느 날 밖에 나갔다 들어온 어머니가 과거 급제자의 행차를 보고 탄식하였다는 말이 그의 졸기에 나온다.

"내 아들이 비록 많으나, 한 사람도 급제한 자가 없으니, 장차 어디에 쓸 것인가?"

이에 조준은 어머니의 말에 눈물을 흘리고 공부에 매진 드디어 1374년 문과에 급제해 벼슬길에 나아간다. 과거에 급제한 후 내외의 여러 관직을 거치며 승승장구한다. 최영의 천거로 강원도에 침입한 왜구를 토벌, 공을 세우고 개혁을 주도한다. 당시 고려말은 세도가들이 땅을 독점하여 백성의 삶이 피폐하기 이를 데 없었다. 그는 또한 정도전 등과 전제개혁을 추진하는 한편 새로운 세상을 여는 데 모든 것을 쏟아 부었다. 그가 이성계를 만난 것도 그때였다. 결국 이성계를 추대하여 조선의 개국 1등공신이 된다.

조준과 정도전, 그 둘은 조선왕조를 탄생시킨 일등공신이었고 개혁의 기수였다. 정도전이 없었다면 조준이 없었고 조준이 없었다면 정도전이 없었을 것이다. 그러나 그 둘의 운명은 극명하게 갈린다. 실지 회복을 위해 요동을 정벌해야 한다는 정도전과, 조선 개국과 함께 각종 토목 역사 때문에 피로하고 피폐한 백성을 돌보아야 한다는 조준의 의견이 엇갈림으로써 둘은 서로 점차 다른 길을 걷게 된다.

실록은 요동 정벌에 있어 정도전과 조준이 의견을 달리하여 틈이 생겼다고 다음과 같이 기록하고 있다.

처음에 정도전과 남은이 임금을 날마다 뵈옵고 요동을 공격하기를 권고하였다. 좌정승 조준이 휴가를 청하여 집에 돌아가 있는데 정도전과 남은이 조준의 집을 찾아가 말하였다.

"요동을 공격하는 일은 지금 이미 결정되었으니 공은 다시 말하지 마십시오."

조준이 말하였다.

"내가 개국 원훈의 반열에 있는데 어찌 전하를 저버림이 있겠습니까? 전하께서 왕위에 오른 후로 나라의 수도를 옮겨 궁궐을 창건하면서 백성이 토목의 역사에 시달려 어진 사랑의 은혜를 받지 못하였으므로 원망이 극도에 이르고 군량이 넉넉지 못하니 어찌 그 원망하는 백성을 거느리고 가서 능히 일을 성취시킬 수 있겠습니까?"

라면서 정도전에게 다시 일렀다.

"만일에 내가 당신과 더불어 여러 도의 백성을 거느리고 요동을 정벌한다면, 그들이 우리를 흘겨본 지가 오래 되었는데 어찌 즐거이 명령에 따르겠습니까? 저는 우리가 요동에 도착하기 전에 자신이 망하고 나라가 망할까 염려됩니다. 임금의 병세가 중한데 일을 시작할 수 없으니, 원컨대 여러분들은 내 말로서 임금의 명을 따르기를 바라며, 임금의 병환이 나으면 내가 마땅히 친히 아뢰겠습니다."

그 후에 조준이 힘써 간하니 임금이 그대로 따랐다.

결국 조준의 반대로 요동 정벌에 대한 정도전의 꿈은 수포로 돌아가고 더욱이 왕세자를 두고 생과 사의 갈림길에서 헤어지게 된다. 처음 세자를 책봉할 때 방원의 편에 섰던 정도전은 나중에 이방석의 편에, 조준은 이방원의 편에 섬으로써 정도전은 역적의 수괴로 죽음을, 조준은 공신으로 태종대에 영의정에까지 오르는 영화를 누리다가 천수를 맞았다.

 자신을 비방한 첩을 한강에 수장하다

〈태종실록〉의 줄기에는 조준의 성품이 도량이 너그럽고 넓으며, 선을 좋아하고 악을 미워했는데 본래 그의 천성이 그러했다고 한다. 그러나 실

록은 또한 그다지 너그러운 사람이 아니었음을 엿보게 하는 사적인 일화 두 개를 기록하고 있다. 그중의 하나가 첩을 한강에 던져 수장시켜버린 일이다. 태조 7년인 1398년 10월 28일의 기록을 보자.

> 원망을 품고 조준을 무고한 조준의 첩 기생 국화를 순군부에서 한강에 던져 수장하였다. 처음에 국화가 조준의 첩이 되었었는데 버림을 당하여 원망을 품어 다른 사람에게 말하기를
> "조준이 반역할 뜻이 있습니다."
> 하였다. 이에 조준이 그녀를 국문하기를 청하니, 임금이 명하여 순군부에 국화를 가두어 공초를 받고 마침내 한강에 수장하게 하였다.

또 하나의 일화는 조준의 집을 보고 욕을 한 사람을 목을 베어 죽인 사건이다. 태조 7년(1398년) 7월 11일의 일이다.

> 감찰 김부를 목 베고, 감찰 황보전은 장형을 집행하고, 주부 이양수는 태형을 집행하였다. 처음에 김부가 황보전과 더불어 새 감찰 김중성의 집에서 술을 마시고 조준의 집을 지나면서 말하였다.
> "비록 큰 집을 지었지마는 어찌 능히 오래 거처할 수 있겠는가? 후일에 반드시 다른 사람의 소유물이 될 것이다."
> 황보전이 이 말을 듣고 이양수에게 이야기했더니, 이양수가 김분에게 말하였다. 김분은 조준의 문인이므로 이를 조준에게 알리니, 조준이 다시 임금에게 아뢰었다. 이에 임금이 노하여 말하였다.

"조준은 개국 원훈으로서 나라와 더불어 기쁨과 걱정을 같이할 사람인데, 김부가 조준을 오래 가지 못한다고 했으니, 이것은 조선 사직을 오래가지 못한다고 한 것이다."

이에 명하여 김부를 빨리 극형에 처하게 하였다. 어느 사람이 조준에게 임금께 김부의 죽음을 면하도록 청하기를 권고하는 자가 있었으나, 조준이 머뭇거리면서 즉시 대궐에 나아가지 않았는데 김부가 이미 죽었으므로 그만 그치니, 사람들이 조준이 즉시 대궐에 나아가서 김부의 죽음을 면하도록 청하지 않았다는 이유로 조준을 박정하게 여기었다.

이에 대한 기록은 사헌부에서 그를 탄핵한 다섯 가지 죄목에도 포함되어 있다.

 사헌부에서 탄핵한 조준의 다섯 가지 죄

조선시대 붕당이 생겨나기 이전의 실록의 기록에서 주요 명사들에 대한 탄핵 상소문은 그 개인의 삶과 인격, 나아가서 그에 대한 시중의 여론을 탐색할 수 있는 귀중한 자료이다. 물론 탄핵 상소문이라는 것이 과를 묻고자 하는 것일 뿐, 공을 이야기하는 것이 아니기 때문에 그 상소문 내용을 가지고 탄핵 당사자에 대한 전반적인 평가를 한다는 것은 분명 무리가 있다. 그러나 한 시대를 책임졌던 정치가들에 대한 평가는 공보다는 과에 대해 세밀한 잣대를 들이 댈 수밖에 없고, 그 과를 통하여 그의 전 인격

을 이야기할 수밖에 없다.

따라서 조준 역시 그 과에 대해 들이대는 잣대의 눈금을 벗어날 수는 없다. 〈태종실록〉에는 그가 사헌부에 의해 탄핵을 받은 기록이 있는데, 이것은 조준이 당시 세간에서 어떤 평가를 받고 있었는지를 이해할 수 있는 몇 안 되는 자료이기도 하다. 이 탄핵 상소문의 주요 내용은 태종이 왕자의 난을 일으켰을 때 조준이 와병을 핑계로 참여하지 않고 몸보신을 위해 기피했음을 문제 삼는 것이었다. 그러나 탄핵의 내용은 결국 그에 대한 개인사적 내용으로 가득하다.

지금 판문하부사 조준이 밖으로는 정직한 것을 보이지만 안으로는 간사하고 음험한 생각을 품어서 오래 나라의 권세를 잡고 널리 자기 편을 심어 심복들이 안팎에 널려 있으므로 잘살고 못사는 것과 살고죽는 것이 그 손아귀에 있습니다. 지금 판문하를 제수하니 지위는 비록 지극하나 실권이 없어 앙앙울울하여 밤낮으로 다시 정승이 될 것을 생각하고 있습니다. 신 등은 우선 나타난 다섯 가지 일을 가지고 다음과 같이 길게 진달합니다.

첫째, 국초에 적자嫡子를 놔두고 서얼(이방석)을 세울 때에, 조준이 높은 재상임에도 불구하고 하늘의 뜻을 따라 천륜을 바로잡았다면, 무인란이 어디에서 생겼겠습니까? 생각을 이러한 데에 두지 않고, 임금의 뜻에 아첨하고 곡종曲從하여 정도전, 남은과 더불어 서얼을 세워서 형세가 장차 나라를 뒤집을 뻔하였습니다. 또 거사를 하던 날 지금의 세자(이방원)께서 민무질을 시켜 조준의 집에 가서 불러오게 하였으나 배회하며 이럴까 저럴까 망설이며 길흉을 점치면서 방관하였습니다.

민무질 등이 그가 나오지 않을 것을 알고 돌아와 세자에게 고하니 세자가 친히 가려고 하였습니다. 조준이 부득이 나와서 세자를 길에서 만나 비로소 난에 나아갔습니다. 다행히 관대한 은혜를 입어서 정사공신의 반열에 참예하여 홀로 머리를 보전해 오늘에 이르렀으니 백성들이 좋아하는 사람이 없습니다. 이것이 그 한 가지입니다.

둘째, 태상왕께서 사람 죽이기를 좋아하지 않아 개국하던 초, 죄가 있는 자는 혹은 장형에 처하고 혹은 귀양을 보내어 모두 죽음에는 이르지 않았는데 조준이 가만히 자기편을 보내어 임의로 몇 사람을 죽여 임금을 속이고 법을 어지럽히면서 사사로운 원망을 갚았으니, 이것이 그 두 가지입니다.

셋째, 조준이 지위가 극진하여 신하로서는 부귀가 견줄 데 없으니 진실로 마땅히 자기 분수를 지키고 충성을 다하여 왕실을 받들어야 할 것인데 망령되게 분수 아닌 마음을 내어 그 길흉을 점쳤습니다. 기생첩 국화가 그 말을 누설하였으므로 국가에서 형리에게 내려 문초하였습니다. 조준의 계책으로서는 마땅히 스스로 놀라고 두려워하여 위로 전하께 진달하고 아래로 조정에 고하여 힘써 시비를 분변해서 나라 사람으로 하여금 자세히 그 진위를 알게 하는 것이 가한데 도리어 남몰래 모의하여 죽여서 그 입을 멸하였으니, 이것이 그 세 가지입니다.

넷째, 국가에서 천도할 때에 조준이 사사집을 짓기를 극히 장려하게 하였으므로 감찰 김부金扶가 문을 지나다가 탄식하였는데, 조준이 듣고 크게 노하여 교묘한 말로 허물을 꾸며 임금의 총명을 가려서 김부를 극형에 처하였으니 조야가 마음 아파하지 않는 이가 없습니다. 그 공을 믿고 전횡 방자하여 임금을 속이고 사람을 해친 것은 죄가 주살하여도 용서할 수 없으니, 이것이 그 네 가지입니다.

다섯째, 이번에 방간이 군대를 내어 난을 일으켜 사직을 위태롭게 하기를 꾀하므로 전하께서 장수에게 명하여 죄인을 토벌하시니 많은 신하들이 분주하게 난에 나아가서 왕실을 호위하지 않는 이가 없었습니다. 조준이 묘당의 우두머리가 되어서 처음부터 대궐에 나와 난에 나아갈 마음이 없었습니다. 묘당에서 서리를 시켜 가서 고하였는데도 오히려 못들은 체하며 그 아우 조견과 더불어 문을 닫고 변을 방관하고 사위 정진을 보내 기병 두어 명을 거느리고 가서 난을 돕고자 하다가 관군에게 저지당하여 되돌아갔습니다. 난이 이미 평정되니 이튿날 공공연하게 백료 위에 서서 난에 참여하지 아니한 것 같이 하였습니다. 그 간사하고 임금을 업신여긴 마음이 더욱 분명하게 나타났으니, 이것이 그 다섯 가지입니다.

그 밖에 음란하고 사치하고 무도하여 땅과 집을 널리 점령하고, 남의 노비를 빼앗은 것은 붓으로 다 기록할 수가 없습니다. 이것이 이른바 "크게 간악한 자는 충성스러운 것 같고, 크게 속이는 자는 믿음직스러운 것 같고, 크게 탐하는 자는 청렴한 것 같다"는 것입니다.

만일 그 죄를 논한다면 왕법에는 반드시 주살하여 용서하지 못할 자입니다. 전하께서 만일 개국으로 공을 삼는다면 정도전과 남은이 모두 일등 공신으로 주륙되었으니, 그 공이 죄를 가리지 못하기 때문입니다. 또 개국의 공은 한때에 혹 있을 수 있는 것이요, 임금을 업신여기는 마음은 만세에 용납할 수 없는 것입니다. 만일 전하께서 이것을 용서하고 주살하지 않는다면 난신적자가 연달아 일어날까 두렵습니다.

  엎드려 바라건대, 대의로 결단하여 직첩을 거두게 하고 그 죄를 국문하여 율에 따라 처결해서 난적의 싹을 막고 아울러 그의 아우 조건과 사위 정진을 삭직하고 논죄하여 먼 외방에 귀양 보내 후일을 경계하소서.

그러나 왕은 탄핵한 죄목이 모두 자신이 아는 것과 다르니 다시 말하지 말라고 조준에게 면죄부를 주었다.

조선인물청문회

제2부

내 곳간부터 뒤져라

김상헌 · 동방에 오직 김상헌 한 사람이 있을 뿐
이언적 · 동방에서 자못 비견할 사람이 드물었다
맹사성 · 조선조 청백리의 최으뜸
황희 · 청빈하지 않았으나 청렴하였다

황희 黃喜 (1363~1452년)

고려 말~조선 초의 문신. 고려가 망하자 두문동에 은거했으나 이성계의 간청으로 다시 벼슬길에 올라 1449년 벼슬에서 물러날 때까지 18년 동안 영의정에 재임하면서 농사의 개량, 예법의 개정 등 업적을 남겨 세종의 가장 신임받는 재상으로 명성이 높았다. 또한 인품이 원만하고 청렴하여 모든 백성들로부터 존경을 받았으며, 시문에도 뛰어나 몇 수의 시조 작품도 전해진다. 파주의 방촌영당, 상주의 옥동서원 등에 제향되고, 세종의 묘정에 배향되었다. 저서에 《방촌집》이 있다.

청빈하지 않았으나 청렴하였다

영의정 황희가 졸하였다. 황희는 장수현 사람인데 판강릉부사 황군서의 아들이다. 출생해서 신기神氣가 보통 아이와 달랐는데, 고려 말기에 과거에 올라서 성균관 학관에 임명되었다. 태조가 개국한 후 선발되어 형조, 예조, 병조, 이조 등 여러 조의 정랑을 역임하였다. 이때 지신사(도승지)로 있던 박석명이 여러 번 사직하기를 청하니 태종이 말하기를

"경이 경과 같은 사람을 천거해야만 허락할 수 있을 것이다."

하니, 박석명이 황희를 천거해 병조의랑으로 임명되었다가 여러 직을

거쳐 마침내 박석명을 대신해 지신사에 임명되었다. 후하게 대우함이 비할 데가 없어서 기밀 사무를 오로지 다하고 있으니 비록 하루이틀 동안이라도 임금을 뵙지 않는다면 반드시 불러서 뵙도록 했다.

1408년(태종 9년)에 목인해睦仁海의 변고(태종의 사위 조대림이 역모를 꾀한다고 조작한 사건)가 일어나니 황희가 마침 집에 있었으므로 태종이 급히 황희를 불러 말하기를,

"평양군이 모반하니, 경계하여 변고에 대비하라" 하였다. 황희가 아뢰기를

"누가 주모자이옵니까?"

하니, 태종이 말하기를

"조용趙庸이다."

하였다. 황희가 대답하기를

"조용의 사람된 품이 아버지와 군주를 시해하는 일은 반드시 하지 않을 것입니다." 하였다.

후에 평양군이 옥에 갇혀 황희가 목인해와 대질토록 청하니 태종이 그대로 따랐는데 과연 목인해의 계획이었다. 그 후에 김과가 죄를 얻으니 조용도 또한 그 사건에 관련되었다. 태종이 대신들을 모아 놓고 친히 알아보니 정직함이 조용에게 있었다. 태종이 황희에게 이르기를

"예전에 목인해의 변고에 경이 말하기를 '조용은 아버지와 군주를 시해하는 짓은 반드시 하지 않을 것입니다' 하더니, 과연 그렇다."

조용이 비로소 그 말뜻을 알고 물러가서는 감격하여 능히 말을 하지 못했다.

1409년 가을에 가정대부 참지의정부사에 발탁되고 겨울에는 또 형조판서에 발탁되었다. 다음해 3월에 지의정부사가 되고 대사헌에 임명되었다. 그 다음해에는 병조판서에 임명되었다가 예조판서에 옮겨졌으나 병을 얻어 매우 위급했다. 태종이 어의들에게 명하여 병을 치료하게 하고 안부를 물은 것이 하루에 서너 번이나 되었다. 병이 나은 후 태종이 어의들에게 이르기를

　"이 사람이 성실하고 정직하니 참으로 재상이다. 그대들이 능히 병을 치료했으니 내가 매우 기쁘게 여긴다."

　하고는 후하게 상을 주었다. 1416년에 세자인 이제(양녕)가 덕망을 잃어서, 태종이 황희와 이원(세종 시기에 우의정, 좌의정을 지낸 문신)을 불러 세자의 무례한 실상을 말하니 황희는 세자는 경솔히 바꿀 수 없다고 여겨 아뢰기를

　"세자가 나이가 어려서 그렇게 된 것이니 큰 과실은 아닙니다." 하였다.

　태종은 황희가 일찍이 여러 민씨들을 제거할 의논을 주장한 적이 있어 세자에게 붙어 민씨에게 분풀이하고 후일의 터전을 삼으려 한다는 이유로 크게 노하며 점점 멀리 하면서 공조판서에 임명했다가 다음해에는 평안도 도순문사로 내보냈다. 다시 불려져 돌아왔으나 세자가 폐위되니 황희도 서인으로 강등해 (경기도) 교하로 유배시키고는 어머니와 함께 거처하도록 했다. 대신과 대간들이 죄 주기를 청하여 그치지 않으니 태종이 황희의 조카 오치선을 유배지에 보내 말하기를

　"경은 비록 공신이 아니지만 나는 공신으로 인정하고 하루이틀 동안이라도 보이지 않으면 반드시 불러 하루라도 나의 곁에서 떠나 있지 못하게

하려고 하는데, 지금 대신과 대간들이 경에게 죄 주기를 청해 서울 근교에는 거처시킬 수 없다. 그런 까닭으로 경을 남원에 보내니 경은 어미와 더불어 편리할 대로 함께 가라."

하고는, 또 사헌부에 명하여 압송하지 말도록 하였다. 오치선이 돌아와 복명하므로 태종이 묻기를

"황희가 무슨 말을 하더냐?"

오치선이 아뢰기를

"황희의 말이 '살가죽과 뼈는 부모가 이를 낳으셨지마는, 의식과 복종僕從은 모두 성상의 은덕이니 신이 어찌 감히 은덕을 배반하겠는가? 다른 마음은 없다'고 하면서 마침내 울면서 어찌할 바를 모르고 있었습니다."

하니, 태종이

"이미 시행하였으니 어떻게 할 수 없도다" 하였다.

황희가 남원에 이르러서 문을 닫고 손님들의 방문을 사절하니 비록 친구일지라도 그 얼굴을 보기가 드물었다. 훗날 태종이 황희의 잘못이 없음을 알고 서울에 돌아오게 하였다. 그를 후하게 대접하게 하고 과전科田과 직위를 돌려주게 하며 세종에게 부탁하여 임용하도록 하였다. 10월에 의정부 참찬에 임명되고, 예조판서에 전직되었다. 강원도에서 기근이 있었는데 관찰사 이명덕이 구황의 계책을 잘못 썼으므로 황희를 대신 임명했더니 황희가 정성을 다해 일을 처리하였다. 세종이 이를 가상히 여겨 숭정대부에 승진 임명하고 그대로 관찰사로 삼았다. 다음해 6월에 불러와서 의정부 찬성에 임명하고 대사헌을 겸무하게 하였으며, 이조판서로 옮겼다가 마침내 우의정에 임명되고 판병조사를 겸무하게 하였다. 세종이 어느 날

황희를 불러 일을 의논하다가 이르기를

"경이 유배지에 있을 적에 태종께서 일찍이 나에게 이르시기를 '황희는 곧 한漢나라의 사단史丹과 같은 사람이니 무슨 죄가 있겠는가?' 하셨다."

하고는 좌의정으로 승진시키고 세자의 스승으로 삼았다. 황희가 평안도의 순문사가 되었을 적에 이장손이 황희를 모욕하고, 황희와 더불어 서로 글을 올려 비난하므로 태종이 둘을 화해시켰었는데 후에 황희가 권력을 잡으니 이장손을 통진 수령으로 보냈다.

"이 사람이 관직에 있으면서 명성名聲이 있었다."

하고는, 천거하여 헌납獻納(임금에게 충언을 올리던 일)으로 삼았다.

황희는 어머니 상을 당하여 불사를 행하지 않고 한결같이 가례에 따랐다. 때마침 임금이 세자를 장차 북경에 입조시키려 했기 때문에 황희에게 이를 수행케 하므로 두세 번 사양하였으나 윤허하지 않았다.

사헌부에서 황희가 동산 역리로부터 뇌물을 받았다고 탄핵하므로 황희가 또 사양했으나 윤허하지 않았다. 겨울에 평안도 도절제사가 되어 약산의 성터를 정했는데 황희는 약산이 요충에 있으므로 영변 대도호부를 설치하여 도절제사의 본영으로 삼았다. 황희가 하혈하는 병을 앓아 치료하기가 어렵게 되자 세종은 어의 노중례를 요동의 명의에게 보내 치료토록 했다. 그 후 여러번 사직을 원했으나 윤허하지 않았다.

을축년에는 또 큰일 외에 보통 행하는 사무는 번거롭게 하지 말도록 명했다. 기사년에 2품의 봉록을 주어 그 평생을 마치도록 하고, 나라에 큰일이 있으면 가서 조언을 구했다. 이때에 와서 대단치 않은 병으로 세상을 뜨니 조회를 3일 동안 폐지하고 관청에서 장사를 지냈다.

조정과 민간에서 놀라 탄식하여 서로 조문하지 않는 이가 없었으며 여러 관에서 제사를 지냈으니, 옛날에 없었던 일이었다. 일찍이 유서를 써 자손들에게,

"내가 죽은 후에는 장례는 한결같이 가례에 의거하되 조선에서 시행하기 어려운 일을 억지로 따라할 필요는 없다. 능력과 분수의 미치는 대로 집의 형세에 따라 알맞게 할 뿐이며 허례의식은 일체 행하지 말라. 가례의 음식에 관한 절차는 질병을 초래할까 염려되니 존장의 명령을 기다리지 말고 억지로라도 죽을 먹도록 하라. 이미 시행한 가법에 따라 불사는 행하지 말라. 부처에게 아첨하는 사람이 꾀를 내어 사사로이 하는 것이니 행할 수 없다"고 하였다.

그는 관후하고 신중하여 재상의 식견과 도량이 있었으며, 풍후 넓고 깊은 자질이 크고 훌륭하며 총명이 남보다 뛰어났다. 집을 다스림에는 검소하고, 기쁨과 노여움을 겉으로 나타내지 않았으며 일을 의논함에 정대하여 대체를 보존하기에 힘쓰고 번거롭게 변경하는 것을 좋아하지 않았다. 세종이 중년 이후에는 새로운 제도를 많이 제정하니 황희는 생각하기를

"조종의 예전 제도를 경솔히 변경할 수 없다."

하고, 홀로 반박하는 의논을 올렸으니 비록 다는 아니지만 중지시켜 막은 것들이 많았으므로 옛날 충신의 기풍이 있었다. 옥사를 의논할 적에는 관용으로써 의견을 두고 일찍이 사람들에게 이르기를

"형벌을 경하게 하여 실수할지언정 억울한 형벌을 할 수는 없다."

하였다. 그가 비록 늙었으나 손에서 책을 놓지 않았으며 항시 한쪽 눈을 번갈아 감아 시력을 기르고 비록 잔글자라도 읽기를 꺼리지 않았다. 재상

이 된 지 24년 동안에 세상 사람들은 그를 우러러 바라보면서 모두 말하기를 '어진 재상'이라 했으며, 늙었는데도 기력이 강건하여 홍안백발을 바라다보면 신선과 같았으므로 세상에서는 그를 송나라 문 노공에 비하였다. 그러나 성품이 지나치게 관대하여 제가齊家에 단점이 있었으며 권력을 오랫동안 잡고 있었으므로 자못 청렴하지 못하다는 비난이 있었다.

처의 형제인 양수와 양치가 법을 어긴 것이 발각되자 황희는 이 일이 헛소문이라고 글을 올려 변명했다. 또 그 아들 황치신에게 관청에서 몰수한 과전을 바꿔주려고 글을 올려 청하기도 했다. 또 황중생이란 사람을 서자로 삼아서 집안에 드나들게 했다가 후에 황중생이 죽을죄를 범하니 곧 자기 아들이 아니라 하고는 변성하여 조趙라고 하니, 애석하게 여기는 사람이 많았다.

그가 졸한 지 5일 만에 임금이 도승지 강맹경을 보내어 의정부에 하문하기를

"황희를 대왕의 묘정에 배향시키려고 하는데 어떻겠는가?"

하니 김종서 등이 아뢰기를

"황희는 재상이 된 지 20여 년 동안 비록 전쟁에서 세운 공로는 없지만 임금을 보좌한 공로는 매우 커 대신의 체통을 얻었으니 선왕에게 배향시킨다면 사람들의 청문에 충분할 것입니다."

그리하여 세종의 묘정에 배향시키게 하고 익성翼成이란 시호를 내렸으니, 사려가 심원한 것이 翼이고 재상이 되어 종말까지 잘 마친 것이 成이다. 아들은 황치신, 황보신, 황수신이다.

〈문종실록〉12권 · 1452년(문종 2년) 2월 8일

황희는 결코 청빈하지 않았다?

조선조 초기의 명상名相인 황희는 세종 때 영의정이 되었는데 공사의 구별이 엄격하여 관원에서 추호도 국가의 재산을 소모하지 못하게 했고, 공평무사하여 청빈하게 지냈다고 세상 사람들은 알고 있다.

전해 내려오는 이야기를 들으면 황희의 맏아들 황치신은 일찍이 벼슬이 참의에 이르러 집을 크게 새로 짓고 많은 친구들과 고관대작을 초청하여 주연을 베풀었다. 이 광경을 보고 있던 황희는 돌연 자리를 박차고 일어나 음식도 들지 않은 채 나가버렸다.

> 선비가 청렴하여 비가 새는 집에서 정사를 돌보아도 나라가 잘 될지 의문스러운데 거처가 이다지도 호화해서야 어찌 뇌물이 오가지 않을 수 있겠느냐. 나는 이런 집에서는 잠시도 머물러 있기가 송구스럽다.

청렴결백한 황희의 한탄이었다. 둘째 아들 황보신은 주색에 빠져 가사를 돌보지 않았다. 황희는 여러 번 아들을 훈계하였으나 아들은 그의 말에 귀를 기울이지 않았다. 그러던 어느 날, 황희는 아들이 집으로 돌아오는 것을 보고 문밖으로 나가 아들을 맞이하며 공손히 인사를 하는 것이었다. 주색에 빠져 부친의 말을 중히 여기지 않던 아들이었으나 갑자기 달라진 부친의 태도에 놀라 "아버님, 어이된 일입니까? 의관속대까지 하시고 저를 맞아 주시다니 대체 어찌된 일이십니까?" 하고 당황해 했다. 그러자 황희는 여전히 정중한 태도로 대답했다. "아비 말을 듣지 않으니 그대가 어찌 내 집사람이라 할 수 있겠는가. 한 집안 사람이 아닌 나그네가 집을 찾으매, 이를 맞는 주인이 제대로 인사를 차리지 않으면 어찌 예의에 합당하다 이를 수 있겠는가." 이에 둘째 아들은 크게 깨달아 새사람이 될 것을 맹세했다고 한다.

이 이야기는 어디까지나 황희가 청렴결백한 정승이었다는 점을 내세우기 위한 일화이며 정사에는 어디에도 이런 내용은 실려 있지 않다. 오히려 그의 졸기와 실록의 기록들은 그가 청빈하지 않았으며 상당한 재력가였음을 나타내는 기록들이 군데군데 눈에 띈다. 지금까지 청렴결백의 대명사로 알려졌던 그의 기록들을 보다보면 실망을 금치 못하게 된다. 왜 그가 그처럼 청렴결백의 대명사로 불리어지게 되었는지 모를 일이다. 아마도 실권자들이 백성을 훈육함에 있어서 어떤 한 인물을 귀감의 본보기로 삼아 성인시하는 교육의 소재로 삼았는지도 모르겠다.

우선 실록의 기록을 더듬어보자. 〈세종실록〉 세종 4년 3월 18일자의 기록을 보면 세종은 유배에서 복직된 황희에게 과전을 돌려주도록 명령한다. 이것은 상당히 중요한 의미를 갖는다. 세종이 즉위하기 이전에 황희는 충녕대군(세종) 대신 양녕대군(태종의 장남)을 지지하다가 교하와 남원으로 유배된 적이 있었다. 그러므로 세종이 자신을 반대한 황희를 복권시키면서 과전을 돌려주었다는 것은 대단한 정치적 관용이라 할 수 있는 일이었다.

이처럼 세종 자신이 황희에게 재상급 수준의 과전을 지급하도록 명령했는데, 그 정도의 재산이었다면 결코 그가 청빈하게 살았다는 말은 일단 사실과 다른 것 같다. 물론 전해 내려오는 이야기들로 봐서 사치하고 호의 호식하며 살지는 않았으며 결코 가난한 사람은 아니었지만 적어도 대외적으로는 청렴한 삶을 살고 있었음은 분명하다.

그러나 실록은 황희에 대해 더욱 놀라운 사실을 기록하고 있다. 〈세종실록〉 3책 135면(1426년 1월 21일)의 기록을 보자.

> 황희가 장인 양진에게서 노비를 물려받은 것이 단지 세 명뿐이었고, 아버지에게 물려받은 것도 많지 않았는데 집안에서 부리는 자와 농막에 흩어져 사는 자가 많았다. 정권을 잡은 여러 해 동안에 매관매직하고 형옥刑獄을 팔아 (뇌물을 받았으나) …… 박용의 아내가 말을 뇌물로 주고 잔치를 베풀었다는 일은 본래 허언虛言이 아니다.

여기서 박용 사건이란 공조의 장인匠人이었던 박용이란 사람이 간음한 아내를 때려죽인 사건을 말하는데, 이 박용의 아내가 황희에게 말을 뇌물로 주고 술대접을 했다 하여 탄핵을 받게 된 것이다. 황희는 세종에게 이렇게 울며 읍소한다.

> 박용의 아내로부터 말과 술대접을 받고 편지를 써주었다는 것은 다 신이 한 일이 아닙니다. 그런데 사헌부에서 이를 탄핵하였으며, 전하께서는 사전赦前의 일이라고 하여 거론하지 말라고 명하셨습니다. 신이 불초한 몸으로 외람되게 재상의 직위에 있어 온 나라가 모두 바라보고 있는데, 이와 같이 몸을 더럽히는 오명을 얻었으니 전하께서 비록 묻지 말라고 명하였으나 신이 어찌 능히 심장을 드러내어 집마다 가서 타이르

고 호ㅁ마다 가서 이해시킬 수 있겠습니까. 이제 만약 다시 변명하지 않는다면 세상의 여론이 어찌 허위인가 진실인가 구분해 알겠습니까. 청컨대 유사에 나아가서 변명하고 대질하게 하소서.

이에 황희는 누명을 벗고자 이를 조사해주기를 원하며 사직을 요청하여 결국 사직을 하게 된다.

엇갈린 평가

박용 사건이 있고 나서 황희는 세종에게 사직을 요청한다. 그런데 세종이 사직을 만류하며 황희에게 하는 말은 황희를 어떻게 평가하고 있었는지를 여실히 보여준다.

> 내가 생각하기로는, 임금을 도와 나라를 다스리는 일은 중요하나니 국가가 그에게 의지하는 까닭이다. 인재를 얻기 어려움은 예나 지금이나 같은 것이다. 경은 세상을 다스려 이끌 만한 재주와 실제 쓸 수 있는 학문을 지니고 있도다. 그대가 제시한 정책은 일만 가지 사무를 종합하기에 넉넉하고, 덕망은 모든 관료의 사표가 되기에 족하도다. 아버님이 신임하신 바이며 과인이 의지하고 신뢰하는 바로서 정승되기를 명하였더니 진실로 온 나라를 두루 살피는 것이 나의 뜻하는 바에 부응하였도다. 모든 그때그때의 시책은 다 경의 보필에 의지하였도다. 이제 어찌

뜬소문 때문에 갑자기 대신의 임무를 사퇴하려 하는가. 내가 이미 그 사정을 잘 알고 있는데도 경은 어찌 그다지도 개의하고 심려하는가. 과인이 경에게 책임을 맡기고 성취를 요구하는 뜻에 매우 어긋나도다. 더군다나 경은 아직 혼모한 나이에 이르지도 않았는데 어찌 나이가 들었다 하여 직위를 근심하는가. 혹시나마 굳이 사양하는 일이 없이 급히 직위에 나아가도록 하라.

세종이 얼마나 황희를 믿고 의지했는지를 알 수 있는 대목이다.

황희의 졸기에도 그는 관후하고 신중하여 재상의 식견과 도량이 있었으며, 풍후 넓고 자질이 크고 훌륭하며 총명이 남보다 뛰어났다고 말한다. 특히 집을 다스림에는 검소하고, 기쁨과 노여움을 안색에 나타내지 않았으며 일을 의논할 때에는 정대하여 대체를 보존하기에 힘쓰고 번거롭게 바꾸는 것을 좋아하지 않았다고 한다. 또한 비록 늙었으나 손에서 책을 놓지 않았으며 항시 한쪽 눈을 번갈아 감아 시력을 기르고, 비록 잔글자라도 읽기를 꺼리지 않았다고 기록하고 있다.

한편 실록의 졸기는 그에 대한 긍정적 평가와는 달리 비판도 가하고 있다. 그가 정권을 오랫동안 잡고 있었던 탓에 청렴결백한 지조를 끝까지 유지하지 못해 자못 청렴하지 못하다는 비난이 있었다고 하며, 처의 형제인 양수와 양치가 법을 어긴 것이 발각되자 이 일이 헛소문이라고 글을 올려 변명하였다고도 한다. 또 그 아들에 대한 좋지 못한 이야기도 나오고 황중생이라는 서자 이야기도 나온다. 이러한 이야기들은 우리가 미처 알지 못했던 황희에 대한 다른 면모를 짐작케 한다.

또한 그가 "사람들과 더불어 일을 의논하거나 혹은 자문에 응할 때에는 언사가 온화하고 단아하며, 의논하는 것이 다 사리에 맞아서 조금도 틀리거나 잘못됨이 없으므로 임금에게 무겁게 보인 것이며, 그러나 그의 심술은 바르지 않으니, 혹시 자기에게 거스르는 자가 있으면 몰래 중상하였다"고 기술하고 있다.

 박포의 아내와 무슨 일이 있었을까?

박포는 무인정사(1398년 1차 왕자의 난) 때 이방원을 도와 공을 세운 인물로 공적에 대한 포상이 박하자 불만을 품고 비난하다 유배되었다. 그 후 이방원에게 원한을 품고 이방간을 충동질하여 군사를 일으켰다가 난이 평정된 후 처형되었다. 박포가 죽고 난 후 그의 아내가 죽산현(지금의 해남)에 내려가 살면서 자기의 종과 간통을 했다. 그런데 우두머리 종에게 이 일이 발각되자 박포의 아내는 그 우두머리 종을 죽여 연못 속에 집어넣었다. 며칠 후 시체가 연못에서 떠올랐는데 이미 부패하여 누구의 시체인지를 몰랐었다.

수령이 시체를 검안하고 이에 대한 조사가 진행되었는데 박포의 아내는 범행이 드러날 것이 두려워 서울로 도망쳐 올라왔다. 황희의 집 마당 북쪽 토굴 속에 숨어 여러 해 동안 살았는데 이때 황희와 서로 내통했으며, 박포의 아내가 황희의 도움으로 일이 무사히 끝난 것을 알고 돌아갔다. 그 둘 사이에 어떤 일이 있었는지는 추론에 맡긴다.

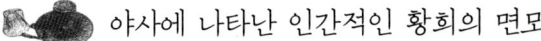 야사에 나타난 인간적인 황희의 면모

그는 "인재가 길에 버려져 있는 것은 나라 다스리는 사람의 수치"라고 생각해 능력 있는 자라면 신분과 지위고하를 막론하고 뽑아 올리곤 했다. 태조의 혁명과 건국 과정에서 소외되고 희생된 사람들이 조선왕조에 등을 돌리지 않도록 세심하게 배려하곤 했다.

"자주 바꾸는 것을 좋아하지 않아 나라 사람들을 안정시켰다"는 사관의 평가는 이를 두고 한 말이다.

황희는 어느 한편에 서서 일방적으로 정책을 밀어붙이거나 무조건 반대하지도 않았다. 자기 세력만을 배타적으로 등용하지 않았음은 물론이다. 섬세한 저울추와도 같이 국왕과 신료 사이를 오가며 신구세대의 대립 속에서 중용의 정치를 지켜나갔다. 특히 자신과 생각이 다르고 허물이 있는 사람일지라도, 국가에 도움이 되는 인재라면 주저하지 않고 기용하곤 했다.

한번은 그가 정승이 처음 되었을 때였다. 마침 김종서도 공판(황희는 종서를 무척 아꼈다)이 되었는데 공사로 모인 자리에서 종서가 공조로 하여금 약간의 주과를 갖추어 황희에게 올렸다. 그러자 그는 꾸짖어 말하기를

"국가에서 예빈시禮賓寺를 정부의 곁에 설치한 것은 삼공을 접대하기 위함이니 만일 시장하다면 의당히 예빈시로 하여금 장만해 올 것이지 어찌 사사로이 제공한단 말인가."

하고는 종서를 준열하게 꾸짖었다.

정승 김극성이 이 일을 경연經筵(왕에게 유교를 가르치던 일)에서 아뢰고,

"대신이란 의당히 이래야 조정을 진정시킬 수 있으리라."

하였다. 그때에 김종서가 여러 차례 병조, 호조의 판서가 되었는데 매양 한 가지라도 실수하는 게 있을 때마다 공이 박절할 정도로 꾸지람을 하고 종서 대신 종을 매질하기도 했고 때로는 구사丘史(관원이 출입할 때 따르는 하인)를 가두기도 하였다. 그러자 모든 사람들이 지나친 일이라 하고 종서 역시 군색하였다.

어느 날 맹사성이 묻기를

"김종서는 당대의 명재상 감인데 대감이 어찌 그렇게도 허물을 잡으시오."

하였더니 황희는

"이것은 내가 곧 종서를 아껴서 인물을 만들려는 것이요. 종서의 성격이 고항高亢(뜻이 높아 남에게 굽히지 않는 것)하고 기운이 날래어 일을 과감하게 처리하니 뒷날에 우리의 자리에 있게 되어 모든 일에 신중히 하지 않는다면 일을 허물어뜨릴 염려가 있으니, 미리 그의 기운을 꺾고 경계하여 그로 하여금 뜻을 가다듬고 무게 있게 하여 혹시 일을 당해서 가벼이 하지 않도록 하려는 것이요, 결코 곤란을 주려 함이 아니오."

하니 사성도 그제야 물러섰다. 후에 황희는 물러가기를 청할 때 종서를 추천하여 자기의 자리를 대신하게 하였다.〈식소록識少錄〉

**

그가 평시에는 거처가 담박하고, 비록 나이 아손兒孫이나 동복들이 앞에서 울부짖고 희롱해도 조금도 꾸지람하지 않았으며, 심지어 수염을 뽑는가 하면 뺨을 치는 놈까지 있어도 역시 제멋대로 하게 두었다. 일찍이 벼슬이 자신보다 더 낮은 사람들과 함께 일을 의논할 때 바야흐로 붓을 들어 글을 쓰려고 하는데 종의 아이가 종이 위에 오줌을 싸도 그는 아무런 노여워하는 빛이 없이 다만 손으로 훔쳤을 뿐이었다. 또 남원에서 귀양살이할 때에 7년 동안 문을 닫고 단정히 앉아서 찾아오는 손님도 맞이하지 않고 다만 운서韻書 한 질을 갖고 거기에만 눈을 대고 있었을 따름이더니, 그 뒤에 비록 나이가 많아서도 글자의 획이나 음이나 뜻에 대해서는 백에 하나도 그릇되지 않았다.〈필원잡기筆苑雜記〉

**

황희는 기쁨이나 노여움을 일찍이 얼굴에 나타내지 않고, 종들을 은혜로서 대우하여 일찍이 매를 대지 않았으며, 그가 총애하는 여종이 작은 종과 희롱하기를 지나치게 하여도 웃기만 하고 상관하지 않았다. 그리고 말하기를

"노예도 역시 하늘 백성이니 어찌 함부로 부리리요."

하고는 그 뜻으로 훈계하는 글을 써서 자손들에게 전하여 주기까지 했다.

어느 날 홀로 동산을 거닐 때였다. 이웃에 살고 있는 버릇없는 젊은이가 배 서리를 하느라 돌을 던지매 무르익은 배가 돌에 맞아 땅에 가득히 떨어졌다. 지나가던 황희가 그것을 보고 큰소리로 시동을 불렀다. 그 젊은이는 황희의 큰 목소리에 놀라서 가만히 숨어 본즉, 황희는 시동을 시켜 그릇을 가져오게 하여 배를 담아서 젊은이에게 주되 끝내 아무런 말이 없었다.

정언正言 이석형이 뵈러 갔더니 강목과 통감을 내어주면서 책 표지에 제목을 쓰게 했다. 얼마 후 추하게 생긴 여종 한 명이 약간의 안주를 가지고 벽에 기대어 기다리다가 이석형을 내려다보면서 황희에게 "곧 술을 드리리까?" 하고 물었다. 황희는 조용히 "조금 있다가"라고 대답했다.

여종이 한참 더 기다리다가 마침내 고함을 치면서 "어찌 그리 꾸물거리누" 하고 핀잔을 주었다. 그러자 황희가 웃으면서 "그럼 들여오렴" 하여, 그 여종이 술상을 들여오자, 아이들이 남루한 차림에다 맨발로 들어와서 황희의 수염을 잡아당기기도 하고, 더러는 옷을 밟고 안주를 다 집어먹으며 또 그를 두들기기도 했다. 그래도 그는 "아야, 아야" 하고 말았다. 그 아이들은 모두 노비의 자식들이었다. 〈청파극담靑坡劇談〉

황희가 세상을 뜨자 모든 관청의 아전들에서부터 노복에 이르기까지 각자 베와 재물을 염출해 제사를 차렸는데 앞다투어 내놓아 제사를 매우 풍성하게 차리고자 사람마다 조금도 인색함이 없었다 한다.

그의 정자인 반구정伴鷗亭이 임진강 아래 있는데(파주), 자손이 그곳에 집을 세우고 이름을 반구라 했다.

맹사성 孟思誠 (1360~1438년)

고려 말~조선 초의 재상. 여러 벼슬을 거쳐 세종 때 이조판서로 예문관 대제학을 겸했고 우의정에 올랐다. 〈태종실록〉을 감수, 좌의정이 되고 〈팔도지리지〉를 만들었다. 조선 전기의 문화 창달에 크게 기여했다. 시문에 능하고 음률에도 밝아 향악을 정리하고 악기도 만들었다. 또 청백리로 기록되고 효성이 지극하여 정문이 세워졌다. 작품에 〈강호사시가〉가 있다.

조선조 청백리의 최으뜸

좌의정 맹사성이 죽었다. 사성의 자는 자명自明이며 신창 사람이었다. 병인년에 을과 첫째로 발탁되어 춘추관 검열에 임명되었고, 여러 번 승진하여 수원 판관이 되고 옮겨서는 면천 군수가 되었다가 다시 여러 관직을 거쳐 대언代言에 발탁되었다. 몇 번이나 승진하여 이조 참의, 예문 제학, 한성 부윤, 사헌부 대사헌, 인녕부윤, 예·호·공·이조의 판서, 의정부 찬성사, 판우군도총제부사가 되었으며 마침내 정미년에 좌의정에 임명되었는데, 을묘년에 자리에서 물러나기를 원해 허락하였다.

그러나 나라에 큰 정사가 있을 때에는 반드시 나아가서 그와 의논했다. 이에 죽음에 이르니 향년 79세였다. 임금이 그의 부음을 슬퍼하여 백관을 거느리고 찾아가 조문하고 조회를 정지시키고 관에서 장사를 보아주게 했다.

시호는 문정文貞이니, 충신하고 예로써 사람을 대접하는 것을 文이라 하고, 청백淸白하게 절조를 지킴을 貞이라 한다. 사성의 사람됨이 종용하고 간편하며 선비를 예절로 예우하는 것은 천성에서 우러나왔다. 벼슬하는 선비로서 비록 지위가 낮은 사람이라 할지라도 만나고자 하면 반드시 의관을 갖추고 대문 밖에 나와 맞아들여 상좌에 앉게 했다. 손님이 돌아갈 때에도 역시 몸을 구부리며 손을 모은 채 가는 것을 보고, 손님이 말에 올라앉은 후에라야 돌아서 문으로 들어갔다.

창녕 부원군 성석린成石璘이 맹사성의 선배가 되는데 그 집이 맹사성의 집 아래에 있었다. 맹사성은 늘 그 집을 지날 때마다 반드시 말에서 내려 걸어갔는데 성석린이 세상을 마칠 때까지 그렇게 하였다. 또 음률에 능하여 가끔 손수 악기를 만들기도 하였다.

그러나 타고난 성품이 어질고 부드러워 무릇 조정의 큰일이나 관리로서의 일을 처리하는 데 있어 과감하게 결단을 내리지 못하는 단점이 있었다. 외아들 귀미는 먼저 죽고, 손자가 둘이 있으니 효증과 계증이었다.

〈세종실록〉 83권 · 1438년(세종 20년) 4월 19일

왕이 그의 상가에 나아가 곡을 하다

고불古佛 맹사성은 1435년(세종 17년) 2월 1일 76세 때 늙어서 더 이상 맡은 바 소임을 다 못하겠다며 세종에게 간청하여 49년 동안의 벼슬살이를 그만두었다. 벼슬을 그만둔 뒤에 때로는 온양에 있는 집에서 산수와 벗을 삼아 한적한 생활로 노후를 달랬고, 세종이 나랏일을 의논하자고 부를 때는 서울에 올라가 국정 자문 역할도 하였다. 이렇게 세월을 보내다가 벼슬을 그만둔 3년 뒤인 1438년(세종 20년) 10월 4일 서울에서 병든 몸을 치료하다가 악화되어 향년 79세로 일생을 마감했다. 당시로서는 장수한 셈이다. 세종은 고불이 죽었다는 소식을 듣고 슬퍼하며 문무백관을 거느리고 상가집을 방문, 곡을 했을 정도로 그의 인품과 학덕을 높이 샀다.

세종이 고불의 시호를 문정文貞이라 하였는데 이는 청렴결백한 관리들에게 주로 내려졌던 시호이다. 고불 맹사성은 황희 정승과 더불어 세종의 치세를 도와 조선왕조 초기에 문민정치의 기틀을 다진 명재상이요 청백리였다. 그는 벼슬이 정승에 올랐어도 청빈·검소하게 살았고, 음률에 정통한 음악의 달인이었으며, 자연의 이치에 순응하여 멋과 여유로 슬기롭게 살며 재미있는 일화를 많이 남긴 풍류 명사였다.

조선왕조 500년 동안 정승을 지낸 사람은 많지만 성이나 아호 뒤에 '정승'을 붙여 부르는 이는 대체로 네 명밖에 없다. 그 네 명은 맹 정승을 비롯하여 황 정승(황희), 상 정승(상진), 오리 정승(이원익)이다. 이들의 공통점은 학식과 덕망이 빼어났고 구세제민救世濟民의 경륜을 펼쳤다는 점, 모범적인 청백리라는 점 그리고 민족 고유의 멋과 슬기인 풍류 정신으로 한 평생을 보냈다는 사실 등이다. 조선조에 있어 청백리를 들라하면 맹사성과 황희 정승인데 그중에서도 맹사성을 으뜸으로 꼽았다.

 **일국의 재상인데 비가 새는 집에 살다니**

고불은 관리로서 받는 봉급을 생활비만을 남기고 그 대부분을 헐벗고 굶주리는 가난한 백성들을 위해 나눠주었다. 고불이 서울에서 살던 집도 남에게 빌린 집이었다. 먹고 살만한 친지가 보증금도 임대료도 없이 그냥 무상으로 빌려준 것이 아닐까 생각이 든다. 누구인들 일국의 재상에게 빗물 새는 초가집을 돈 받고 빌려줄 리 없을 터이니 말이다.

그리고 생가로 알려진 지금의 충남 아산 배방면 중리에 있는 행단고택(사적 109호)도 원래는 처조부인 최영 장군의 집이다. 조선이 개국하면서 이성계와 반대편에 섰던 최영崔瑩(1316~1388년) 장군이 그들의 손에 살해당했는데 맹사성의 조부 역시 두문동 72현으로 순절을 했었다. 또한 고불의 아버지 맹희도마저 정권으로부터 퇴출당해 잠시 동두문동에 숨어 있다가 충남 서천의 한산으로 피난을 떠나야 했으니 자신의 집이라고 할 만한 곳이 없었다.

이성계가 조선을 개국하고 어느 정도 세상이 조용해지자 고불의 아버지는 피난지 한산에서 비어 있던 최영 장군의 집으로 이사를 했다. 자신이 낳고 자랐던 개성에 있던 집은 이성계의 혁명 과정 중에 남의 집이 되어버렸고 고불은 사실상 집이 없었다. 그나마 처조부인 최영 장군의 빈집이 있었으니 아버지를 그 집에 모셨고, 고불은 서울에서 벼슬살이할 때 남의 집을 얻어 살았다. 그의 집에 관해 내려오는 유명한 일화가 하나 있다.

고불이 우의정 때의 일이다. 국사를 의논하기 위해 병조판서가 고불 정승의 집을 찾아갔다. 마침 7월 장마철이라 갑자기 소나기가 내리는 때가 많았다. 고불과 병조판서가 머리를 맞대고 의논하고 있는데 느닷없이 소나기가 쏟아졌다. 고불의 집은 비가 새어 가구 등 세간살이가 모두 물에 젖었고 두 사람은 삿갓을 쓰고 앉아 대화를 했다. 소나기가 멎자 병조판서는 즉시 고불의 집을 나섰다. 그리고 자기 집에 돌아가 말하기를 "판서를 4조(예·호·공·이조)나 역임했고 좌의정이라면 일국의 재상인데 비가 새는 집에 살다니" 한탄하면서 고불의 청백리 정신에 감복하여 자기 집 행랑채를 부수고 행랑들 모두를 보냈다.

관료 생활 49년에 그 지위가 좌상에까지 이르렀건만 서울에 자신의 집 한 칸 없이 전세살이를 못 면했다 하니 그 청빈함이 오늘에 견주어 후세가 부끄럽기 그지없음이다.

 내 소 타고 내 마음대로 나들이하는데

또한 고불은 효성이 지극해 자주 온양으로 부모를 뵈러 갔는데 그때마다 하인 한 명과 함께 소를 타고 다녔다. 옷차림도 허술해 마치 촌늙은이와 같았으리라. 개인적인 일로 출타를 할 때는 관복을 입지 않고 낡은 평상복을 입었다. 온양에 오고갈 때에도 도중에 있는 지방관에게 폐가 될까

봐 연락도 않고 날이 저물어 도중에 숙식을 하게 될 때에는 역리에게 단단히 경고하여 지방관이 그의 행차를 모르게 했다.

하루는 양성과 진위 두 현감이 고불이 부모를 뵈러 온양에 내려온다는 말을 듣고 길목인 연못가 정자나무 밑에서 기다리고 있었다. 일국의 정승이 지나가는 길이니 그 예를 지키고자 함도 있었을 것이고, 혹여 잘 보이면 출세의 기회를 잡을 수도 있지 않을까 하는 기대감도 있었으리라.

드디어 고불이 하인과 함께 두 사람이 있는 정자나무 앞을 검은 소(검은 암소)를 타고 어슬렁거리며 지나가게 되었다. 평민 차림의 노인이 지방관인 현감 앞을 소에서 내리지도 않고 지나가니 현감들이 가만있을 리 없다. 두 현감은 수하인 이방을 시켜 소 타고 가는 일행을 "무례하고 거만하다" 꾸짖었다. 현감이 보낸 이방의 꾸지람을 듣던 고불은 그 이방에게 이르기를 "내 소 타고 내 마음대로 나들이하는데 무슨 상관인가, 나를 알고 싶거든 온양 사는 맹고불이라고 가서 현감에게 여쭈어라"라고 일렀다.

연못가에 있는 평상에서 이 말을 전해들은 두 현감은 무례한 촌로가 맹정승임을 알고 혼비백산하여 놀라 달아나다가 허리띠에 차고 있던 관인을 연못에 빠뜨렸다. 그래서 그 연못을 인침연印沈淵이라 부르게 되었다는데, 그 연못이 어디에 있는지 현재로서는 알 수가 없다.

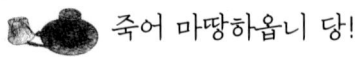 죽어 마땅하옵니 당!

어느 해 한식, 고불은 온양의 부모 산소를 찾아 성묘하고 서울로 돌아가

는 길이었다. 그날도 여전히 소를 타고 어슬렁거리며 용인 땅을 지나는데 갑자기 봄비가 내리기 시작했다.

처음에는 가늘던 빗발이 점점 굵어지더니 어느새 소나기로 변했다. 할 수 없이 주막으로 찾아들어가 비가 그치기를 기다렸다. 처마 밑에 소를 매어놓고 안으로 들어가니 젊은 선비가 이미 아랫목에 자리 잡고 있었다. 본래 검소해 좋은 옷을 입지 않았고 시골 노인처럼 아무렇게나 걸치고 다니던 차에 비에 흠뻑 젖었기에 고불은 문가에 앉아 날이 개기를 기다렸다. 그러자 하인들을 거느리고 앉아 있던 아랫목의 젊은 선비가 심심했던지 "노인장, 이쪽으로 오셔서 편히 앉으시지요" 하고 권했다.

젊은 선비는 영남 사람으로 서울에 과거시험 보러 가는 길이라고 했다. 두 사람은 비가 그치기를 기다리는 동안 심심풀이 삼아 장기를 두었는데 승부는 번번이 고불의 승리로 돌아갔다. 그러자 선비가 이번에는 묻고 대답하는 말끝에 '공' 자와 '당' 자를 달아서 누구의 말문이 먼저 막히는가 시합하기로 했다. 먼저 고불이 시작했다.

"서울에는 무엇하러 가는 공?"

"녹사 시험 보러 간 당."

"내가 합격시켜 줄 공?"

"에이, 당치도 않 당."

그러는 사이 날이 개어 두 사람은 길을 떠나 서울로 올라와 헤어졌다. 그리고 며칠 뒤, 맹 정승이 공무를 보고 있는데 한 젊은이가 녹사 시험에 합격했다고 인사를 하러 왔다. 고개를 들어보니 며칠 전에 만났던 그 선비였다. 맹 정승이 장난기가 발동하여 이렇게 물었다.

"어떻게 되었는 공?"

그러자 젊은이는 자신이 인사하러 온 좌의정이 바로 며칠 전에 만난 허름한 옷차림의 그 촌로인지라 깜짝 놀라 자리에 엎드려 대답하기를,

"죽어 마땅하옵니 당!"

했다고 하니 그 젊은이도 풍류의 멋을 아는 선비였던 모양이다. 어찌된 영문인가 의아해하는 사람들에게 맹 정승이 자초지종을 이야기해주자 모두가 배꼽이 빠져라 한바탕 웃음을 터뜨렸다.

 부자父子가 삼강행실도에 나란히 오른 유일한 가문

고불은 효자였다. 그 실례를 든다면 1431년(세종 13년)에 집현전 부제학 설순 등이 왕명으로 저술한 〈삼강행실도〉에 맹사성과 그의 아버지 맹희도 부자가 나란히 들어 있다. 2대가 모두 〈삼강행실도〉에 들어 있는 것은 조선조에는 없는 일로 고불의 효심이 얼마나 지극했는지를 보여준다. 어머니가 10세 때 죽었기에 홀아비가 된 아버지가 82세나 살아 있었던 것과, 서울에서 관직 생활을 하는 동안 아버지를 잘 모셔달라고 하인 부부에게 후한 대접을 베풀어 마치 정승과 하인 사이가 아닌 친척을 대접하는 것같이 했다는 일화가 500년이 지난 지금까지도 온양 지방 촌로들의 심심풀이 화제가 되고 있는 것 등으로 미루어 고불이 아버지를 매우 극진히 모셨음을 알 수 있다.

또한 1484년(태종 18년) 아버지가 82세(고불 59세)로 돌아가시자 수묘 생

활 3년의 정성과 그 고통을 감수하며 죄를 사죄한 행동이 온양 지방에 소문이 퍼져 온수 현감이 예조판서에게 진정하여 효자비를 내리게 한 일(현재 아산 배방면 중리에 그 정각이 있음)이 있었다.

〈국조인물지〉 세종조편을 보면 고불이 10세 때(1369년, 공민왕 18년) 어머니가 돌아가시자 7일간 물 한 모금이나 간장도 입에 대지 않았고, 피눈물로 3년을 지냈다고 되어 있다. 물도 먹지 않고 간장도 먹지 않았다는 것은 좀 과장된 느낌이 들지만 불과 10세에 어머니가 죽었다면 모성애의 단절이 얼마나 어린 가슴에 멍이 되어 눈물로 3년을 지새었을까 생각해본다.

 청백리 맹사성도 뇌물을 받았다

아무리 청백리라 할지라도 관료로 지내다보면 자의든 타의든 뇌물이나 선물에 자유로울 수 없는 것은 예나 지금이나 비슷한 모양이다. 조선시대 최고의 청백리로 많은 일화를 남기고 있는 맹사성 역시 뇌물로 인한 탄핵을 받은 일이 있었다.

〈세종실록〉 34권(1426년 11월 23일)을 보면 다음과 같은 상소문이 실려 있다.

사간원에서 상소하기를,
신하된 자로서의 죄는 임금을 속이는 것보다 더 큰 것이 없사온데, 이제 조종생(전라도 관찰사로 임명되었으나 탄핵을 받았다)은 언론의 직책에 있으면서 공공연히 조회정의 뇌물을 받았사오니 죄가 진실로 작지 않사옵고, 일이 발각된 뒤에는 거짓말을 꾸며대어 사실대로 계하지 아니하고 사건의 추이를 보고 있다가 형세가 마침내 숨길 수 없게 되어서야 하는 수 없이 사실대로 아뢰었사오니 성상을 속이는 것이 이보다 심할 수가 있겠습니까. 헌부에서 사실을 조사해서 자세히 보고했사온데 전하께서는 다만 그 직임만 파하시니 신 등은 실로 의아하나이다. 엎드려 바라옵건대 전하께서는 율에 의하여 죄를 처단하시와 신하들의 속이는 죄를 경계하시기를 바랍니다.

신 등이 또 다시 생각하옵건대 탐풍貪風은 금하지 않을 수가 없습니다. 탐풍이 그치지 아니하면 염치가 날로 없어지고 옳고 그른 것이 전도되어 마침내 조정을 문란하게 할 것이옵니다. 이제 조연, 민여익, 조대림, 맹사성, 권진, 전흥, 안수산, 원민생, 유은지, 이담, 성개, 홍의로, 이열, 윤수미, 윤득홍 등은 혹은 공이 있는 전하의 인척이라 해서, 혹은 높은 벼슬에 있다 해서, 혹은 정권을 맡았다 해서 성상의 두터운 은혜를 받아 공공연히 뇌물을 받았사오니 죄는 진실로 용서할 수 없나이다. 헌부에서도 그 실상을 조사해서 자세히 아뢰고 죄를 청했사오나 전하께옵서는 그대로 방치해 두시고 논죄하지 않으시니 신 등이 생각하건대 남의 뇌물을 받는 것도 이 사사로운 죄에서 감히 가벼이 용서할 수 없겠거늘 하물며 상주고 벌주는 것은 임금의 큰 권리이니, 신하의 직책이 높거나 낮다고 해서 죄를 가벼이 주고 무겁게 줄 수는 없는 것입니다. 엎드려 바라옵건대 전하께서는 이들을 모두 죄주기를 바랍니다.

하였으나 윤허하지 않았다.

관료 생활 49년 동안 집 한 칸 없이 남의 집을 빌려 살았던 청백리가 막대한 뇌물을 받았을 리 만무하고 아마도 요즘으로 말하면 명절에 갈비짝이나 조기 몇 두름 받았음직하다. 그렇다 한들 당대뿐만 아니라 후세에까지 최고의 청백리로 추앙받는 맹사성의 이미지에 먹칠을 한 씻을 수 없는 오점일 수밖에 없다.

이 탄핵 외에 맹사성은 재직시 두 번의 어려움을 겪는다.

한 번은 태종의 사위인 조대림(경정공주의 부군)을 심문한 것이 화근이 되어 사헌부 감찰직에 있던 외아들 여미가 고문당해 죽고 자신마저 죽을 뻔한 일이 있었다. 법은 만인 앞에 평등하다는 것을 실천한 고불이었지만 왕의 사위를 심문했다는 것이 왕을 능멸한 처사로 받아들여졌던 것이다.

대신들의 상소문으로 일단은 선고된 사형은 면하였지만 고문으로 외아들을 잃었으니 그 고통이 살을 여미고 심장을 도려낼 정도였을 거라고 추정된다. 그는 그 일로 한주(지금의 충남 서천 한산)에 있는 향교의 재복(지금의 사환)으로 유배되었다. 그러나 청렴결백하고 매사에 곧은 마음으로 법대로 처리했기에 조정의 모든 중신들의 신임을 받아 그 지엄한 태종도 할 수 없이 고불에게 윤허를 베풀어 사형을 면하게 하고 다시 불러 중임을 맡게 했다.

또 한 번은 태종이 약을 먹은 후 구토를 하고 정신이 혼미한 적이 있었는데 당시 맹사성이 약방대언藥房代言(왕실의 약 짓는 것을 감독하는 직책)이라는 직책을 맡고 있었다. 실록은 이렇게 전한다.

임금이 병이 있어 약을 먹으면 신하가 먼저 이를 맛보고, 아비가 병이 있어 약을 먹으면 아들이 이를 맛보는 것은 임금과 아비를 중히 여겨서 의약을 삼가는 까닭입니다. 이제 이주와 평원해가 어약을 조제하면서 미리 맛보는 절차를 잃어서 드디어 성체를 평안치 못하게 하였으니 불경하고 불충한 죄는 큽니다. 맹사성은 감독하는 명을 받잡고도 자세히 살피지 못하였고, 특히 먼저 맛보는 도리를 잃었으니 또한 징계하지 않을 수 없습니다.

상소를 받은 임금이 장령 이명덕을 불러 효유하였다.

임금이 약을 먹으면 신하가 먼저 맛보는 것이 예이나, 내가 신하로 하여금 먼저 맛보게 아니한 것은 나의 잘못이요, 신하의 죄가 아니다. 또 이주 등이 어찌 나를 병들게 할 마음이 있었겠는가! 이를 다시 논하지 말라.

왕이 죽으면 그 죄를 어의들에게 덮어 씌워 유배를 시켰던 조선시대였다. 그러나 태종은 맹사성이 훗날 명재상이 되리라는 것을 감지했는지 그의 죄를 더 이상 논하지 않았다.

이언적 李彦迪(1491~1553년)

조선 중종 때의 문신. 기氣보다 이理를 중시하는 주리적 성리설을 주창했으며 이 사상은 이황에게 계승되어 영남학파의 중요한 성리설이 되었고 조선 성리학의 한 특징을 이루었다. 〈일강십목소〉는 그 정치사상을 대표한다. '이언적 수필고본 일괄'은 보물로 지정되었다.

동방에서 자못 비견할 사람이 드물었다

삭탈관직되어 유배 간 이언적이 졸하였다. 언적의 자는 복고復古요, 경주 사람으로 호는 회재晦齋 또는 자계옹紫溪翁이라 했다. 남달리 영특했고 타고난 자질이 도에 가까웠다. 어버이를 섬김에 효성이 지극했고 성현의 학문에 뜻을 두어 마음에 새기고 힘써 행하였으며, 예가 아니면 행하지 않았고 성품 또한 과묵했으며 자신의 재능을 자랑하지 않았다.

어려서 급제하여 조정에 있었으나 기묘사화(1519년)가 일어났던 때에는 그리 알려진 인물이 아니었다. 중년에 비로소 발탁되었으나 김안로에게 미움을 사 파직되어 전리田里에서 7~8년을 살았다.

평소 고상한 아취가 있어 경주 북쪽 자옥산에 거처를 선택, 기괴한 바위와 깨끗한 시내를 좋아하여 그곳에 집을 짓고 살았다. 주위에 꽃과 대나무를 심고, 날마다 시를 읊조리고 고기를 낚으면서 세상만사를 잊고, 방안에 단정히 앉아 책을 읽으며 정신을 가다듬고 생각을 깊이 하니 학문이 더욱더 깊어졌다. 김안로가 몰락하자 다시 부름을 받아 등용되었다가 얼마 뒤에 전주 부윤으로 나가 청명한 정치를 펼쳤다.

일찍이 10조목—綱十目의 소를 올렸는데, 그 내용이 진실되고 충정이 간절하여 세상의 도를 다시 세울만 하였다. 중종이 이를 가상히 여겨 참판에 발탁했으나 모친의 나이가 많아 끝내 뜻을 펴지 못하고 벼슬을 버리고 봉양하였으므로 조정에 오래 있지 않았다. 말년에는 병으로 고향에 머물러 있었다.

인종이 즉위하자 각별히 여겨 두세 번 벼슬을 내리니 드디어 병든 몸을 일으켜 좌찬성 직을 맡아 조정에 나아갔다. 인종이 승하하자 을사사화(1545년)가 일어나 파직을 당해 고향으로 돌아간 지 2년 후 강계부에 귀양 가서 7년 만에 졸하니 슬퍼하지 않는 사람이 없었다.

집이 매우 가난하여 처첩 등은 굶주릴 때가 있어도 조상에게 제사 올리는 예는 정성과 공경을 다하였다. 특별히 책 한 권을 지었으니 서명은 〈봉선잡의〉이다. 또 〈예기〉 등의 책 중에서 효자, 자손들이 정성을 다하여 제사를 받들었던 기사를 발췌해 책으로 엮고 그 내용을 본받고 봉행하였다.

조정에 있을 때에는 벼슬로부터의 진퇴와 윗사람에게 의견을 올리는 것이 바르고 분명했으며, 백성을 평안하게 하고자 하였으니 비록 귀양살이를 하는 중에도 오히려 못내 조정을 잊지 않았다.

그밖에도 〈역경〉의 '덕을 이루고 업을 닦는다'는 뜻을 가지고 부연하여 팔규八規를 만들어 올리려 하였으나 귀양지의 감사인 홍섬이 여론에 맞지 않는다는 이유로 제지했으므로 끝내 올리지 못했다.

지은 책으로는 〈대학장구보유〉,〈속혹문〉,〈구인록〉이 있다. 또 〈구경연의〉를 편찬하였는데 완성하지 못했지만 공들인 것이 더욱 깊었다. 학문의 연원은 없으나 스스로 유학에 분발하니 은연중 빛나서 덕이 행실에 부합되고 문장이 붓끝에서 나오면 교훈되는 말이 후세에 전해져 동방에서 자못 비견할 사람이 드물었다. 선조 원년에 영의정에 추증되었고 시호는 문원文元이라 하였다.

〈명종실록〉 15권 – 1553년(명종 8년) 11월 30일

 처첩이 굶을 정도로 가난했다

이언적의 원래 이름은 이적李迪이었다. 언적이라는 이름은 나중에 중종이 내린 이름이었다. 그것은 과거에 급제한 사람 중에 같은 이적이라는 이름을 가진 사람이 있어서 이를 피하기 위해 왕이 언彦 자를 더해주었다 한다. 호는 '회재' 晦齋(어두운 집)이다. 이는 주희의 호가 '회암' 晦庵(어두운 집)인 것에 따른 것이다. 주희의 호는 "땅 속은 어둡지만 그곳에 뿌리를 깊이 박은 나무가 밝은 세상에 아름다운 꽃을 피운다"는 뜻이다.

언적은 경주의 안강 양동 마을에서 태어났는데 당시 안강 들판은 대부분 여강 이씨 집안의 것이었다고 하지만 그의 집은 그리 부유하지 못했던

듯하다. 졸기에는 처첩이 굶주릴 정도로 매우 가난했다고 기록하고 있으니, 이언적이 야사에서 전해지듯 안강의 대지주 집안 아들이라는 구전은 사실과 다른 것 같다. 10세 때 부친을 여의고, 12세 때 외숙인 손중돈에게서 글을 배웠으며 1514년(중종 9년) 문과에 급제하여 벼슬을 시작했다. 사헌부 지평, 장령, 밀양부사 등을 거쳐 사간원 사간에 임명되었는데, 김안로의 재등용을 반대하다가 관직에서 쫓겨나 귀향한 후 자옥산에 독락당獨樂堂을 짓고 학문에 열중했다.

23세의 젊은 나이에 과거에 급제하여 벼슬길에 나아간 이후 42세에 낙향하기 전까지 비교적 낮은 벼슬에 머물러 있었다. 따라서 당시 정치 권력의 소용돌이에서 비껴나 있을 수 있었다.

1537년 김안로가 죽자 다시 관직에 나아가 홍문관 부교리, 응교를 거쳐 이듬해에는 직제학에 임명되었다가 전주 부윤이 되었다. 이 무렵 일강십목으로 된 상소를 올려 올바른 정치의 도리를 논하였다. 그 후 성균관 대사성, 사헌부 대사헌, 홍문관 부제학을 거쳐 1542년 이조, 형조, 예조 판서에 임명되었는데 노모 봉양을 이유로 자주 사직을 하거나 외직으로 보내줄 것을 요청하여 안동 부사, 경상도 관찰사에 임명되었다.

1544년 무렵부터 병이 생겨 거듭되는 관직 임명을 사양했으며 인종이 즉위한 다음해 의정부 우찬성, 좌찬성에 임명되었다. 그해 인종이 죽고 명종이 즉위하자 윤원형 등이 사림을 축출하기 위해 을사사화를 일으켰는데, 이때 의금부 판사에 임명되어 사람들을 벌하는 일에 참여했지만 자신도 곧 관직에서 물러났다.

그 후 권신 이기와 윤원형의 잘못된 훈작을 시정할 것을 주청함으로써 미움을 사게 되었는데, 양재역 벽서 사건이 일어나자 이언적을 연루시켜 강계로 유배시켜버렸다. 그의 나이 57세 때였다. 강계는 여진족과의 접경 지역인 압록강변으로 겨울이면 매우 추운 곳이었다. 더구나 그곳 지방관이 이언적을 매우 핍박했다 한다. 그가 죽자 온 백성이 다 슬퍼했다.

 서자 이전인의 효행과 진수팔규

그는 정실에게서는 자식이 없었으며 슬하에 기생과의 사이에 난 서자 한 명을 두었는데 이름이 이전인이다. 이전인의 어머니는 경주 관아의 관비로서 기생으로 있으면서 이언적에게서 이미 이전인을 임신하고는 조윤손이라는 사람의 첩이 되었다.

이 일로 경주에서는 이전인이 누구의 소생인가에 대한 소문으로 말들이 많았다. 조윤손은 산림처사로 유명한 남명 조식(1501~1572년)의 친척이었는데 이러한 일 때문에 조식은 이언적을 평생 싫어했다고 한다.

그런 사실을 모르고 자랐던 이전인은 조윤손이 죽자 어머니로부터 비로소 자신이 이언적의 아들임을 알게 되었다. 그러자 조윤손의 재산을 다 팽개치고 강계로 유배가 있던 이언적을 찾아가 드디어 부자의 관계를 확인하고는 그가 세상을 뜰 때까지 유배지에서 정성껏 봉양하였다. 또 조윤손은 자신을 길러준 은혜가 있다 하여 상복을 입지는 않았으나 아버지처럼 상제의 도리를 다했다. 이언적이 죽자 이전인은 아버지가 지은 '진수팔규' 進修八規를 왕에게 바쳤는데, 실록은 진수팔규를 이렇게 전한다.

신의 아비가 평생 동안 가진 애군충국의 생각은 험난한 역경에 처해서도 간단이 있는 때가 없었습니다. 중종대에 마음을 기울여 섬기되 아는 것이면 무엇이든 말하지 아니함이 없었습니다. 일찍이 일강십목으로 된 상소를 올리니, 중종께서 칭찬하여 글을 내리시는 등 대우가 극진하고 은총이 보통이 아니었습니다. 신의 아비는 그 은혜를 조금도 보답하지 못하고 갑자기 중종 승하의 애통을 당하여 한없이 호곡하고 항상 망극지통을 품었던 것입니다. 그러다가 전하께서 왕위를 계승하시자 신의 아비는 맨 먼저 진강進講에 참여하여 성상의 자질이 영명하고 성상의 목소리가 명랑하심을 보고는 자신도 모르게 기쁨에 넘쳐 눈물이 턱을 적시었습니다.

충정의 절의를 바치고 은혜에 대한 도리를 다하려고 생각했는데 불행하게도 나이 80이 된 병든 모친이 멀리 경주에 있었습니다. 이에 신의 아비는 휴가를 받아 귀성했는데, 곧 끊어질 듯한 목숨이 조석을 보전하지 못할 것 같으므로 절박한 정리에 차마 멀리 떠날 수가 없어서 진정의 소장을 올리고 그대로 머물러서 봉양하기를 빌었었지만 세 번이나 따뜻한 위로의 전지만을 받고 끝내 윤허는 받지 못하였습니다.

그해 가을에 모친의 병이 조금 낫자 장차 대궐에 들어가서 사은하려 했지만 여론이 있어 파직을 당했고, 이듬해 가을에는 서쪽 변방으로 귀양을 갔습니다. 궁한 변방에서 백발은 성성했지만 성상에 대한 일편단심은 더욱 간절하였습니다. 바른 말을 구하는 전지를 만나고 자신을 죄책하는 교서를 볼 적마다 신의 아비는 스스로 탄식하기를 "임금의 밝으심이 이와 같으니 좀처럼 만나기 어려운 기회인데 죄를 짓고 먼 지방에 유배된 몸이지만 포부를 개진하여 한번 임금에게 알릴 수 없겠는가" 하였습니다. 이에 진덕수업進德修業의 뜻을 취하여 부연해서 팔조목八條目을 만든 다음 이름하여 진수팔규라 하였습니다. 장차 올리려 하였는데 전달할 길이 없었으므로(이언적이 진수팔규를 올리려 하였지만 감사인 홍섬이 막았다) 뜻을 이루지 못한 채 그만 돌아가시고 그 글만이 남아 있는데 말은 간단하나 뜻은 원대하고 사연은 적실한데 이치가 갖추어졌으니, 제왕의 마음을 보존하고 정치를 하는 요령도 여기에 벗어나지 않을 것입니다. 모든 정무를 보시는 여가에 열람하시어 깊이 완미하고 체험하여 살피신다면 날로 덕을 새롭게 닦는 공부에 반드시 조금의 도움이 없지 않을 것입니다.

진수팔규의 중요 뼈대는 다음과 같다.

첫째는 도리를 밝히는 일이다.
둘째는 큰 근본을 세우는 일이다.
셋째는 천덕天德을 몸받는 일이다.
넷째는 전대의 성인을 법받는 일이다.
다섯째는 총명聰明의 범위를 넓히는 일이다.
여섯째는 인정仁政을 베푸는 일이다.
일곱째는 천심天心에 순응하는 일이다.
여덟째는 중화中和를 극진히 하는 일이다.
아홉째는 세자世子를 배양培養하는 일이다.

이언적은 학문에 조예가 깊고 그 언행이 학문의 깊이와 같아서 당시 사람들은 "동방의 도학자로 조광조 이후에는 오직 이 사람이 있다"라고 말했다. 그러나 이기 등의 모함을 당해 강계로 귀양을 갔다. 귀양 중의 곤궁함은 사람으로서는 견딜 수 없는 정도였지만 왕에 대한 충절은 지극했다. 강계에서 유배생활을 하는 근 20년 동안 강계부 사람들은 그의 얼굴을 볼 수가 없었다. 그가 어느 날 관리가 자리를 비운 틈을 타서 인풍루라는 정자에 올라간 적이 있었다. 인풍루는 강 위에 있어 주변 풍경을 즐기기엔 그만인 곳이었다. 그런데 그 사실을 알게 된 관리가 고을 원에게 달려가 고발했는데, 이언적이 이미 집으로 돌아온 뒤였다. 이에 그는 다시는 유배지역을 벗어나지 않고 학문을 즐기며 소일하였다.

유배생활 중 진력하여 쓴 저서를 통해 조선의 유학이 나아가야 할 방향을 제시함으로써 성리학의 정립에 선구적인 역할을 하였다. 기보다 이를 중시하는 주리적 성리설은 그 다음 세대인 이황에게 계승되어 영남학파의 중요한 성리설이 되었으며, 조선 성리학의 한 축을 이뤘다.

 시대의 간신 이기와의 인연

이언적은 평생을 강직하고 청렴결백하게 살았다. 중종이 명을 내려 청백리를 천거하라 했을 때 언적의 이름이 올려졌고, 전주 부윤으로 가 있던 때에 전라감사는 왕에게 장계를 올려 그의 치적과 청렴함을 칭찬하였다. 사림과 세상의 여론으로부터 존경을 받아오던 이언적이 유배지에서 죽게 된 것은 권신 이기(을사사화의 원흉으로 꼽히는 인물. 1476~1552년)와 이기를 사주하고 그의 등 뒤에서 갖은 악행을 저지르던 윤원형 일파의 모략 때문이었다.

가장 직접적인 이유는 1547년 9월 양재역에 붙은 대자보 사건이었다. 벽서의 내용은 "위로는 여왕, 아래로는 간신이 권력을 휘두르니 나라가 곧 망하리라"였다. 당시는 명종이 즉위하고 어린 명종을 문정왕후가 수렴청정을 하고 있었던 때였다. 이 벽서 사건으로 지난날 윤원형을 탄핵하여 파직케 했던 송인수와 윤임의 인척이었던 이약수가 처형당하고, 이언적 등 20여 명이 유배를 당했다.

이기는 한때 자신을 배척했던 이언적을 끝까지 물고 들어가 끝내는 양재역 벽서 사건을 빌미로 귀양을 보내고 마는데, 그가 얼마나 이언적을 미워했는지 문정왕후에게 간한 글에 여실히 나타나 있다.

이언적은 본디 물망도 있고 또 학문이 뛰어나서 참으로 범연한 사람이 아닙니다. 그러나 그의 마음은 한쪽으로 치우치지 않은 적이 없었습니다. 전주 부윤으로 있을 적에 상소를 올려 동궁의 건강을 보양해야 한다고 말하였습니다. 신이 그때 여러 동료들에게 "정권이 안정되었는데 또 누구를 안정시키려 하는가? 동궁께선 스스로 편안하신데 또 무엇을 보양하라는 말인가? 그 마음을 알 수 없다"고 하였는데 신은 그때 이 말 때문에 배척을 받았습니다.

신은 또 임백령에게 "주상이 계시는데 또 세자에게 아부하려고 하니, 이는 두 마음을 품고 있는 것이 아니겠는가?" 하였습니다. 중종께서 승하하신 뒤에 재상의 한 사람으로서 시골에 물러나 있으면서 올라오려 하지 않다가, 인종께서 부르신 뒤에야 비로소 조정에 나아왔습니다.

조정에서는 그의 의중을 모르고 높은 관작과 지위로 예우하고 명예롭게 대하였지만 그의 마음은 바르지 않은 듯하였습니다. 그리고 동궁에 불이 났을 적에도 이언적이 화재가 발생하게 된 원인이 있을 것이라고 그 뿌리를 캐내려 하였으니, 이는 은밀히 모해할 생각을 품은 것이어서 그 논의 자체가 벌써 정직하지 않았습니다.

또 유인숙과 함께 주상의 학문에 대하여 논의할 때 유인숙이 달갑지 않은 표정을 지은 적이 있었는데 주상께서 그에 대해 친히 하문하실 적에 이언적이 당연히 바른대로 아뢰었어야 할 것인데도 "신이 그의 표정은 보지 못하였으나 다만 대답이 없었던 것으로 보아 반드시 기쁜 표정은 아니었을 것입니다"고 하였습니다. 어찌 안색도 보지 않고 함께 말을 나눌 수 있겠습니까. 그가 꾸며대어 아뢰는 것이 이와 같습니다. 정직하지 않음이 이와 같은 데도 오히려 훈적에 녹훈되었기 때문에 인심이 다 같이 공신은 중하게 여길 필요가 없다고 여깁니다.

그러나 언적이 이미 공신이 되었으니 다시 논할 필요는 없습니다. 신의 생각이 이러하기 때문에 감히 아뢰는 것입니다. 지금 고향에 내려가 올라오지 않고 있는데 신들이 이언적을 파면시키라고 주청하는 것은 비록 바로 아뢰지는 않았으나 그 이면의 뜻은 실로 이 때문입니다. 대저 화근이 아직도 남아 있기 때문에 인심이 진정되지 않는 것이니, 죄를 내려야 할 자에게는 아낌없이 죄를 내리신다면 인심이 저절로 진정될 것입니다.

이기는 졸렬한 행위 때문에 평생 사림의 대열에 끼지를 못했다. 따라서 오랫동안 분노를 삭이면서 살았다. 그런데 이언적은 학술과 품행이 사림의 영수였으므로 이기가 제일 시기한 사람 중의 한 명이었고, 따라서 이언적을 어떻게든 제거하기 위해 꾸준히 모함을 가했다.

이기와 이언적이 죽고 나서도 이기의 집안은 이언적의 후손들에게는 원수의 집안이었을 것이다. 그런데 여기 두 후손간에 재미있는 이야기가 하나 전해진다. 현재 옥산서원(경북 경주 안강읍)에는 이언적의 위패와 신도비가 모셔져 있는데 지금은 서원 안에 세워져 있으나 원래는 서원 가는 길목에 세워져 있어 오가는 사람이 쉽게 볼 수 있도록 되어 있었다.

이 신도비는 퇴계 이황의 제자였던 고봉 기대승이 쓴 것으로 이언적이 이기의 모함에 의하여 관직을 박탈당하고, 평안북도 강계로 유배를 가게 된 연유를 적은 것이다. 옥산서원에 전해 내려오는 일화의 내용은 이렇다.

이기의 증손인 이안눌이란 자가 을사사화가 있은 68년 뒤에 경주 부윤으로 오게 되었다. 항상 증조부의 잘못을 부끄러워했던 그는 경주 부윤으로 부임하자 가장 먼저 이언적의 위패가 모셔져 있는 옥산서원을 방문했다. 당시 그곳엔 이언적의 손자 이전이 살고 있었는데, 원수 집안의 후손이 내려와 욕되이 서원을 방문하겠다 하니 가만있을 리 없었다. 서원의 모든 가솔이 부윤의 오는 길을 막았다. 그러자 부윤은 맨발로 말에서 내려 꿇어 엎드려 빌었다. 그러면서 비록 자신의 이름을 이언적의 가문인 여강 이씨 집안의 노비문서에 올리더라도 증조부 이기의 잘못을 용서하고 신도비에서 그 내용을 지워 달라고 간청했다. 이언적의 손자 이전은 이러한 부윤의 행동에 감복하여 길가에 있던 신도비를 서원 안으로 옮겼다.

이 일을 매개로 두 집안은 화해를 했다. 부윤이 이임하는 날 손자 이전이 영천까지 배웅했으니, 선조들이 남긴 원수의 감정을 지혜로운 후손들이 말끔히 풀은 것이다. 지하의 그들 또한 기뻐하지 않겠는가?

김상헌 金尙憲 (1570~1652년)

조선 중기 문신. 정묘호란이 일어났을 때 진주사로 명나라에 갔다가 구원병을 청했고, 돌아와서는 후금과의 화의를 끊을 것과 강홍립의 관직을 복구하지 말 것을 강력히 주장했다. 대표적인 척화론자로서 추앙받았고 저서에 〈야인담록〉 등이 있다.

동방에 오직 김상헌 한 사람이 있을 뿐

대광보국 숭록대부 의정부 좌의정 겸 영경연사 감춘추관사 세자부 김상헌이 양주의 별장에서 죽었다.

김상헌은 자는 숙도叔度이고, 청음淸陰이 그의 호이다. 사람됨이 바르고 강직했으며 남달리 주관이 뚜렷했다. 집안에서는 효도와 우애가 깊었고, 조정에 선 것이 거의 오십 년이 되었는데 일이 있으면 반드시 말을 다하여 조금도 굽히지 않았으며 받아들여지지 않으면 번번이 사직하고 물러갔다.

악인을 보면 장차 자기 몸을 더럽힐까 여기듯이 하였다. 사람들이 모두 공경하였고 어렵게 여겼다. 김류가 일찍이 사람들에게 말하기를 "숙도를 만날 때마다 나도 모르게 등이 땀에 젖는다" 하였다.

광해군 때에 정인홍이 퇴계 이황을 무함하여 욕하자 이에 왕에게 말씀을 올려 변론하였다. 윤리와 기강이 없어진 것을 보고는 문을 닫고 세상에 나오지 않고 〈야인담록〉을 저술하여 뜻을 나타냈다. 인조반정이 있자 대사간으로서 차자를 올려 '여덟 조짐'에 대하여 논한 것이 수천 마디였는데, 말이 매우 강개하고 절실하였다.

병자년 난리에 남한산성에 왕을 따라 들어가 죽음으로 지켜야 된다는 계책을 힘써 진계하였는데, 여러 신료들이 세자를 보내 청나라와 화해를 이루기를 청하니 상헌이 통렬히 배척하였다. 성밖으로 나가는 것이 결정되자 최명길이 청에 항복하는 글을 지었는데, 김상헌이 울며 찢어버리고 들어가 상을 보고 아뢰기를

"군신은 마땅히 맹세하고 죽음으로 성을 지켜야 합니다. 만에 하나 이루지 못하더라도 돌아가 선왕을 뵙기에 부끄러움이 없을 것입니다."

하고는 물러나 엿새 동안 음식을 먹지 아니했다. 또 스스로 목을 매었는데 옆에 있던 사람이 구해 죽음을 면했다.

인조가 산성을 내려간 뒤 김상헌은 바로 안동의 학가산 아래로 돌아가 깊은 골짜기에 몇 칸 초옥을 지어놓고 숨어 목석헌木石軒이라 편액을 달아놓고 지냈다. 늘 절실히 개탄스러워하는 마음으로 한밤중까지 잠을 이루지 못했다.

흉악한 자가 그를 유언비어로 청나라에 모함하여 심양으로 압송되어

갔는데, 서울을 지나게 되자 인조가 특별히 담비가죽으로 만든 옷을 내려 위로했다. 심양에 이르러 청나라 사람이 심하게 힐문하니 상헌은 누워서 일어나지도 않고 말하기를

"내가 지키는 것은 나의 뜻이고 내가 고하는 분은 내 임금뿐이다. 물어도 소용없다."

하니, 청나라 사람들이 서로 돌아보며 혀를 차고 말하기를

"정말 어려운 늙은이로다. 정말 어려운 늙은이로다."

오랜 뒤 비로소 의주로 나왔는데, 그 뒤 신득연, 이계의 무함을 받아 또 심양에 잡혀가 있게 되었다. 모두 6년 동안 있으면서 끝내 조금도 굽히지 않았다. 청인이 의롭게 여기고 칭찬해 말하기를 "김상헌은 감히 이름을 부를 수 없다"고 하였다. 인조 말년에 좌상에 발탁되었는데, 와서 사례 인사만 올리고 바로 돌아갔다.

효종이 즉위하여 큰일을 해보려고 다시 불러 정승을 삼았지만 청나라에서 그의 등용을 꾸짖으니 김상헌은 벼슬을 털어버리고 시골로 돌아갔다. 끝내 그 뜻을 펴보지 못했으므로 조야가 애석히 여겼다.

그의 문장은 대쪽같이 엄하고 시는 전아했다. 저서에 〈청음집〉淸陰集이 있는데 거기에 '광명' 壙銘이라는 시가 전한다.

지성은 금석에 맹서했고
대의는 일월처럼 걸렸네
천지가 굽어보고
귀신도 알고 있네

옛것에 합하기를 바라다가
오늘날 도리어 어그러졌구나
아! 백년 뒤에
사람들 내 마음을 알 것이네

죽을 때의 나이는 여든 셋이요, 시호는 문정文正이다. 사신史臣은 논한다. 옛 사람이 "문천상(송나라 말기의 충신)이 송나라 삼백년의 정기를 지켰다"고 했는데, 세상의 논자들은 "문천상 뒤에 동방에 오직 김상헌 한 사람이 있을 뿐이다"라고 하였다.

〈효종실록〉8권 · 1652년(효종 4년) 6월 25일

항복문를 찢고 통곡하다

김상헌은 안동에서 태어나 어려서 윤근수 등에게 수학했고 〈소학〉 공부에 힘썼다. 1590년(선조 23년) 진사시에 합격하고, 1596년 문과에 급제하여 벼슬길에 나아가 말년에 그 지위가 좌의정에 이르렀다. 1627년 정묘호란이 일어났을 때 진주사陳奏使로 명나라에 가서 구원병을 청했고, 돌아와서는 후금後金과의 화의를 중단할 것을 주장했다.

1633년부터 2년 동안은 5차례나 대사헌에 임명되었으나 강직한 직언 때문에 출사와 사직을 반복하였다.

예조판서로 있던 1636년 병자호란이 일어나자 남한산성으로 인조를 호

종하여 청에 끝까지 항전할 것을 강력히 주장했다. 그러나 더 이상 버티기가 힘들어지자 대신들의 의견이 항복하는 쪽으로 굳어졌다. 그러나 김상헌은 최명길이 작성한 항복문서를 찢고 통곡하였으니, 당시의 상황을 실록은 이렇게 기록하고 있다.

김상헌이 왕에게 통곡하며 아뢰기를,

명분이 일단 정해진 뒤에는 적이 반드시 우리에게 군신의 의리를 요구할 것이니 성을 나가는 일을 면하지 못할 것입니다. 그리고 한번 성문을 나서게 되면 또한 북쪽으로 행차하게 되는 치욕을 면하기 어려울 것이니 전하를 위하는 계책이 잘못되었습니다. 진실로 의논하는 자의 말과 같이 이성(인조와 소현세자)이 마침내 겹겹이 포위된 곳에서 빠져나오게만 된다면 신 또한 어찌 감히 망령되게 소견을 진달하겠습니까. 국서를 찢어 이미 죽을죄를 범하였으니 먼저 신을 주벌하고 다시 더 깊이 생각하소서.

인조는 한참 동안이나 탄식하다가 이르기를,

위로는 종사를 위하고 아래로는 부형과 백관을 위하여 어쩔 수 없이 이 일을 하는 것이다. 경의 말이 바르다는 것을 모르는 바는 아니나 실로 어떻게 할 수 없기 때문에 나온 것이다. 한스러운 것은 일찍 죽지 못하고 오늘날의 일을 보게 된 것뿐이다.

김상헌이 다시 아뢰기를,

신이 어리석기 짝이 없지만 성상의 의도가 어디에 있는지는 압니다. 그러나 한번 허락한 뒤에는 모두 저들이 조종하게 될 테니, 아무리 성에서 나가려 하지 않더라도 되지 않을 것입니다. 예로부터 적의 군사가 성 밑에까지 이르고서 그 나라와 임금이 보존된 경우는 없었습니다. 이러한 지경에 이르게 되면 전하께서 아무리 후회한들 무슨 소용이 있겠습니까.

이때 김상헌의 말뜻이 간절하고 측은하였으며 눈물이 줄을 이었으므로 입시한 대신들도 울며 눈물을 흘리지 않는 이가 없었다. 또한 곁에 있던 소현세자가 목놓아 우는 소리가 문 밖에까지 들렸다 한다.

 치욕의 삼전도 항복문

결국 항복문서는 작성되어 인조는 삼전도에서 항복문서를 바치고 청의 황제에게 무릎을 꿇고 술잔을 올리는 치욕을 당했다. 당시의 항복문서는 다음과 같다.

조선 국왕은 삼가 대청국 관온 인성 황제에게 글을 올립니다. (이 밑에 폐하陛下라는 두 글자가 있었는데 여러 대신들이 간쟁하여 지웠다.) 삼가 명지 明旨를 받들건대 거듭 유시해 주셨으니, 간절히 책망하신 것은 바로 지극하게 가르쳐주신 것으로서 추상과 같이 엄한 말 속에 만물을 소생시키는 봄의 기운 또한 들어 있었습니다.

삼가 생각건대 대국이 위덕威德을 멀리 가해주시니 여러 변방의 나라들이 사례해야 마땅하고, 천명과 인심이 돌아갔으니 크나큰 명을 새롭게 가다듬을 때입니다. 우리나라는 10년 동안 형제의 나라로 있으면서 오히려 거꾸로 운세가 일어나는 초기에 죄를 얻었으니, 마음에 돌이켜 생각해 볼 때 후회해도 소용없는 결과가 되고 말았습니다. 지금 원하는 것은 단지 마음을 고치고 생각을 바꾸어 구습을 말끔히 씻고 온 나라가 명命을 받들어 여러 번국과 대등하게 되는 것뿐입니다. 진실로 위태로운 심정을 굽어 살피시어 스스로 새로워지도록 허락한다면 문서와 예절은 당연히 행해야 할 의식이 저절로 있으니, 강구하여 시행하는 것이 오늘에 있다고 하겠습니다.

그리고 성에서 나오라고 하신 명이 실로 인자하게 감싸주는 뜻에서 나온 것이긴 합니다만, 생각해 보건대 겹겹의 포위가 풀리지 않았고 황제께서 한창 노여워하고 계시는 때이니 이곳에 있으나 성을 나가거나 간에 죽는 것은 마찬가지일 것입니다. 그래서 황제의 깃발을 우러러 보며 죽음의 갈림길에서 스스로 결정하자니 그 심정이 또한 서글픕니다. 옛날 사람이 성 위에서 천자에게 절했던 것은 대체로 예절도 폐할 수 없지만 군사의 위엄 또한 두려웠기 때문입니다.

그러나 우리나라의 진정한 소원이 이미 위에서 진달한 것과 같고 보면 이는 변명도 궁하게 된 것이고 경계할 줄 알게 된 것이며 마음을 기울여 귀순하는 것입니다. 황제께서 바야흐로 만물을 살리는 천지의 마음을 갖고 계신다면 우리나라가 어찌 온전히 살려주고 관대하게 길러주는 대상에 포함되지 못할 수가 있겠습니까. 삼가 생각건대 황제의 덕이 하늘과 같아 반드시 불쌍하게 여겨 용서하실 것이기에 감히 실정을 토로하며 공손히 은혜로운 분부를 기다립니다.

참으로 굴욕적인 항복문이다. 당시 예조판서였던 김상헌은 인조가 청 태종에게 항복을 하자 의관을 벗고 대궐 문 밖에서 짚을 깔고 엎드려 적진에 나아가 죽게 해줄 것을 청했다. 그러고 나서 여러 날 동안 음식을 끊고 있다가 이때에 이르러 스스로 목을 매었는데, 자손들이 구해 죽지 않았다. 이를 듣고 놀라며 탄식하지 않는 자가 없었다. 이조참판 정온도 칼로 복부를 찔러 자결을 시도했으나 이 또한 실패했는데, 사관은 국치를 맞아 "강상과 절의가 이 두 사람 덕분에 일으켜 세워졌는데 이를 꺼린 자들이 김상헌을 임금을 버리고 나라를 배반했다고 지목했으니, 어찌 하늘이 내려다보지 않겠는가"라고 지적하고 있다.

그 뒤 김상헌은 안동의 학가산에 들어가 와신상담해서 치욕을 씻고 명나라와의 의리를 유지해야 한다는 내용의 상소를 올린 뒤 두문불출하였다. 그는 장령掌令 유석 등으로부터 "김상헌이 혼자만 깨끗한 척하면서 임금을 팔아 명예를 구한다"라는 내용의 탄핵을 받았는데, 이에 대해 〈풍악문답〉이라는 글에서 자신의 소회를 이렇게 밝히고 있다.

묻기를 "어가가 남한산성을 나갈 때에 그대가 따르지 않은 것은 어째서인가?" 하기에, 내가 응답하기를 "대의가 있는 곳에는 털끝만큼도 구차스러워서는 안 된다. 나라님이 사직에 죽으면 따라 죽는 것이 신하의 도리이다. 간쟁하였는데 쓰이지 않으면 물러나 스스로 안정하는 것도 역시 신하의 도리이다. 옛 사람이 한 말에, 신하는 임금에 대해서 그 뜻을 따르지 그 명령을 따르는 것이 아니라고 하였다. 사군자士君子의 나가고 들어앉은 것이 어찌 일정함이 있겠는가. 오직 의를 따를 뿐이다. 예의를 돌보지 않고 오직 명령대로만 따르는 것은 바로 부녀자나 환관들이 하는 충성이지 신하가 임금을 섬기는 도리가 아니다" 하였다.

또 묻기를 "적이 물러간 뒤에 끝내 문안하지 아니하였으니 이 뜻은 무엇인가?" 하기에, 내가 응답하기를 "변란 때에 초야에 낙오되어 호종하지 못했다면 적이 물러간 뒤에는 도리로 보아 마땅히 문안을 해야 하겠거니와 나는 성 안에 함께 들어갔다가 말이 행해지지 않아 떠난 것이니 날이 저물 때까지 기다릴 수 없었던 것이 당연하다. 어찌 조그마한 예절에 굳이 구애되겠는가."

또 묻기를 "자네가 대의는 구차스럽게 해서는 안 된다고 한 그 말은 옳으나 대대로 봉록을 받는 집안으로서 나라의 두터운 은혜를 입었는데 어찌 조종조의 은택을 생각지 않는가?" 하기에, 내가 응답하기를 "내가 의리를 따르고 명령을 안 따라 이백 년의 강상을 부지하려 하는 것은 선왕께서 가르치고 길러주신 은택을 저버리지 아니하기 위해서이다. 우리 나라가 평소 예의로 세상에 알려졌는데 하루아침에 재난을 만나 맹세코 스스로 지키지 못하고 임금에게 다투어 권하여 원수의 뜨락에 무릎을 꿇게 하였으니, 무슨 면목으로 천하의 사대부를 볼 것이며 또한 지하에서 어떻게 선왕을 뵙겠는가. 아, 오늘날 사람들은 또한 무슨 마음을 가지고 있는가."

그 후 김상헌은 조정에서 군대를 보내 청이 명을 치는 것을 돕는다는 말에 분연히 반대하였다. 이 때문에 청나라로부터 위험 인물로 지목되어 1641년 심양으로 끌려가게 되었다.

> 가노라 삼각산아, 다시 보자 한강수야
> 고국산천을 떠나고자 하랴마난
> 시절이 하 수상하니 올동말동하여라

이 시는 그가 심양으로 끌려가면서 지은 시이다. 패전국의 전범자로 몰려 끌려가는 사람으로서, 다시는 못 올지도 모르는 길을 가는 불안한 심경, 고국산천에 대한 절절한 사랑, 오랑캐 땅에 잡혀가는 비장함 등이 뒤섞인 작자의 심경이 직설적인 표현 방식으로 표출되고 있다. 그가 서울을 떠나 서쪽으로 지날 적에 백성들이 서로 돌아보고 통곡하고, 아이들과 사졸들이 모두 슬퍼했다 한다.

심양으로 끌려가던 도중에 의주에서 청나라 장수 용골대를 만나는데 실록은 1640년 12월 19일의 일을 이렇게 기록하고 있다.

> 김상헌이 의주에 도착하자 용골대가 영상 이하 여러 대신과 사은사 일행을 관청에 모아놓고 불러들이게 하였다. 상헌이 베옷에 짚신을 신고 지팡이를 짚고 걸어와 절을 하지 않고 이현영의 우측에 의지해 누워 있었다. 청나라의 3인이 한참 동안 서로 의논한 뒤에 용골대가 묻기를 "우리들이 들은 바가 있으니 모두 말하라."

"묻는 말이 있으면 내 의당 대답할 것이다. 그런데 이제 단서를 말하지 않고서 말하라 하니, 무슨 말을 해야 할지를 모르겠다."

"정축년의 난에 국왕이 성을 나왔는데도 유독 청국을 섬길 수 없다 하였고, 또 임금을 따라 성을 나오려 하지 않았는데 그것은 무슨 의도였는가?"

"내 어찌 우리 임금을 따르려 하지 않았겠는가. 다만 노병으로 따르지 못하였을 뿐이다."

"정축년 이후로 여러 차례 관직을 제수하였는 데도 받지 않고 직첩을 반납한 것은 무슨 의도였는가?"

"국가에서 노병 중이라 하여 직에 제수한 적이 없는데 무슨 관직을 제배하여 받지 않았다고 하는지 모르겠다. 그처럼 허탄한 말을 어디서 들었는가?"

"주사를 징발할 적에 어찌하여 저지하였는가?"

"내가 내 뜻을 지키고, 내가 나의 임금에게 고하였는데 국가에서 충언을 채용하지 않았다. 그 일이 다른 나라에 무슨 관계가 있기에 굳이 듣고자 하는가?"

"어찌해서 다른 나라라고 하는가?"

"피차 두 나라는 각기 경계가 있는데 어찌 한 나라가 된단 말인가?"

이때 세 청나라 사람이 서로 쳐다보면서 말이 없다가 김상헌에게 나가도록 했다. 나간 뒤에 자기들끼리 말하기를,

"조선 사람은 우물쭈물 말하는데 이 사람은 대답이 매우 명쾌하니 감당하기 어려운 사람이다."

그러면서 여러 호인이 둘러서서 보고 감탄하였다.

심양으로 끌려간 김상헌은 이후 6년 여를 청에 억류되었는데 강직한 성격과 기개로 청인들의 굴복 요구에 불복하여 끝까지 저항했다.

1645년 소현세자와 함께 귀국했지만 여전히 척화신斥和臣을 탐탁지 않게 여기는 인조와의 관계가 원만하지 못해 벼슬을 단념하고 향리로 내려가 은거했다. 1649년 효종 즉위 뒤 좌의정에 임명되었다. 이후 수차례 은퇴의 뜻을 밝히면서 효종에게 인재를 기르고 대업을 완수할 것을 주청했다. 죽은 뒤 대표적인 척화신으로서 추앙받았다.

그는 자신의 죽음이 다가옴을 알고 효종에 유서 형식의 상소를 올렸다.

신은 본래 용렬한 자질로 여러 조정에서 다행히도 은혜를 입어 지위가 높은 벼슬에 이르렀는데도 작은 공효功效(공을 들인 보람이나 효과)도 이루지 못하고 한갓 죄만 쌓아 왔습니다. 병자호란 이후로는 벼슬에 뜻을 버렸는데 중간에 다시 화를 당하여 온갖 어려움을 고루 겪었습니다. 그러다가 뜻하지 않게도 선왕(인조)께서 초야에 있던 신을 부르시어 최고의 벼슬에다 두시기에 전하의 부름에 감격하여 힘든 몸을 이끌고 한번 나아갔으나, 흔단釁端(서로 사이가 벌어져서 틈이 생기게 되는 실마리)만 쌓은 여생이 힘을 다할 희망이 없어 조상의 묘소가 있는 고향 땅에 물러나 지내면서 오로지 죽을 날만 기다리고 있었습니다.

효종조에 이르러서는 남다른 은총을 과분하게 받아 노쇠한 몸이 보답할 길이 없기에 다만 선비들을 가르치고 삼강오륜을 진작시켜 새로운 교화의 정치에 만에 하나라도 보답코자 하였는데, 불행히도 일이 마음과 어긋나서 뜻을 조금도 펴보지 못하고 외로이 성덕을 저버린 채 낭패하여 돌아왔습니다. 질병과 근심걱정이 점점 깊이 고질이 되어 오늘날에 이르러서는 목숨이 거의 다 되었습니다. 거듭 용안을 뵙기에는 이 인생 이제 희망이 없으니 멀리 대궐을 우러러보며 점점 죽어갈 뿐입니다.

삼가 바라옵건대 전하께서는 처음 왕위를 물려받으시던 때의 뜻을 더욱 가다듬으시고 어진 이를 좋아하는 심성을 바꾸지 마시어 선한 사람을 등용하여 훌륭한 정치를 이루시고 실제적인 덕업을 잘 닦아 왕업을 넓히소서. 그리하여 우리 동방 억만년 무궁한 아름다움의 기반을 크게 마련하시면 신이 비록 죽어 지하에 있더라도 여한이 없을 것입니다. 죽음에 임해 기운이 없어서 무슨 말씀을 드려야 할지 모르겠습니다.

효종이 승정원에 하교하기를

하늘이 사람을 남겨두지 않고 내게서 원로를 앗아갔으니 매우 슬프고 슬프다. 이 유소遺疏를 보니 말이 간절하고 훈계가 매우 지극하다. 나라 위한 충성이 죽음에 이르러서 더욱 독실하니 매우 가상하다. 가슴 깊이 새기지 않을 수 있겠는가. 내가 슬픔을 이기지 못하고 근신에게 하유한다.

그는 벼슬살이를 하면서도 청백했다. 〈목민심서〉에는 그에 대한 칭찬이 자주 등장한다.

김상헌은 청백했다. 어느 벼슬아치가 자기 부인이 뇌물을 받아 비방을 듣고 있음을 걱정하자 김상헌은 "부인의 요구를 하나도 들어주지 않으면 비방이 그칠 것이다"라고 일러주었다. 그 벼슬아치가 크게 깨닫고 그 말대로 하였다. 그 뒤 부인이 항상 김상헌을 욕하기를 "저 늙은이가 자기만 청백리 되었으면 그만이지 왜 남까지 본받게 해서 나를 이렇게 고생하게 하는가"라고 불평의 소리를 했다.

조선인물청문회

제3부

충절인가, 변절인가

한명회: 말단 궁지기에서 영의정까지
신숙주: 그래도 공이 과를 덮는다
성삼문: 일평생 먹은 마음 변할 줄이 있으랴

성삼문 成三問(1418~1456년)

조선 전기의 문신·학자. 본관은 창녕, 호 매죽헌梅竹軒, 자 근보謹甫, 시호 충문忠文이다. 세종 때 〈예기대문언두〉를 편찬하고 한글 창제를 위해 음운 연구와 교육제도를 연구, 훈민정음을 반포케 했다. 세조가 단종을 몰아내고 왕위에 오르자 단종의 복위를 협의했으나 김질의 밀고로 체포되어 친국을 받고 처형되었다. 주요 저서로 〈성근보집〉이 있다.

일평생 먹은 마음 변할 줄이 있으랴

의금부에서 성삼문, 박팽년 등의 반역죄를 고하니 연루된 자들의 처벌을 명하다.

"이개, 하위지, 성삼문, 박중림, 김문기, 유응부, 박쟁, 송석동, 권자신, 윤영손, 아가지, 불덕 등이 결당하여 어린 임금을 끼고 나라의 정사를 마음대로 할 것을 꾀하여, 6월 초1일에 거사하려 하였으니, 그 죄는 능지처사에 해당합니다. 적몰과 연좌도 아울러 법에 의하여 시행하소서."

하니, 임금이 명하기를

"아가지와 불덕은 연좌시키지 말고, 나머지 사람들은 친자식들을 모조리 교형에 처하고, 어미와 딸, 처첩, 조손, 형제자매와 아들의 처첩은 변방 고을의 노비로 영속시키고, 나이 16세 미만인 자는 외방에 보수保授(도망갈 가능성이 있는 사람을 유력자가 책임을 지고 맡던 일)하였다가 나이가 차기를 기다려서 유배를 시키며, 나머지는 아뢴 대로 하라."

드디어 백관들을 군기감 앞길에 모아서 빙 둘러서게 한 다음 성삼문 등을 거열하여 두루 보이고 3일 동안 저자에 효수하였다.

〈세조실록〉 4권 · 1456년(세조 2년) 6월 18일

 갓난아기까지 교형에 처하다

성삼문은 1418년(태종 18년) 충청도 홍주 적동리 노은동(현재 충남 홍성 홍북면 노은리) 외가에서 태어났다. 이곳은 고려말의 명장으로 무너져가는 나라를 지키려다 희생된 최영 장군이 태어나 자란 곳이기도 하다.

그의 부친은 성삼문과 함께 단종의 복위를 꾀하려다가 함께 희생된 도총관 성승이며, 모친은 현감 박첨의 딸인 죽산 박씨이다. 그의 선조들은 무인들이었다. 조부 성달생은 경기, 황해, 충청, 수군도처치사로 임명되어 왜군 격퇴에 공을 세웠고, 함길도 병마도절제사로 야인 정벌에 공을 세운 무장이었다. 부친 성승 역시 임금의 총애를 받는 장군으로서 군부의 최고 책임자격인 도총관을 지냈다.

1442년 박팽년, 신숙주, 하위지, 이석정 등과 지금의 은평구 삼각산 진

관사에서 사가독서賜暇讀書(조선시대에 유능한 젊은 문신들을 뽑아 휴가를 주어 독서당에서 공부하게 하던 일)를 했고, 한글의 창제를 위해 정음청에서 정인지, 최항, 박팽년, 신숙주, 강희안, 이개 등과 함께 당시 요동에 유배와 있던 명나라의 한림학사 황찬에게 13번이나 찾아가 음운을 질의했다. 또 명나라에 건너가 음운 연구와 함께 교육제도를 연구, 분석한 끝에 1446년 9월 29일 훈민정음을 반포하기에 이른다.

1455년 세조가 단종을 몰아내고 왕위에 오르자 아버지 성승, 박팽년 등과 함께 단종의 복위를 협의했으나 모의에 가담했던 김질이 성사가 안 될 것을 우려하여 이를 밀고하니 이개, 하위지, 유응부 등과 함께 체포되었다. 세조에게 직접 가혹하기 이를 데 없는 친국을 받았으며 군기감 앞에서 거열형車裂刑으로 생을 달리했다. 이어 성승도 주모자의 한 사람으로 극형에 처해졌으며, 동생인 삼빙, 삼고, 삼성 세 명과 맹첨, 맹년, 맹종과 갓난아기 등 네 아들도 모두 살해되었다.

그는 세조를 가리켜 '나으리'라 호칭하고 떳떳하게 모의 사실을 시인하면서 세조가 준 녹은 창고에 쌓아두었으니 모두 가져가라 했다. 모진 고문을 당했으나 조금도 굴하지 않으면서 세조의 불의를 나무라고 또한 신숙주에게도 세종과 문종의 당부를 배신한 불충을 크게 꾸짖었다. 격노한 세조가 무사를 시켜 쇠를 달구어 다리를 태우고 팔을 잘라냈으나 결코 굴하지 않았다.

그러면서도 사건에 연루되어 문초를 받고 있던 강희안을 변호해주어 죽음을 면하게 하였다. 성삼문이 형을 당한 뒤 집을 뒤져보니 세조가 준 녹이 고스란히 쌓여 있었을 뿐 가재라고는 아무것도 없었으며, 방바닥에 이부자리 한 자락만이 깔려 있었을 뿐이었다.

 사내아이는 다 죽어도 너만은 죽지 않으리라

성삼문은 형장의 이슬로 사라지기 직전 절명시 한 편을 읊었다.

둥둥둥 북소리 사람의 목숨을 재촉하고
고개 돌려 보니 해는 서산으로 지는데
황천가는 곳 주막 하나 없으니
오늘 밤 누구 집에 잘 것인가?

둥둥둥. 음산한 북소리는 목숨을 재촉하고 목숨이 지듯 서산마루에 해가 지는데 어디 한 곳 의지할 데 없는 주검의 육신은 쓸쓸히 오늘밤 어디에 버려질 것인가, 마지막 가는 길을 외롭고도 쓸쓸히 읊고 있다. 그토록 의연하던 그 역시 죽음 앞에서는 보통 사람과 별반 다를 것 없는 한 사람의 평범한 인간의 모습을 지녔음을 보여준다.

성삼문의 시는 여러 수가 전해지고 있다. 수레에 실려 형장으로 끌려갈 때 대여섯 살 밖에 안 된 딸이 따라오며 울부짖으니 뒤돌아보며,

"사내아이는 다 죽어도 너만은 죽지 않으리라."

하고는 목이 매어 더 이상 말을 잇지 못했다. 수레가 잠시 머물렀을 때 그의 종이 울면서 술을 올리니 몸을 숙여 받아 마시고 충절을 다시 시로

읊는다.

> 님의 밥 님의 옷을 먹고 입으며
> 일평생 먹은 마음 변할 줄이 있으랴
> 이 죽음이 충과 의를 위함이기에
> 현릉(문종의 능) 푸른 송백 꿈속에서도 못잊겨라

야사를 보면 성삼문이 세상에 태어날 때 공중에서 "낳았느냐?"고 묻는 소리가 세 번이나 들렸다고 하여 이름을 '삼문三問'이라 지었다고 한다. 어렸을 때 이름은 근보였다. 그의 절친했던 친구이며, 또한 변절의 대명사인 신숙주는 두 살 위로 성삼문보다 1년 뒤에 과거에 급제하였다. 관직 역시 성삼문이 앞서 나가 신숙주는 그에 대해 상당한 경쟁 심리를 가지고 있었던 것으로 추측된다.

1455년 수양대군이 단종으로부터 왕위를 물려받게 되자 예방승지였던 그는 옥새를 끌어안고 통곡했다. 이때 친구 박팽년이 단종의 복위가 이루어지지 못할 것을 알고 경회루 연못에 빠져죽고자 하였다. 이에 성삼문이 말리며 말하기를 "이제 왕위가 옮겨졌다 하더라도 오히려 상왕이 살아 있는데, 우리가 죽지 않는다면 후일을 기약할 것이오, 도모하다 이루지 못하면 그때 죽어도 늦지 않다. 오늘의 죽음은 나라에 보탬이 되지 않는다"면서 만류했는데, 박팽년이 그의 말을 듣고 죽지 않았다.

성삼문 등은 계획대로 1456년 6월 1일 명나라 사신 초대연에서 세조 부자와 그 측근인 한명회, 정인지, 권람 등을 제거하고 단종의 복위를 도모하려 하였다. 그런데 이날 세조의 심복인 한명회가 무슨 일이 일어나지 않을까 염려하여 창덕궁 광연전이 비좁고 날이 더우니 세자와 운검雲劍(의례에 쓰던 큰 칼)의 배치는 중지할 것을 요청해 세조가 이를 허락하였다. 결국 거사일을 다시 미루기로 했는데 이때 모의에 참가했던 김질이 일이 여의치 못함을 느끼고 장인인 정창손에게 급히 알려 6월 2일 세조에게 이를 보고했다.

"비밀히 아뢸 것이 있습니다."

이리하여 거사 계획은 발각되고 혹독한 고문이 시작되었는데 당시의 밀고 내용과 국문 내용을 기록한 〈세조실록〉은 이렇게 전하고 있다.

> 김질이 그 장인인 의정부 우찬성인 정창손과 더불어 청하기를
> "비밀히 아뢸 것이 있습니다."
> 하므로, 임금이 사정전에 나아가서 만났다. 김질이 아뢰기를 좌부승지 성삼문이 사람을 시켜서 신을 보자고 청하기에 신이 그 집에 갔더니, 성삼문이 한담을 하다가 말하기를 "근일에 혜성이 나타나고, 사옹방司饔房의 시루가 저절로 울었다니, 장차 무슨 일이 있을 것인가?" 하므로, 신이 말하기를 "과연 앞으로 무슨 일이 있기 때문일까?" 하였습니다. 성삼문이 또 말하기를 "근일에 상왕(단종)이 창덕궁의 북쪽 담장 문을 열고 이유의 옛집에 왕래하시는데, 이것은 반드시 한명회 등의 계책일 것이다" 하기에, 신이 말하기를 "무슨 말인가?" 하니, 성삼문이 말하기를 "그 자세한 것은 아직 알 수 없다. 그러나 상왕을 좁은 곳에다 두고 사람을 시켜 담을 넘어 들어가 나쁜 짓을 하려는 것이 아닌가?" 하였습

니다.

　이윽고 또 말하기를 "상왕과 세자는 모두 어리다. 만약 왕위를 가지고 다투게 된다면 상왕을 보필하는 것이 정도이다. 그대의 장인을 타일러 보라" 하므로, 신이 말하기를 "그럴 리가 만무하겠지만, 가령 그런 일이 있다 하더라도 우리 장인이 혼자서 어떻게 할 수 있겠는가?" 하니, 성삼문이 말하기를 "좌의정은 북경에 가서 아직 돌아오지 아니하였고, 우의정은 본래부터 결단성이 없으니, 윤사로, 신숙주, 권람, 한명회 같은 무리를 먼저 제거해야 마땅하다. 그대의 장인은 사람들이 다 정직하다고 하니, 이러한 때에 거사하여 상왕을 다시 세운다면 그 누가 따르지 않겠는가? 신숙주는 나와 서로 좋은 사이지만 죽어야 마땅하다" 하였습니다.

　신이 처음에 더불어 말할 때에는 성삼문은 본래 언사가 과격하여 이 말도 역시 지나가는 말로 여겼는데, 이 말을 듣고 나서는 놀랍고도 의심스러워서 다그쳐 묻기를 "역시 그대의 뜻과 같은 사람이 또 있는가?" 하니, 성삼문이 말하기를 "이개, 하위지, 유응부도 알고 있다" 하였습니다.

애초에 함께 모의를 했다가 끝내는 실패할 것이 두려워 장인을 앞세워 친구들을 밀고한 김질, 그는 명분에 의해 단종복위 사건에 참여한 것이 아니라 자신의 영달을 위해 공명을 세우고자 하였던 것이 분명한 치졸한 위인이다. 김질의 밀고를 받은 세조는 즉시 군사들을 집합시키게 하고, 급하게 승지들을 불렀다. 도승지 박원형, 우부승지 조석문, 동부승지 윤자운과 성삼문이 입시하였다. 세조는 내금위 조방림에게 명하여 성삼문을 잡아 끌어내어 꿇어앉힌 다음 묻기 시작했다.

"네가 김질과 무슨 일을 의논했느냐?"

성삼문이 하늘을 우러러보며 한참 동안 있다가 말하기를

"청컨대 김질과 대질하고서 아뢰겠습니다."

김질을 불러와 대질을 하자, 그의 말이 채 끝나기도 전에 성삼문이 말하기를

"다 말하지 말라."

하고서 이어

"김질이 말한 것이 대체로 같지만, 그 곡절은 사실과 다릅니다."

임금이 성삼문에게 이르기를

"네가 무슨 뜻으로 그런 말을 하였는가?"

"지금 혜성이 나타났기에 신은 남을 헐뜯는 사람이 나올까 염려하였습니다."

임금이 명하여 그를 결박하게 하고 말하기를,

"너는 반드시 깊은 뜻이 있을 것이다. 내가 네 마음을 들여다보기를 폐와 간을 보는 듯이 하고 있으니, 사실을 소상하게 말하라."

하고는 곤장을 치게 하였다. 성삼문이 말하기를

"신은 그 밖에 다른 뜻이 없었습니다."

하였다. 임금이 함께 공모한 자를 물었으나 성삼문은 말하지 아니하였다. 임금이 말하기를

"너는 나를 안 지가 가장 오래 되었고, 나도 또한 너를 대접함이 극히

후하였다. 지금 네가 비록 그 같은 일을 하였다고 하더라도 내 이미 친히 묻는 것이니 숨기는 것이 있어서는 안 된다. 네 죄의 경중도 역시 나에게 달려 있다."

 **성삼문은 동지를 배반했다?**

삶에 대한 미련이었을까? 아니면 이미 모든 전후 사정을 밀고한 김질의 말을 더 이상 부정할 수 없는 자포자기였을까? 성삼문은 세조의 추궁에 더 이상 입을 다물지 못하고 모의에 관여한 사람들을 불기 시작했다. 목숨을 바쳐 지켜야 할 동지들을 자백하고 만 것이다.

"진실로 앞에 말씀드린 바와 같습니다. 신은 벌써 대죄를 범하였으니 어찌 감히 숨김이 있겠습니까? 신은 실상 박팽년, 이개, 하위지, 유성원과 함께 공모하였습니다."

"그들뿐만이 아닐 것이니 네가 모조리 말함이 옳을 것이다."

하니, 대답하기를

"유응부와 박쟁도 또한 알고 있습니다."

이에 세조는 하위지와 이개를 잡아들여 국문을 하고 또 박팽년 등을 잡아와서 친히 국문했다. 박팽년에게 곤장을 쳐서 관련된 사람을 모두 대라고 추궁하니 박팽년이 대답하기를 성삼문, 하위지, 유성원, 이개, 김문기,

성승, 박쟁, 유응부, 권자신, 이휘와 그리고 자신의 아비라고 했다.
그는 이어 세조가 거사 방법과 그 시기를 묻자 이렇게 대답했다.

어제 연회에서 그 일을 하고자 하였으나 마침 장소가 좁다 하여 운검을 없앤 까닭에 뜻을 이루지 못하였습니다(대개 어전에서는 2품 이상인 무반 2명이 별운검이라는 큰 칼을 차고 좌우에 시립하게 되어 있다. 이날 세조가 단종과 함께 대전에 나가고, 성승, 유응부, 박쟁 등이 별운검이 되었는데, 임금이 내전이 좁다고 하여 별운검을 없애라고 명하였다. 성삼문이 건의하여 없앨 수 없다고 아뢰었으나 임금이 신숙주에게 명하여 다시 내전을 살펴보게 하고, 드디어 별운검이 들어가지 않게 되었다). 후일에 행차할 때 노상에서 거사하고자 하였습니다.

세조는 다시 이개에게 곤장을 치고 박팽년의 말이 사실이냐고 물었는데 그가 사실이라고 말했다. 그런데 나머지 사람들은 모두 공초에 승복하였으나 오직 김문기만이 공초에 불복을 하였다. 밤이 깊어지자 모두 하옥시켰는데 유성원은 집에 있다가 일이 발각된 것을 알고 스스로 목을 찔러 자결을 했다. 다음날 일어날 지독한 고문을 그는 미리 피해버린 것이다. 박팽년은 이날의 고문으로 옥에서 목숨을 거두고 만다.

그런데 여기서 우리는 유의할 대목이 있다. 성삼문이 곤장 수대를 맞고 거사한 동지들을 불어버렸다는 사실이다. 기록으로만 보면 그렇다. 과연 성삼문은 동지에 대한 의리를 저버린 것인가? 또한 그는 단종이 이 사실을 알고 있었다고까지 자백을 했으니 목숨 바쳐 지키고자 했던 의리와 충절은 어디로 갔단 말인가?

더구나 하위지와 이개는 끝까지 모른다고 버텼고, 김문기는 공초 자체를 거부하고 스스로 자결하고 말았다. 그러나 성삼문은 당시 상황에서 그럴 수밖에 없었을 것이다. 이미 모의한 김질이 관련된 사람들을 모두 고해바친 상태에서 끝까지 동지들을 보호해봐야 소용이 없었을 것이기 때문이다. 또한 실록은 고문의 정황을 자세히 기록하고 있지 않고 곤장을 쳤다고 하나, 쇠를 달구어 그 다리를 뚫고 팔을 끊게 하였을 정도이니 살아 있는 몸뚱이로 불지 않을 수 없었거니와 오히려 친구들과 함께 의연하고 당당하게 죽고자 했던 것이 그의 심정 아니었을까?

 거열하여 두루 보이고 3일 동안 저자에 효수하였다

세조는 성삼문을 추국하면서 "너는 나의 녹을 먹지 않았는가? 녹을 먹고도 배신을 하였으므로 명분은 상왕을 복위한다고 하지만, 사실은 스스로 정권을 차지하려는 것이 아닌가?"라고 물었다. 그러자 성삼문은 "상왕께서 계신데 나으리가 어찌 나를 신하라고 합니까? 또 나으리의 녹을 먹지 않았으니, 만약 나의 말을 믿지 못하겠다면 내 가산을 몰수하여 헤아려 보시오"라고 의연하게 대답했다.

앞에서 언급했듯이 그가 세상을 떠난 후 가산을 몰수하여 조사해보니 1455년 세조가 즉위한 이후부터 받은 녹봉은 별도로 한곳에 쌓아두고 '어느 달의 녹'이라고 기록해 놓았으며 집안에 남은 것이라고는 아무것도 없었다. 다만 방바닥에 이불 한자락 깔려 있을 뿐…….

분노에 찬 세조는 쇠를 달구어 그 다리를 뚫고 팔을 끊게 하였다. 성삼문은 이에 "나으리의 형벌이 참으로 가혹하오"라고 하였다. 그때 신숙주가 세조 곁에서 이 광경을 지켜보고 있었다. 성삼문이 그를 보고 꾸짖었다. "우리가 집현전에서 함께 공부할 적에 세종께서 왕손을 안으시고 산보하시며 모든 유신들에게 이르기를 '과인이 죽은 뒤에 경들은 이 아이를 보호하라'고 하신 말씀이 아직도 귀에 남아 있다. 너는 잊었는가? 너의 악함이 이 지경에 이를 줄은 참으로 몰랐다"고 질타했다.

성삼문은 세조가 강희안도 모의에 참여를 했는지 묻자 "정말로 알지 못하오. 나으리가 아까운 선비를 모두 죽이려 하나 마땅히 이 사람은 남겨두었다가 쓰도록 하시오"라고 훈계조로 답변하였다. 이에 강희안은 죽음을 면하게 되었다.

이렇듯 당당한 성삼문은 1456년 6월 8일 해질 무렵 이개, 하위지, 유응부, 김문기, 성승, 박중림, 박쟁, 송석동, 윤영손 등과 함께 군기감 앞길에서 39세의 젊은 나이로 사지가 찢기는 거열형을 당하고 죽었다. 또한 친자식들은 모조리 교형에 처하고, 어미와 딸, 처첩들은 공신들에게 나눠주고 조손祖孫, 형제자매와 아들의 처첩 등은 먼 변방의 노비로 영구히 소속시키고, 백부와 숙부, 형제의 자식들도 먼 지방의 노비로 영원히 소속시켜버렸다.

내 이 아이를 경들에게 맡기노라

성삼문은 겉으로는 행동에 절제가 없었던 듯하다. 김질이 세조에게 밀고하면서 성삼문이 원래 과격하고, 따라서 모의에 대한 이야기 역시 평소처럼 지나가듯이 하는 소리로 알았다고 말한 것을 보면 그의 성격을 짐작할 수 있다. 우스갯소리를 잘하고, 말이 맺힌 데가 없어서 남과 얘기하고 농담하기를 즐겨하는 성격 탓이었으리라. 그러나 안으로는 자기 절제가 단호하고 대의명분에 대한 의리와 의지가 확고한 굳은 신념의 강인한 선비였던 것이다.

그는 상당 기간 세종을 가까이에서 보필했으며 세종 또한 그를 끔찍이 사랑하고 아꼈다. 세종이 만년에 여러 질환이 있어 몇 차례 온천에 가곤 했는데, 그때마다 대동시키면서 편복便服 차림으로 임금을 수행하게 하였으니, 당시에 모든 사람들이 이를 영광으로 여겼다.

문종은 오랫동안 세자로 있었는데 학문을 즐겨했다. 밤늦게 책을 읽다가 간혹 책을 들고 집현전의 숙직실을 찾아 함께 선비들과 토론을 하곤 했다. 당시 성삼문 등이 집현전에 숙직하였는데 밤이 되어도 감히 관대를 벗지 못하였다. 하루는 한밤중이 되어 세자의 행차가 없을 줄로 여기고 웃옷을 벗고 누우려고 하는데 갑자기 문 밖에서 발소리가 들리면서 성삼문을 부르며 세자가 오니 매우 놀라서 황급히 엎드려 절을 하였다.

문종이 세상을 떠나기 수개월 전에 성삼문을 비롯한 집현전 학자들을 불러 밤이 깊도록 국사를 의논하다가 무릎 앞에 있는 세자(단종)의 등을 쓰다듬으면서 "내 이 아이를 경들에게 맡기노라" 하였다. 그리고 술을 내다가 임금의 자리에서 내려와 여러 학사들에게 일일이 술잔을 친히 권하니, 모두 몹시 취하여 그 자리에서 쓰러져 버렸다.

문종이 환관들에게 명하여 문짝을 떼어 들것으로 만들어 그들을 얹어 가지고 집현전 입직청으로 옮기게 하고 모두 담비가죽 이불을 덮어주었다. 그날 밤에는 눈이 유달리도 많이 내렸는데, 밤을 지낸 후 이윽고 술이 깨어 보니 방안에는 향내가 가득히 풍기고, 몸에는 담비가죽 이불이 덮여 있었는데, 이것이 임금이 친히 덮어준 것임을 알고 모두 감격해 울면서 충성을 함께 맹세하였다.

여기에서도 우리는 문종의 신하에 대한 인간적인 사랑과 성삼문을 비롯한 신하들의 임금에 대한 존경과 신뢰를 읽을 수 있다. 성삼문은 이러한 문종의 유언 아닌 유언을 받들고 임금의 따뜻한 사랑에 대한 의리를 지키기 위하여 수양의 왕위찬탈에 목숨을 걸고 싸웠던 것이다.

그의 이러한 충절은 나중에 두고두고 회자가 되고 인용이 되었다. 성종 때 점필재 김종직이 임금에게 "성삼문은 충신입니다"라고 말했더니 임금의 얼굴빛이 변했다. 그러자 김종직이 "행여라도 변고가 발생한다면 신은 마땅히 성삼문이 될 것입니다"라고 덧붙였더니 그때서야 임금의 안색이 안정되었다. 김종직은 성종 때 많은 제자를 가르치며 도학정신을 일으켜 김굉필, 정여창, 조광조로 이어지는 도학시대를 활짝 열고 정의사회 구현을 위해 노력한 사람이다. 이 모두 성삼문에서 비롯되는 것이었다.

또한 1657년(효종 8년) 10월 25일 동춘당 송준길이 임금에게 말하기를, "우리 조정의 성삼문과 박팽년 등은 시로 방효유와 짝할 만합니다"라고 하였다. 방효유는 명나라 혜제 때 시강학사로 있었는데, 연왕이었던 성조가 혜제를 태워 죽이고 방효유를 불러 조서를 짓게 하자 붓을 땅에 던지면서 "죽으라고 하면 바로 죽을지언정 조서는 지을 수 없습니다"고 하면서 절의를 굽히지 않다가 결국 처참하게 살해되고 말았던 인물이다. 동춘당은 성삼문, 박팽년을 명나라의 충신인 방효유와 비교하고, 복권시킬 수 있도록 허락해 달라고 요청했던 것이다.

성삼문은 '송죽설월송松竹雪月頌'을 지어 소나무와 대나무처럼 곧고 굳세며, 달과 눈처럼 밝고 깨끗함을 노래했는데 그 자신이 그렇게 삶을 산 것이다.

 아내와 딸은 운성 부원군 박종우에게 주고

반역의 당사자는 수레에 묶여 찢기움을 당하는 거열형에 처해지고 가족은 멸문지화를 당했으니, 그야말로 반역에 대한 대가는 참혹하기 이를 데 없었다. 그런데 성리학이 충효와 강상의 윤리를 지배하던 그 시대에 반역에 대한 처벌은 그렇다 할지라도, 정조를 으뜸으로 쳐서 열녀를 강요하던 시대에 역적의 족속이라 할지라도 사대부의 부녀자들을 같은 동료의 공신들에게 종으로 하사하거나 관노로 배치했던 것은 그들이 지배의 도구로 이용했던 윤리규범을 스스로 철저히 파괴한 처사라 아니할 수 없다. 그것은 차라리 당사자들에겐 죽음보다도 더한 치욕이었을 것이다. 실록에는 이러한 역모에 연루된 사람들의 부녀자들을 예외 없이 그렇게 처리했다.

이 사건도 예외는 아니었다. 단종복위 사건이 정리되고 나서 세조는 아래와 같이 역모에 관련된 사람들의 처첩과 딸들에 대해 전교를 내렸다.

>성삼문의 아내 차산과 딸 효옥은 운성 부원군 박종우에게 주고,
>박팽년의 아내 옥금과 이현로의 아내 소사는 우의정 이사철에게 주고,
>이개의 아내 가지는 우참찬 강맹경에게 주고,
>김문기의 아내 봉비는 도절제사 유수에게 주고,
>유성원의 아내 미치와 딸 백대는 한명회에게 주고,
>유응부의 아내 약비는 예빈시윤 권반에게 주라.

그 외 역모에 관련된 사람들의 부녀자들 역시 모두 그렇게 처리를 했다. 그런데 더욱 어리둥절한 것은 이러한 부녀자들이 대신들의 종으로 들어가서 스스로 그들의 첩이 되기를 원했다는 것을 실록은 비난하고 있으니, 참으로 아이러니한 이야기이다.

세조 9년인 1463년 6월 23일의 〈세조실록〉을 보자.

>계유정난(세조의 왕위찬탈 사건)과 병자년(단종복위 사건) 이래로 호문, 거족의 난신의 아내가 된 자가 많이 공신의 종에 속하였는데, 하나도 죽어서 절개를 지킨 일이 없고 도리어 그 지아비를 욕하며 다투어 아양을 떨었다. 병자년의 난에 박대년의 아내 윤씨는 해평의 거족이었다. 처음에 박대년이 옥에 있으면서 정강이 피를 가지고 글을 지어 옥졸에게 부쳐 주니, 이르기를
>"원컨대 서로 잊지 말고 사람으로 수치스러운 짓은 하지 말자."

하였다. 윤씨가 약간의 글자를 알고 있어서 답을 쓰기를

"하늘이 내려다 볼 것이다."

하였다. 뒤에 윤씨가 공신 봉석주의 여종이 되었는데, 봉석주가 그 용모의 아름다움을 보고 위세로서 구속하고 좋은 말로 돋우니 윤씨가 즐겨 응락했다. 봉석주가 사람을 시켜 맞이하는데, 윤씨가 아양을 떨며

"타는 말이 준마가 아니면 시집가지 않겠소."

하니, 봉석주가 그녀가 탈 말을 바꾸어서 맞이하였다. 봉석주가 윤씨에게 묻기를

"네가 아직도 너의 남편인 박대년의 혈서를 생각하느냐?"

하니, 윤씨가 답하기를

"지금은 이미 잊었으니, 다시 말하지 마소서."

하였다.

성삼문의 동생인 성삼고의 아내 김씨는 이웃 사람인 한림 김수손과 간통하여 방자하게 행동하기가 이루 말할 수 없었다. 또한 민신의 딸은 안잉의 아내인데, 안잉이 민신 때문에 연좌되어 변방에 유배되자 민씨는 홀로 송산리에 살다가 집과 논 그리고 노비를 다 팔아서 몰래 그 이웃의 향교 학생과 서로 간통하였다. 안잉이 그의 처에게 경고의 편지를 보냈는데도 음란하고 방종함을 자행하고도 꺼리는 것이 없었다. 이에 대해 사관은 이렇게 평을 한다.

이제 난신의 처첩이 지아비가 죽고 아들이 쓰러졌는데도 불쌍히 여

기지 않고, 집이 망하여 몸이 천하게 되었는데도 부끄러워하지 않으며, 하루아침에 문득 남편을 잊고 도리어 꾸짖어 욕하고…그 본심이 교만 방탕함으로 말미암아 남편을 멸시하고, 예법이 소홀함을 틈타 감히 방자할 수는 없는 것이다. 어찌 양반의 족속으로서 도리어 지방 아전의 천한 아내만 같지 않겠는가? 아아! 가히 부끄러울 뿐이다.

역모를 꾀했다 하여, 죄없는 아내와 딸을 연좌시켜 동료 대신에게 나누어주는 것은 당연하고, 종의 나락으로 떨어진 여자의 방탕은 나쁘다 함은 어느 강상 윤리에 속한단 말인가. 수백년이 흐른 지금에도 아아! 가히 부끄러울 뿐이다.

신숙주 申叔舟 (1417~1475년)

조선 전기의 학자, 문신. 1439년(세종 21년) 친시문과에 급제, 영의정에까지 이르렀다. 뛰어난 학식과 문재로 6대 왕을 섬겼고, 저서에 〈보한재집〉, 〈북정록〉, 〈해동제국기〉, 〈사성통고〉 등이 있다. 세종 때는 왕의 총애를 가장 많이 받은 학자였으나 수양대군의 왕위찬탈에 가담한 점에서 후세에 비난을 받았다.

그래도 공이 과를 덮는다

영의정 신숙주가 졸하였다. 신숙주의 자는 범옹泛翁이고 고령현 사람인데, 공조 우참판 신장의 아들로서, 1417년 6월 정유일에 태어났다. 어려서부터 기량이 보통 아이들과 달라서 글을 읽을 때 한 번만 보면 문득 기억했다. 1439년 세종 대에 문과에 3등으로 합격했다.

이조에서 신숙주를 제집사祭執事에 임명하였는데, 관원이 잊어버리고 첩牒을 주지 않았다. 이 때문에 직무를 수행할 수 없었는데 헌부에서 이를 탄핵하여 관원이 파면되었다. 신숙주가 이를 민망히 여기어 거짓으로 이르기를 "관원은 실제로 첩을 전했지마는 내가 스스로 나아가지 아니하였다"라고 했다. 이로 말미암아 관원은 온전할 수 있었으나 신숙주는 파면되었으므로 사람들이 그의 후덕함을 추앙했다.

국가에서 사신을 보내 일본과 교류하게 되자 신숙주를 서장관書狀官으로 삼았다. 신숙주가 마침 병들었다가 나았는데 세종이 편전에서 그를 접견하고 묻기를 "들으니 네가 병으로 쇠약하다고 하는데, 먼 길을 갈 수 있겠느냐?" 하니, 대답하기를 "신의 병이 이미 나았는데 어찌 감히 사양하겠습니까?"라고 답하였다. 떠날 때가 되자 친척과 친구들은 사별하는 것이라고 여겨 눈물을 흘리는 자까지 있었으나 신숙주는 온화하여 조금도 난처한 기색이 없었다. 일본에 도착하여 그 나라 사람들이 붓과 종이를 가지고 와서 시를 써 달라고 하는 자가 모여들었는데 신숙주는 붓을 잡고 즉석에서 써주니 사람들이 모두 탄복하였다.

조선으로 향할 때 태풍을 만나 여럿이 모두 얼굴빛이 변했으나 신숙주는 태연자약하게 말하기를 "장부가 여러 곳을 멀리 여행하고, 이제 내가 이미 일본국을 보았고, 또 이 때문에 문물이 성盛함을 얻어 보는 것도 또한 유쾌한 것이 아니겠느냐?"라고 태연하게 말했다. 조선의 어떤 여자가 일찍이 왜적에게 사로잡혔다가 임신을 했는데, 이때에 이르러 같은 배로 오게 되었다. 배 가운데에서 모두 말하기를 "아이 밴 여자는 배가 가는 데에 꺼리는 바인데 오늘의 폭풍은 이 여자의 탓이라" 하면서 바다에 던지고자 했으나 신숙주가 홀로 말하기를 "남을 죽이고 삶을 구하는 것은 차마 할 바가 아니다" 했다. 얼마 있지 아니하여 바람이 잦아들어 일행이 모두 무사하였다.

1458년에 우의정에 나아가고, 1459년에 좌의정에 올랐다. 1472년에 영의정에 제수되었다. 이때에 이르러 졸하니, 나이가 59세였다. 부음이 들리니 임금이 몹시 슬퍼하며 좌우에게 이르기를 "내가 깊이 의지하던 대신들이 근래에 많이 죽었는데, 이제 영의정이 또 죽었으니 내가 매우 애처롭게 여긴다"라고 하였다.

신숙주는 천성이 고매하고 후덕하면서 활달했으며, 경사經史에 두루 미치고 의논을 할 때는 까다롭거나 자질구레하지 않았으며, 큰일을 결단함에 있어 통이 크고 막힘이 없어 조야가 의지하고 중히 여겼다. 신숙주는 증영의정 부사 윤경연의 딸에게 장가들어 여덟 아들을 낳았다. 장남은 신주인데 먼저 죽었고, 다음으로 신면은 함길도 도관찰사로서 이시애의 난의 와중에 죽었으며, 다음으로 신찬은 황해도 관찰사이고, 다음은 신정인데 이조참판이며, 다음으로 신준은 병조참의이며, 신정과 신준은 모두 좌리공신에 참여했다. 다음은 신부이고, 다음은 신형이며, 마지막은 신필이다.

실록의 사관은 그를 이렇게 논평하고 있다.

"신숙주는 일찍이 명망이 있어 세종이 문종에게 말하기를 '신숙주는 국사를 부탁할 만한 자'라 했고, 세조를 우연히 만나 총애를 받게 되었다. 세조가 일찍이 말하기를 '경은 나의 측근이다'라고 하였고, 매양 큰일을 만나면 반드시 물어보았다. 임금으로 즉위함에 미쳐서는 그를 지키고 사람들이 따르게 하는 공이 많았다. 그러나 세조를 섬김에는 명령만을 따랐고, 예종조에는 법을 집행함에 있어 공정함을 잃었는데 잘못된 것을 바로잡은 바가 없었으니 이것이 그의 단점이다. 임금의 총애가 바야흐로 성하였으나 옥에 갇히는 욕을 만났고, 죽은 지 얼마 되지 아니하여 아들 신정도 또한 베임을 당했으니, 슬퍼할진저!"

<성종실록>56권 · 1475년(성종 6년) 6월 21일

 신숙주의 할아버지도 기회주의자였는가?

우리는 신숙주를 떠올리면 수양대군의 왕위찬탈에 가담한 공신 또는 성삼문과의 의리를 저버린 기회주의적 인물로 여긴다. 사실 신숙주만큼 왕의 총애를 받으며 평생을 무탈하게 살다간 조선의 대신도 드물다. 세조의 왕위찬탈에 대한 간여와 그로 인한 성삼문과의 의리의 변절은 그를 늘 기회주의적이고 우의를 저버린 인물로 우리에게 부정적 인식의 그물을 쳐놓고 있다. 그러나 과연 그의 그러한 행동이 공을 뒤덮을 만큼 큰 것이었는가 하는 것은 이론의 여지가 많다.

그의 가장 큰 업적은 세종을 보필하여 정인지 등과 함께 한글을 창제하는데 있어 주도적 역할을 한 것이다. 그것은 7개 국어를 구사할 줄 알았던 그가 요동에 귀양 와 있던 명나라 학자를 13번이나 찾는 열성 끝에 거둔 결실이었다.

신숙주는 세종에서 성종에 이르기까지 6대조에 걸쳐 조정의 주요 직책을 두루 거쳤다. 또한 학자이면서 걸출한 외교관이었고 행정가였다. 병든 몸으로 바다를 건너 일본과의 교린외교 전례를 확립하고, 북정을 단행하여 여진을 토벌했다.

그러나 역사는 한 시대를 움직인 인물을 단순한 개인의 삶으로 보지 않는다. 사소한 개인적 행위까지도 역사는 잣대를 들이대고 평가를 한다. 공이 과를 뒤엎을 만큼 크다 해도 역사는 그 과를 놓치지 않는다. 잣대를 벗어나는 눈금은 용서가 없다. 그렇다면 신숙주의 진짜 모습은 무엇인가? 참으로 어려운 질문이다.

그의 모든 삶을 관통하고 그리고 지금에 이르기까지 논란이 되고 있는 기회주의적 결정에 대한 의식의 형성 과정을 살펴보면 희미하게나마 행동을 이해할 수 있는 단초를 얻을 수 있다. 우선 가족사를 보자.

신숙주는 조선 태종 17년(1417년) 6월 전라도 나주에서 태어났다. 할아버지는 고려 말에 벼슬을 했던 신포시이다. 그는 이성계의 조선 개국에 반대해 뜻을 같이하는 고려의 선비들과 함께 두문동杜門洞(지금의 경기도 개풍군)으로 들어갔다. 두문동은 고려에 대한 불사이군不事二君의 충절을 맹세했던 여말의 충신들이 은거하여 모여 살던 곳이다. 그러나 할아버지 신포시는 그곳에 끝까지 남아 있지 않고 조선조의 벼슬길로 나아갔다.

그렇다면 고려의 충신열사로서 두문동에 들어갔던 신포시는 왜 다시 조선의 개국에 협력한 것일까. 아마도 새로운 시대의 대세를 받아들일 수밖에 없던 상황이라고 스스로 판단했을 것이고, 그러한 충절이 피폐하고 질곡에 빠져 있었던 백성들에겐 자신들의 소외된 삶과는 거리가 먼 허황된 학자들의 모습으로 비난의 대상이 되었을 것이다.

그렇다면 굳이 흘러간 시대를 사수한다는 것이 대의명분일까 하는 회의도 들었음직하다. 여하튼 신숙주의 할아버지 신포시는 새로이 개국한 조선왕조의 관리로 등용되었다. 절의를 생명으로 아는 유학자적 입장에서 신포시의 행동은 기회주의적 행동이었음에는 틀림이 없다.

따라서 신포시의 행동을 통해 신숙주의 가문이 갖고 있던 나름대로의 정치적 견해와 신숙주의 그러한 결정을 이해할 수 있다. 그의 할아버지의 행동과 세종의 유언에 충절을 약속했던 신숙주의 변절이 별반 다름이 없음도 이러한 가문의 배경 때문이 아닐까?

 반정의 묵계 – "그렇다면 중국으로 같이 가자"

신숙주와 세조의 만남은 운명적이었다. 그들은 한때 동문수학을 한 친구였고, 세조를 말할 때 신숙주를 빼놓을 수 없고, 신숙주를 말할 때 세조를 빼놓을 수 없다. 그러한 그들이 서로 밀접하게 가까워진 계기는 수양대군이 고명사은사誥命謝恩使(왕 즉위 사령장을 받으러 명나라에 가는 사신)로 중국에 가게 되었을 때 신숙주가 서장관으로 임명이 된 것이었다. 이때 그들은 긴 여정의 중국 왕복길에 서로 반정의 묵계를 교환하지 않았을까? 그에 대해서는 여러 설들이 있다.

그중에서 최초로 반정의 뜻을 나눈 것이 실록에 전한다. 단종이 즉위한 해인 1452년 8월 10일의 기록이다.

> 정수충이 수양대군의 집에 가니 대군이 그와 서서 이야기를 하는데,
> 마침 집현전 직제학 신숙주가 문 앞으로 지나갔다. 대군이 부르기를
> "신 수찬!"(수찬修撰은 홍문관의 정6품 벼슬을 이른다)
> 하니, 신숙주가 곧 말에서 내려 뵈었다. 대군이 웃으면서

"어찌 문 앞을 지나가면서 들리지 않는가?"

하고, 이끌고 들어가서 함께 술을 마시면서 농담으로

"옛 친구를 어찌 찾아와 보지 않는가? 이야기하고 싶은 지 오래였다. 사람이 비록 죽지 않을지라도 사직에는 죽을 일이다."

신숙주가 대답하기를,

"장부가 편안히 아녀자의 수중에서 죽는다면 그것은 재가부지在家不知(세상물정을 모르다)라고 할만 하겠습니다."

하므로, 대군이 즉시 말하기를

"그렇다면 중국으로 같이 가자."

하였다.

이 내용을 살펴보자.

수양대군은 신숙주를 불러들여 술잔을 권하며, 사람의 목숨이 중하지만 사직社稷을 위해서는 죽을 수도 있는 것 아닌가 라고 은근히 자신의 거사에 참여할 것인지에 대한 의사를 타진한다. 이에 신숙주의 대답이 "장부로 태어나……"라고 대답함으로써 동참할 수 있음을 넌지시 밝히고 있다.

수양은 이 대답을 듣고 중국에 사신으로 가니 함께 가자고 제의를 하고, 그를 서장관으로 삼아 중국을 다녀오게 된다. 이때의 여행길에 둘은 많은 이야기와 계책을 수립했을 것이다.

이처럼 세조의 왕위찬탈에 참여했던 그는 세조의 둘도 없는 측근이 되었고 극진한 보살핌과 총애를 받았다. 졸기에서도 그랬듯이 왕의 명령에 별 이의를 달지 않았고 왕도 신숙주가 말하는 것은 모두 들어주었다.

신숙주가 지은 〈보한재집〉에는 당대의 문장들이 쓴 그에 대한 평이 실려 있다. 서거정, 홍응, 김종직, 임원준, 김유 등이 쓴 다섯 편의 서문인데 이들 모두는 신숙주의 동료 또는 문우, 후배의 위치에서 그를 이렇게 평하고 있다.

문장과 정사로 일대에 울린 사람, 대현군자, 왕실에 공이 있고 백성들에게 은혜를 베푼 사람, 도덕을 몸에 쌓았고 문장으로 나라에 기여한 사람이다.

또한 줄기는 그를 다음과 같이 평하고 있다.

신숙주는 천성이 고매하고 후덕하면서 활달하였으며, 경사에 두루 미치고 의논을 할 때는 까다롭거나 자질구레하지 아니하였으며, 큰일을 결단함에 있어 통이 크고 막힘이 없어서 조야가 의지하고 중히 여겼다.

 직첩을 위조했다가 사사된 아들 신정

숙주는 8남 1녀의 자녀를 두었다. 장남과 둘째는 아버지보다 먼저 죽었지만 셋째 신찬은 황해도 관찰사를 지냈고 넷째 신정은 이조참판과 평안도 관찰사를 지냈다. 그 외 다섯째부터 여덟째까지 모두 관직에 등용되었다. 이처럼 살아생전 천상천하 유아독존이라는 영의정의 자리에까지 오르

고 자식들이 모두 관직에 등용되었을 만큼 영화와 부귀를 누렸던 신숙주 역시 세상 누구에게나 있듯 아픔이 없을 리 없었다.

살아생전에는 이시애 난 때 함길도 관찰사로 백성의 진무에 나섰던 둘째 아들이 난의 와중에 잡혀 죽는 아픔을 겪었다. 그런데 신숙주 가문에 씻을 수 없는 오욕의 사건이 넷째 아들 신정으로 인해 일어났다. 신숙주 사후, 평안도 관찰사로 나갔던 넷째 아들 신정이 왕의 인장을 도용해 휘하의 사람에게 거짓 임명장을 주었다가 사사賜死된 욕을 당한 것이다.

성종은 처음에 신정을 원훈인 신숙주의 아들이라 하여 살려주려고 하였으나 그가 끝까지 거짓말로 변명하자 분노하여 대신들의 간절한 만류에도 불구하고 사사케 했다. 그런데 여기서 아이러니한 것은 신숙주가 생전에 자식들에게 훈계를 내렸던 가훈이 오히려 더 성종의 분노를 자극케 하였던 것이다. 이 가훈을 들어서 신정이 왕에게 거짓 변명 상소를 올렸는데 왕이 생각하기에 아버지의 유훈을 팔아 자신의 생사를 도모한 불효를 용서할 수 없다는 것이었다. 물론 이 사실만을 두고 그를 죽인 것은 아니지만……

신정은 상소문에서 아비의 유훈을 이렇게 들어 호소하고 있다.

신의 아비 신숙주가 항상 자제를 훈계하기를 "우리집의 조상들은 모두 충효로서 업을 삼고 청백을 보배로 삼았다. 나는 우리집의 대대로 내려오는 가풍을 내 몸에서 실추할까 두려워하였다. 그러므로 벼슬에 있고 직무에 임할 때에 몸을 조심하고 스스로 분발하여 밤낮으로 게을리 하지 않았다. 너희들은 늙은 아비의 뜻을 깊이 본받아 비록 가문을 크게 창성하게 하지는 못할지라도 선조의 업을 떨어뜨리지 말아라. 이것이 나의 소망이다" 하였습니다. 신은 매양 한밤중의 때를 당하면 선친의 훈계를 생각하고 일찍이 눈물을 흘리지 않은 적이 없었습니다.

그러나 위조한 첩牒을 조사한 결과 신정의 필체로 확인이 되었고, 고문을 한 결과 신정이 자백을 함으로써 성종은 그를 사사케 전교를 내린다. 성종 13년인 1482년 4월 24일의 일이다. 당시 사관은 그에 대해 다음과 같이 논평하고 있다.

신정이 이조참판이 되어 여론이 좋지 못하였으나 사람들이 감히 공공연하게 배척하는 자가 없었는데, 무술년 겨울에 허침이 지평에 임명되어 처음으로 그의 사람됨을 논평하여 마침내 이조에서 해임되었다.
신정은 탐욕스럽기가 끝이 없어서 시정의 무리들과 교류하면서 날마다 장사하는 것으로 일을 삼으며 온갖 방법으로 이익만 꾀하니 그 아비 신숙주가 이를 미워하여 일찍이 말하기를 "우리집을 패망시킬 자는 반드시 이 자식이다"라고 하였다. 신정이 일찍이 그의 친구인 양수사와 양수사의 처형인 권채와 함께 과거 시험장에 들어갔는데 두 사람이 모두 양수사의 답을 훔쳐 베끼어 썼다.
고시관이 이들 세 사람의 답안이 서로 같은 것을 보고 모두 버리려고 하니 세조께서 신정이 신숙주의 아들인 것을 알고 세 사람을 모두 뽑게 하였다. 그리하여 과거에 급제하여 차례로 요직을 지내고 승지에 뽑히게 되었는데 성질이 간사하고 아첨을 잘하여 임금이 자못 신임하였다.

도승지가 되고 이조참판이 되니 뇌물을 바치는 자가 구름같이 모여들고, 남이 기이하고 진귀한 물건을 가졌다고 들으면 온갖 방법으로 요구하여 반드시 얻고야 말았다. 그리하여 재산이 말할 수 없이 많았으며, 사는 집과 입고 먹는 것이 넘쳐나 매우 사치스러웠다.

신정의 형 신찬과 신순은 신숙주가 매우 사랑하여 그의 첩 가운데 아들이 없는 자를 어미로 삼도록 명하였는데, 신숙주가 죽은 뒤에 신정이 그 재산을 탐하여 빼앗기를 꾀하였으며, 조카 신종호(신숙주의 장남인 신주의 아들. 과거에 세 번 장원급제한 뒤 여러 벼슬을 지냈다)가 뛰어난 재주가 있는 것을 꺼려하여 원수처럼 미워하였다.

신정이 평안도 관찰사가 되었을 때 흉년을 만나 진휼하게 되었는데 백성들에게 칭찬을 듣고자 사람의 수를 묻지도 않고 고하는 대로 곡식을 주니, 어리석은 백성들이 신정을 부모라고 불렀으며 이 중에서 지나치게 많이 받은 자는 그 곡식으로 집과 논을 사기까지 하였다. 그래서 국고의 저축이 탕진하게 되었다.

신정은 또 죽과 밥을 지어서 수레에 싣고 날마다 들을 돌아다니며 따뜻한 말로 위무하면서 먹이니 사람들이 모두 감격하여 눈물을 흘리며 울었다. 신정은 백성들이 자기를 사랑하는 줄을 알고 많은 면포를 내어주며 유지들을 불러 말하기를 "나를 위하여 공덕비를 만들어서 대동문 밖에 세워 달라" 하였는데, 일의 준공이 거의 다 되어 신정이 죽었다는 소문을 듣고 중지하였다.

신숙주로서 이 어찌 죽어서도 눈감지 못할 욕이 아니겠는가?

한명회 韓明澮 (1415~1487년)

조선 전기의 문신. 장순왕후와 공혜왕후의 아버지. 계유정난 때 수양대군을 도왔으며 사육신의 단종 복위운동을 좌절시키고, 그들의 주살에 적극 가담하여 좌승지를 거쳐 도승지에 올랐다. 이조판서, 병조판서, 우의정, 좌의정을 거쳐 영의정에 올랐다.

말단 궁지기에서 영의정까지

상당 부원군 한명회가 졸하였다. 한명회의 자는 자준子濬이고, 청주 사람이다. 어머니 이씨가 임신한 지 일곱 달 만에 한명회를 낳았는데, 배 위에 검은 점이 있어 그 모양이 태성台星(중국의 천자를 상징하는 자미궁을 지킨다는 별)과 북두칠성 같았다.

일찍이 어버이를 여의고 가난하여 스스로 떨쳐 일어나지 못했으며, 글을 읽어 자못 얻은 바가 있었으나 여러 번 과거에 합격하지 못했다. 이에 권람과 더불어 망형우忘形友(서로의 용모나 지위 등은 문제 삼지 않고 마음으로 사귀어 교제하는 벗)를 맺고, 아름다운 산이나 수려한 물이 있다는 말을 들으면 문득 함께 가서 구경하고 간혹 1년이 넘도록 돌아올 줄 몰랐다.

경태 145년(문종 2년)에 경덕궁직에 임명되어, 일찍이 영통사 절에 놀러 갔었는데, 한 노승이 사람들을 물리치고 말하기를 "그대의 두상에 왕성한 기세가 있으니 이는 귀한 자리에 오를 징조입니다"라고 하였다.

이때 문종이 승하하고 단종의 나이 어리어 정권이 대신에게 있었는데, 한명회가 권람에게 이르기를

"지금 임금이 어리고 나라가 위태로운데, 간사한 무리들이 권세를 함부로 부리고, 또 안평대군 이용이 마음속으로 다른 뜻을 품고 대신들과 친밀하게 지내며, 여러 소인들을 불러 모으니 위험이 매우 급박하오. 듣자니 수양대군이 활달하기가 한고조(한나라를 건국한 유방을 이름)와 같고, 용맹하기가 당 태종과 같다 하니 진실로 난세를 평정할 재목이오. 그대가 문필에 종사하는 즈음에 모신 지가 오래인데, 어찌 은밀한 말로 그 뜻을 떠보지 아니하였소." 하였다.

권람이 한명회가 한 말을 아뢰니 수양대군이 한명회를 불러 함께 이야기하였는데, 의기가 상통하여 마치 옛날부터 사귄 친구와 같았다. 마침내 무인 홍달손 등 30여 인을 천거하고, 계유년(1453년 단종 원년) 겨울 10월 초10일에 세조가 거사하여 김종서 등을 주살하고 한명회를 추천하여 군기녹사로 삼고 수충위사 협책 정난공신의 호를 내려주고 곧 사복시 소윤으로 올리었다. 세조가 왕위를 이어받자 여러 번 승진하여 좌부승지가 되고 가을에 우승지에 올랐다. 병자년(1456년, 세조 2년) 여름에 성삼문 등이 단종을 복위할 것을 꾀하고, 창덕궁에서 중국 사신을 맞아 연회하는 날에 거

사하기로 되어 있었는데, 이 날에 이르러 한명회가 아뢰기를

"창덕궁은 좁고 무더우니, 세자가 입시하는 것은 불편하고, 운검을 들고 장수들이 지켜 서 있는 것도 마땅치 않습니다" 하니, 임금이 모두 옳게 여겼다. 장차 연회가 시작되려 하자 성삼문의 아비 성승이 운검으로서 들어가려 하자 한명회가 꾸짖어 저지하기를 "이미 장수들로 하여금 입시하지 말게 하였소" 하니 성승이 그대로 나갔다.

성삼문 등이 일이 이루어지지 못할 것을 알고 말하기를 "세자가 오지 않고 장수들이 입시하지 않으니 어찌해야 하겠는가?" 하였다. 그 무리 가운데에 한명회를 해치려는 자가 있자, 성삼문이 말하기를 "큰일을 이루지 못하였는데 비록 한명회를 제거한다 한들 무슨 이익이 되겠는가?" 하였다. 이튿날 일이 발각되어 모두 죽임을 당했다.

이 해 가을에 좌승지로 올랐다. 이어 이조판서, 병조판서, 강원도 체찰사, 우의정, 좌의정에 올랐으며, 드디어 1466년(세조 12년)에 영의정에 올랐다가 곧 병으로 인하여 사임했다.

이시애가 반란을 일으켜 터무니없는 뜬소문을 만들어 말하기를 "한명회가 신숙주와 더불어 역모를 꾀한다"고 하자, 그들을 옥에 가뒀는데 곧 죄가 없는 것을 알고 석방했다.

세조가 승하하고, 이때에 혜성이 나타나자 한명회가 아뢰기를 "별이 변괴를 보이었으니 그 징조가 두렵습니다. 창덕궁에 성이 없으니 마땅히 중신들로 하여금 군사를 거느리고 지키게 하소서" 하니 그대로 따랐다. 얼마 후 남이 장군 등이 반역을 꾀하여 죽임을 당했다.

예종이 승하하고 성종이 즉위하자 정희왕후가 임시로 함께 섭정하여

한명회에게 명하여 이조판서와 병조판서를 겸하게 하니, 극력으로 이를 사양하였다. 정희왕후가 전교하기를 "세조께서 경을 사직을 지킬 신하라고 하셨소. 지금 국상이 잇달아 인심이 매우 두려워서 당황하니 대신이 자신만 편할 때가 아니오" 하니, 한명회가 눈물을 흘리며 말하기를 "재주는 없고 임무는 중하여 국사를 그르칠까 두렵습니다" 하자 다만 병조판서만 맡도록 명했다. 이 해에 혜성이 또 나타나자 한명회가 군대를 대궐의 동쪽, 서쪽에 설치하기를 청하고 스스로 서쪽을 맡았다.

하루는 임금에게 아뢰기를 "성균관에 서적이 없으니 마땅히 경사經史를 많이 인쇄하고 도서관을 세워 간직하게 하소서" 주청하여, 임금이 그대로 따랐는데 한명회가 사재를 내어 그 비용을 돕게 하였으므로 사림에서 이를 훌륭하게 여겼다.

병으로 자리에 눕게 되자 임금이 어의를 보내어 치료하게 하고 날마다 내관들을 보내어 문병하게 하였으며 병이 위독하여지자 승지를 보내 유언을 물으니 다음과 같이 말했다. "처음에는 부지런하고 나중에는 게으른 것이 인지상정이니, 원컨대 나중을 삼가기를 처음처럼 하소서" 하고 말을 마치자 운명하였는데 향년 73세였다. 임금이 매우 슬퍼하여 음식을 들지 않았다고 한다.

한명회는 성품이 침착하고 마음이 너그럽고 컸다. 항상 주장하는 지론은 화평에 힘쓰고, 일을 결단함에 있어서는 법에 의거하여 행하였으므로 세조가 일찍이 말하기를 "한명회는 나의 장자방(한고조 유방의 참모를 지낸 장량)이다"라고 하였다. 아들은 한보이고, 딸은 장순왕후와 공혜왕후이다.

〈성종실록〉209권 · 1487년(성종 4년) 11월 14일

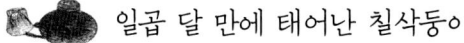 ## 일곱 달 만에 태어난 칠삭둥이

한명회는 조선이 개국할 때 명나라에 가서 '조선'이라는 국호를 갖고 돌아온 한상질의 손자로 명문가 출생이었다. 그러나 일곱 달 만에 태어난 칠삭둥이인데다 어려서 부모를 잃어 작은할아버지 밑에서 자라야 했다. 기록에 의하면 태어날 때 배꼽 위에 천자를 지킨다는 자미궁을 의미하는 별 태성과 북두칠성의 점이 있었다 한다. 그의 인생을 예견하는 별자리의 점이었다.

여러 번 과거에 응시를 했으나 나이 40여 살이 다 되도록 급제하지 못하였다. 따라서 공신의 자제들을 관리로 임용하던 음직蔭職으로 벼슬을 시작했는데 그 첫 벼슬이 경덕궁직이란 궁지기였다.

그러나 당시 수양대군의 측근이었던 권람을 알게 되고 권람의 천거로 수양의 오른팔이 되면서 출세의 가도를 달리기 시작한다. 실록은 한명회와 수양이 만났을 때의 제목을 다음과 같이 뽑고 있다.

한명회가 세조에게 배알하니, 세조가 한번 보고 옛 친구와 같이 여겼다.

이 자리에서 한명회는 수양이 "그대가 이 세상에 뜻이 있음을 알았으니 청컨대 나를 위하여 계획을 세워보라" 하자 다음과 같이 이야기한다.

"저는 본래 용렬하고 어리석으니 어찌 능히 모획하는 바가 있어서 반드시 부응하겠습니까? 두루 오랜 옛날의 일을 보건대, 국가에 어린 임금이 있으면 반드시 옳지 못한 사람이 정권을 잡았고, 옳지 못한 사람이 정권을 잡으면 여러 사특한 무리가 그림자처럼 붙어 불미스러운 화가 항상 이로 말미암아 일어났습니다. 그때 충의로운 신하가 일어나 반정을 한 뒤에야 그 어려움이 곧 형통해지니 막힌 운수가 서로 이어지는 것은 하늘의 이치라고 하겠습니다. 안평대군이 대신들과 결탁하여 장차 불궤를 도모하려 하는 것은 길 가는 사람들도 아는 것이나 그러나 그의 배반하는 정상을 뒤밟아 그 역모를 드러낼 수 없으니 비록 즉시 거사하려고 해도 또한 이루기 어려울 듯합니다."

이렇게 의기투합한 수양과 한명회는 당시 정권의 실세였던 김종서, 황보인 등을 제거하고 정권을 잡는다. 그러고 나서 피의 숙청 작업에 나선다. 수양과 경쟁 관계에 있던 안평대군과 그의 아들을 강화로 압송해 사사케 했으며, 김종서의 남은 측근들은 물론 자신의 세력에 합류하지 않는 중도과 대신들까지 모두 죽였다. 게다가 그들의 처첩은 공신들에게 나눠주고 16세 이상의 아들들을 교형에 처했으며, 15세 이하의 아들들과 그 밖의 처, 첩, 딸들은 관노나 노비로 만들어 완전히 멸족시켜 버렸다. 이러한 정적 제거는 단종 복위를 꿈꾸던 성삼문 등에게도 똑같이 적용되었다.

그러나 실록은 그가 성품이 매우 침착하고 마음이 너그럽고 컸으며, 항상 주장하는 지론이 화평에 힘쓰는 것이라 말하고 있으며, 찾아오는 손님들을 접대함에 있어 소홀함이 없었다고 평한다. 이를 볼 때 출세를 위해서는 수단과 방법을 가리지 않는 인물이었으나 정계에서의 처신이 매우 뛰어나 어지간해서는 적을 만들지 않았고, 핵심 인사들과 절친한 사이를 유지했던 것 같다. 특히 세조의 한명회에 대한 신임은 태조의 정도전에 대한 신임만큼이나 굳건해 '나의 장자방'이라고 칭할 정도였다.

한명회는 특히 두 딸을 예종과 성종의 왕비로 간택케 함으로써 세조 이후 성종 때까지 정권적 기반을 확실하게 다질 기틀을 마련하기도 했다. 세조가 성삼문 등에 의해 주살당하는 것을 미리 차단하고 남이의 역모를 미리 간파함으로써 화를 미연에 방지하는 천부적인 예지 능력 역시 뛰어났음을 엿볼 수 있다. 물론 남이에 대한 역모 사건은 당시의 정치 상황을 고려할 때 이론의 여지가 많았음은 부인할 수 없다.

세조를 거쳐 성종에 이르기까지 그의 권력은 조선 개국 이래 가장 강력했다. 명재상인 신숙주마저 자신이 한명회보다 높은 벼슬을 하자 그보다 낮은 자리를 달라고 임금께 간청을 드릴 정도였으며, 한명회의 웬만한 비리와 부정은 임금도 어찌지 못했으니 그의 무소불위 권력이 어떠했는가는 능히 짐작이 가고도 남는다.

따라서 각종 비리사건에 연루돼 대간의 연이은 탄핵을 받았으나 성종은 항상 그에게 극도로 가벼운 처벌만을 내렸다. 이는 사실 성종이 한명회에 의해 왕위에 오른 탓도 있으며 그가 결정적으로 불충을 저지를 위인은 아니란 것도 작용했던 탓이다.

그러나 그러한 한명회도 죽은 후 1504년(연산군 10년) 갑자사화 때 연산군의 생모 윤씨의 죽음에 관련되었다는 이유로 부관참시되는 수모를 겪는다. 사관은 그의 졸기의 끝에서 그를 이렇게 평하고 있다.

한명회는 젊어서 유학을 업으로 삼아 학문을 이루지 못하고, 충순위에 속하여서 뜻을 얻지 못하고 불우하게 지내다 권람과 친구를 맺고 그를 통해 수양대군이 사가에 있을 때 만나 왕위 옹립에 그 공이 제일 컸으며, 10년 사이에 벼슬이 정승에 이르렀고, 마음속에 항상 국무를 잊지 아니하고 품은 바가 있으면 반드시 아뢰어 이룩한 것 또한 많았다. 그러므로 권세가 매우 성하여 들러붙는 자가 많았고 빈객이 문에 가득 하였으나 응접하기를 게을리하지 아니하여 한때의 재상들이 그를 통해 많이 나왔다. 성격이 번잡한 것을 좋아하고 과장하기를 기뻐하며, 재물을 탐하고 색을 즐겨서 논밭과 노비, 보화 등의 뇌물이 잇달았고 집을 널리 점유하고 첩을 많이 두어 그 이름이 유명하였다. 여러 번 사신으로 명나라에 갔었는데 늙은 내시 정동에게 아부하여 많이 가지고 간 뇌물을 사사로이 황제에게 바쳤으니 같이 동행한 부사가 감히 말리지 못하였다. 만년에 권세가 이미 떠나자 빈객이 이르지 않으니 초연히 적막한 탄식을 하곤 하였다. 비록 여러 번 간관이 논박하는 바가 있었으나 소박하고 솔직하여 다른 뜻이 없었기 때문에 그 훈명勳名을 보전할 수 있었다.

 ## 조정의 시빗거리가 된 압구정

성종 시대에 한강가에 대신들의 정자가 많아 세간의 여론이 심히 좋지 않았다. 그중에서도 가장 큰 시빗거리가 된 것이 한명회가 지은 압구정이다. 압구정이란 친할 압狎과 갈매기 구鷗이니, 곧 "벼슬을 버리고 강촌에 묻혀 갈매기와 친하다"는 뜻의 정자다.

그런데 그 압구정이 조선에 온 중국의 사신들로 인해 한명회가 탄핵을 받는 일로 번지게 된다. 한명회는 처음에 성종에게 중국의 사신들이 압구정을 둘러보고자 하는데 정자가 좁아 잔치를 열기 어려우니 말리는 것이 어떠냐고 아뢴다. 왕이 이 말을 듣고 우승지 노광필에게 그 뜻을 중국 사신에게 전하니 사신은 좁더라도 가보겠다고 우겼다. 그런데 다음날 한명회가 중국 사신을 만나고 와서 아뢰는 이야기가 앞뒤가 맞지 않는다. 1481년(성종 12년) 6월 25일의 기록이다.

상당 부원군 한명회가 와서 아뢰기를,
내일 중국 사신이 압구정에서 놀고자 하므로 신이 오늘 아침 중국 사신에게 갔더니, 중국 사신이 신을 청하여 조반을 같이하였습니다. 사신이 말하기를 "내가 얼굴에 종기가 나서 낫지 않았으므로 가지 못할 듯합니다" 하기에 신이 청하기를 "나가 놀며 구경하면 병도 나을 것인데, 답답하게 객관에 오래 있을 필요가 있겠습니까?" 하니, 사신이 말하기를 그렇다면 "제가 가는 것이 마땅하겠습니다" 하였습니다. 신의 정자는 본래 좁으므로 지금 더운 때를 당하여 잔치를 차리기 어려우니 정자 곁의 평평한 곳에 처마를 잇대어 천막을 치게 하소서.
하니, 임금이 전교하기를,
이미 잔치를 차리지 않기로 하였는데 또 무엇 때문에 처마를 잇대는가? 지금 큰 가뭄을 당하였으므로 마음대로 놀며 구경할 수 없거니와 내 생각으로는 이 정자는 헐어 없애야 마땅하다. 중국 사신이 중국에 가서 이 정자의 풍경이 아름답다는 것을 말하면 뒤에 우리나라에 사신으로 오는 사람이 다 그곳에서 놀며 구경하려 할 것이니 이는 폐단을 여는 것이다. 또 강가에 정자를 꾸며서 즐기는 곳으로 삼은 자가 많다 하는

데, 나는 아름다운 일로 여기지 않는다. 내일 연회 장소를 제천정濟川亭
(용산구 한남동)으로 정하고 압구정에 장막을 치지 말도록 하라.

여기서 우리는 한명회의 이중적 언행을 문제 삼지 않을 수 없다. 처음에는 정자가 좁아 연회를 열 수 없으니 중국 사신을 말려달라고 아뢰고는 다음날에는 중국 사신을 직접 찾아가 몸이 아파 나갈 수 없다는 사신을 굳이 설득하여 참석하겠다는 답변을 받아냈다. 그리고 다시 왕에게 나아가 압구정 정자에 천막을 쳐서 연회를 하겠다고 말한 것은 그의 진심이 어디에 있었는가를 알 수 있다. 그리고 중국 사신에게 그가 직접 말하지 않았다면 압구정을 어찌 알았겠는가.

그런데 왕이 그의 의견을 묵살하고 제천정에서 연회를 베풀라고 하자 아내의 병을 핑계 삼아 자신은 참석지 못하겠노라고 어깃장을 놓았다. 아무리 왕의 장인이고 권세가 하늘을 찌른다 한들 왕과 신하 관계에 있어서 용납되지 못할 행동이었다. 이 일로 한명회는 왕의 노여움을 받게 되고 성종은 몇 개의 정자만을 남기고 모두 헐어버리라는 명령을 내린다.

강가에 정자를 지은 자가 누구누구인지 모르겠다. 이제 중국 사신이 압구정에서 놀면 반드시 강을 따라 두루 돌아다니면서 놀고야 말 것이고, 뒤에 사신으로 오는 자도 다 이것을 본떠 유람할 것이니 그 폐단이 어찌 끝이 있겠는가? 우리나라 제천정의 풍경은 중국 사람이 예전부터 알고, 희우정喜雨亭(오늘날의 망원정)은 세종께서 큰 가뭄 때 이 정자에 우연히 거둥하였다가 마침 비가 내려 이름을 내리고 기문記文을 지었으니 이 두 정자는 헐어버릴 수 없으나 그 나머지 새로 꾸민 정자는 일체 헐어 없애어 뒷날의 폐단을 막으라. 또 내일은 제천정에서 연회를 차리고 압구정에는 구경만 하게 하라.

이어 한명회는 승지들로부터 다음과 같은 탄핵을 받기에 이른다.

한명회의 말은 지극히 무례합니다. 중국 사신이 가서 구경하려 하더라도 아내가 참으로 앓는다면 사양해야 할 것인데, 중국 사신이 병이 있다고 말하는데도 도리어 스스로 놀기를 청하고서 한마디도 아내의 병을 말하지 않았고, 아뢰어서 천막까지 쳐서 접대하겠다고 하니 이치에 맞지 않음입니다. 그러다가 성상의 뜻에 허락하시지 않으려는 것을 알고서는 말을 바꾸어 아뢰기를 "신의 아내가 병이 심하므로 제천정일지라도 가지 못하겠습니다" 하였습니다. 그러니 이것은 반드시 성상이 허락하지 않으려는 것을 마음에 언짢게 여겨서 나온 말일 것이며, 마음에 분노를 품어서 언사가 공손하지 않았으니 신하로서의 예의가 아주 없습니다. 신하가 임금의 명에 대하여서는 천리의 먼 길이라도 사양하지 않고 가야 할 것인데, 더구나 스스로 청하고 나서 도리어 사양하는 것이겠습니까? 그를 국문하게 하소서.

왕은 그에 대해 처리하기를 처음에는 머뭇거리다가 이어 올라오는 대신들의 탄핵에 분노의 일단을 표출한다.

한명회가 잘못하였다. 전일 북경에 갈 때에는 아내의 병이 바야흐로 심하여 거의 죽게 되었어도 부득이 갔는데, 이제 하루면 될 일을 아내가 앓는다고 사양하는 것이 옳겠는가? 내가 어진 임금이 아니라고 해도 신하의 도리가 어찌 이러할 수 있겠는가? 승정원에서 말하기를 "한명회가 청한 대로 허락받지 못하였으므로 분한 마음을 품고 이 말을 한 것이다" 하였는데, 실정은 알 수 없으나 그 말은 분한 마음을 품은 듯하였다.

결국 성종은 그를 국문하라고 전교를 내리는데 한명회의 변명이 또 가관이다.

중국 사신이 압구정을 보고자 하므로 신이 청하여 말리려 하였으나 되지 않았고, 어제 보천막을 청한 까닭은 그 정자가 좁기 때문이었으며, 가서 참여하지 않으려 한 까닭은 신이 가지 않으면 중국 사신도 가서 구경하지 않을 것이기 때문이었습니다. 그런데 승정원에서는 신이 분한 마음을 품고 이렇게 아뢴 것이라고 하니 신은 참으로 마음이 아픕니다.

아무튼 왕은 이 사건에 대해 그의 직첩만을 거두는 것으로 끝을 맺는다. 이 사건에 대해 사관은 이렇게 기록으로 남기고 있다. 그가 왜 그런 행동을 했는지 이해가 가는 대목이다.

당초에 한명회가 북경에 갈 때에 임금이 경계하여 이르기를 "혹시라도 정동(중국 천자의 내시)에게 먼저 통하지 말고 또 선물을 바치지 말라"

하였는데 한명회가 통주에 이르러 통사인 장유화를 시켜 먼저 정동에게 알렸고, 사사로이 진헌할 때에 활을 선물로 아울러 바치므로 부사로 동행했던 이승소가 말렸으나 한명회가 듣지 않았다. 그 사사로이 바치는 물건을 힘써 풍부하게 하여, 황제의 뜻을 기쁘게 하고 정동의 욕심을 채우고서 상을 많이 받아 가지고 돌아와 늘 남에게 자랑하였다. 이때에 와서 정동을 맞아 압구정에서 함께 놀 때에 공구供具를 크게 베풀어 뽐내려 하였으나 그 뜻을 이루지 못하고 탄핵받아서 죄를 받은 것이다.

압구정이 철거되었는지에 대해서는 기록이 없다. 다만 이 사건이 일어나자 성종이 몇 개의 정자만을 남겨두고 모두 헐어버리라는 전교로 봐서 압구정도 그때 헐리지 않았나 추측이 갈뿐이다. 당시의 시인 최경지는 그 압구정에 대해 시를 남기고 있다.

    세 번이나 은총을 흠씬 입자
    정자는 있어도 가서 놀 계획 없구나.
    흉중에 욕심을 진정 가라앉힌다면
    벼슬살이 바다에서도 갈매기와 친하련만.

한명회의 정자 압구정이 위치했던 곳은 현재 정확히 강남구 압구정동 산 301번지 3호 언덕받이로 동호대교 남쪽 끝자락의 뚝섬 쪽으로 돌출한 벼랑 위였으니 구정초등학교 뒤쪽 현대아파트 74동 자리이다.

조선인물청문회

제4부

세상이 부끄럽구나

홍윤성 · 그 주인에 그 종 ― "노복은 세도를 믿고"
이순지 · 그의 딸이 사노와 간통하고
변계량 · 살기를 탐하고 죽기를 두려워하며

변계량 卞季良 (1369~1430년)

고려 말~조선 초 문신. 진덕박사, 사헌부시사, 성균관 학정, 예문관의 응교, 직제학, 예조 우참의, 예문관제학, 대제학, 예조판서, 참찬, 판우군 도총제부사를 지냈다. 대제학 재임 시 외교문서를 거의 도맡아 지었고 〈태조실록〉 편찬, 〈고려사〉 개수에 참여했다. 시문詩文에도 능하여 문묘·기자묘 비문과 낙천정기·헌릉지문 등을 지었다. 〈청구영언〉에 시조 2수가 전하며, 문집에 〈춘정집〉이 있다.

살기를 탐하고 죽기를 두려워하며

판우군부사 변계량이 죽었다. 계량의 호는 춘정春亭이니, 밀양부 사람 옥란의 아들이었다. 어려서부터 총명하여 네 살에 고시대귀古詩對句를 외고 여섯 살에 글귀를 지었다. 14살에 진사 시험에 합격하고 15살에 생원 시험에 합격하였으며, 17살에 문과에 급제하여 전교주부에 보직되어 사헌 시사가 되고 성균악정을 지나 직 예문관, 사재 소감 겸 예문 응교, 예문 직제학을 지냈다. 정해년 중시에서 을과의 제1등으로 뽑혀서 특별히 예조 우참의에 임명되고, 기축년에 예문관 제학에 승진했다. 을미년에 크게 가물

어서 임금이 심히 근심하니, 계량이 아뢰기를

"본국에서 하늘에 제사하는 것은 비록 예가 아니라고 말할 것이나 일이 이미 박절하오니 원단圓壇에 기도하옵소서."

하니, 곧 계량에게 글을 지어 제사 지내라고 명하였다. 정유년에 예문 대제학에 임명되고 이듬해에 예조판서로 옮겼다가 이내 의정부 참찬으로 옮겼다. 그 다음 해에 왜놈들이 조선의 남쪽 변경을 침략하여 양민들을 죽이고 약탈함이 많았는데 태종 대왕이 계량의 말을 취하여 정벌하기로 하였다.

병오년에 판우군 도총제 부사가 되었다가 이에 이르러 죽으니 향년 62세였다. 태종은 부고를 듣자 사흘 동안 조회를 정지하고 유사에게 명하여 제를 올리고 부의와 관을 하사하며, 동궁도 부의로 쌀과 콩을 아울러 30석을 내렸다.

시호를 문숙文肅이라 하니, 배우기에 부지런하고 묻기를 좋아함이 文이요, 마음을 굳게 잡고 일을 결단함이 肅이다. 계량이 대제학을 거의 20년 동안이나 맡아서 대국을 섬기고, 이웃 나라와 관련된 임금의 말이나 명령이 그의 손에서 많이 나왔고, 시험을 주장하여 선비를 뽑는데 한결같이 지극히 공정하게 하여 옛날의 함부로 부정하게 하던 습관을 다 고쳤으며, 일을 의논하고 의문을 해결하는 데에 이따금 다른 사람의 상상 밖에 나오는 일이 있었다.

그러나 대제학 직책을 맡은 대신으로서 살기를 탐하고 죽음을 두려워하며, 귀신을 섬기고 부처를 받들며 하늘에 절하는 일까지 있었으니, 식자들이 조롱하였다. 처음에 철원 부사 권총의 딸에게 장가들었다가 버리고 또 오씨에게 장가들었다가 오씨가 죽고, 또 이촌의 딸에게 장가들어 몇 달 만에 버리고 또 도총제 박언충의 딸에게 장가드니, 아내가 있으면서 다른 아내에게 장가들었다는 일로써 유사들의 탄핵하는 바가 되었다. 아들이 없고 비첩의 아들이 있으니 이름이 영수이다.

〈세종실록〉48권 · 1430년(세종 12년) 4월 24일

내해 죠타 하고 남 슬흔 일 하지 말며
남이 한다 하고 의 아니면 좇지 말며
우리는 천성天性을 지키어 섬긴 대로 하리라.
— 〈청구영언, 해동가요〉

이 세상에는 내가 좋아하는 일이라고 해서 남이 싫어하는 일도 이기적으로 하는 사람이 있는가 하면, 내가 싫다고 해서 다른 사람으로 하여금 그 일을 시키는 사람도 있다. 이러한 사람들을 경계하며, 의와 지조를 지키고 타고난 천성을 올바르게 품고 살아가고자 했던 변계량, 그에게도 숨기고픈 부끄러운 이야기가 있다. 실록은 그에 대해 따뜻한 이야기만을 남기고 있지는 않다.

 세상을 떠들썩하게 한 누이의 엽기 불륜 행각

〈정종실록〉(1399년 8월 19일)을 보면 다음과 같은 기록이 있다.

전 남편의 종들과 간통한 박원길의 아내 변씨가 여러 사악한 일을 저질러 주살당했다. 변씨는 변계량의 누이이다.

변계량의 누이가 여러 남자와의 난잡한 관계로 인해 죽임을 당했다는 이야기다. 가문의 명예를 최고의 가치로 여기던 시대에 특히나 대신의 누이가 이러한 일로 사형을 당했으니 엽기적인 사건이 아닐 수 없다.

변계량의 누이 변씨가 처음 시집을 간 지 얼마 후에 남편 박충언이 병으로 죽어 일찍 청상이 되었다. 그런데 남편이 죽은 후 변씨가 수하의 두 종(포대, 사안)과 연이어 사통을 하였는데 이 사실이 재가한 두 번째 남편 박원길에게 들통이 난 것이다. 변씨가 이를 두려워하다가 고심 끝에 아우 변계량을 찾아가 "내 남편이 성질이 사나워서 더불어 해로하기가 어렵다"며 이혼하고자 하니 도와달라고 했으나 변계량이 아무런 대답을 하지 않았다. 변씨가 이에 앙심을 품고 동생을 미워하여 사통했던 종 포대와 함께 일을 꾸민다.

변씨는 이방원(태종, 이성계의 5남)이 데리고 있던 내시 김귀천과 결탁하여 그를 양자로 삼아 노비 4명을 주고, 포대를 시켜 김귀천을 꼬여 이방원에게 그와 같은 거짓 사실을 무고하게 한 것이다. 실록은 변씨의 말을 이렇게 전한다.

내가 박원길에게 시집가기 전인 금년 정월에 이양몽이라는 사람이 그의 형 이양중에게 나를 중매하며 말하기를, "내가 일찍이 재인才人 수백 명을 거느리고 있고, 내가 모시는 의안공(이방원의 형) 역시 휘하에 군사 수천 명이 있으니, 하루에 난을 일으키면 어찌 대장군이 되지 않겠느냐?" 하였습니다. 박원길에게 시집가서 이 이야기를 하였더니, 박원길이 말하기를 '나도 역시 어느 날 의안공을 뵈었는데 그때 그분이 말하기를 '나의 기상이 어떠하냐? 내가 왕위에 오르는 것이 뭐 어렵겠느냐?' 하였다' 하였습니다. 지금 박원길과 변계량이 이양몽, 이양중 등과 더불어 몰래 난을 일으킬 것을 꾀합니다. 일이 장차 터질 것이니, 왜 일찍 도모하지 않으셨습니까?

이방원은 이를 곧 정종에게 상소해 대신들과 함께 박원길을 잡아 국문하였는데 박원길이 "그런 일이 없다"고 극구 부인을 했다. 다시 도망간 변씨를 붙잡아 포대, 박원길, 이양몽 넷을 함께 심문하였다. 변씨는 다시 이 자리에서 "이양몽이 의안공과 한 패거리이며, 남편인 박원길과 함께 의안공을 왕위에 세우기를 도모했다"고 대답했다.

실록은 의안공 부자가 이 말을 듣고 두려워 떨며 통곡하였다고 전한다. 1차 왕자의 난 때 두 명의 이복형제를 죽였던 이방원의 전례가 있으니 그들의 두려움을 능히 짐작할 만하다. 이로 인해 박원길과 종 사안은 모두 곤장을 맞아 병사하였다. 결국 변씨와 사통하고 일을 함께 꾸몄던 포대가 "우리 형제가 주인마님과 사통하였는데, 박원길이 그 일을 알게 되었으므로 거짓말을 꾸며 사지에 빠뜨리고자 한 것이요, 실상은 이런 일이 없습니다"라고 털어놓았다. 결국 이양몽 등은 모두 석방이 되고 변씨와 포대는 목을 베어 죽였다.

그러나 그 애미에 그 딸이라 했던가. 핏줄은 역시 못 속이는가 보다. 그렇게 죽은 변씨에게는 소비라는 딸이 있었는데 음란하고 방종하기가 그 어미와 같았다. 소비가 밀양 사람 구의덕에게 시집갔는데, 별군別軍 김인덕과 간통을 하였다. 변계량이 이를 더럽게 여겨서 인척인 양승지를 시켜 도망간 소비를 잡아 남편에게 돌려보내라 했다. 그러나 소비가 돌아가지 않겠다고 하자 양승지가 집안에 가두었는데 소비가 스스로 목매어 죽어버린 것이다. 이 일로 인하여 변계량은 형조에서 소비를 죽인 주모자라 하여 탄핵을 받게 된다.

우리가 아는 조선시대는 주인이 종을, 수령이 죄인을 마음대로 처벌하고 죽일 수 있는 것으로 알고 있으나 실록을 보면 그 어디에도 왕의 재가가 없이 누구도 사람의 목숨을 빼앗을 수 없었다.

인간 존중과 생명 존중의 사상은 지금보다 오히려 나았으면 나았지 덜하지 않았음을 알 수 있다. 거대한 사건을 통한 옥사가 자주 일어나긴 했지만 이는 봉건 전제주의 사회에서 어느 나라에서나 일어났던 정치적 사건이었을 뿐이다.

이 탄핵 사건은 형조의 무고로 결론이 나 상소를 올렸던 사람이 귀양 가는 것으로 결론을 맺는다. 왕은 이 사건 후 변계량을 불러 이렇게 위로하였다.

경이 기묘년에 누이의 일로 인하여 옥리에게 잡혀 왔을 때, 내가 매우 마음이 상하였었다. 집안에 이와 같은 사람이 있으면 그 누累가 자기 몸에 미치는 것이 또한 보통 일이다. 경은 한스럽게 여기지 말라.

그런데 여기서 짚고 넘어가야 할 것이 하나 있다. 누이의 일로 고통을 받았던 변계량 역시 혼인관계에 있어 스스로의 처신에 많은 문제를 안고 있었다는 점이다. 실록은 그가 여러 여자를 아내로 취했다가 버린 사실을 기록하며 비판하고 있다.

처음에 철원 부사 권총의 딸에게 장가들었다가 버리고 또 오씨에게 장가들었다가 오씨가 죽고 또 이촌의 딸에게 장가들어 몇 달 만에 버리고 또 도총제 박언충의 딸에게 장가드니, 아내가 있으면서 다른 아내에게 장가들었다는 일로써 유사들의 탄핵하는 바가 되었다.

위에서 흙탕물이 흐르는데 어찌 아랫물이 맑을 수 있었겠는가. 만약 요즘 시대라면 관직에 오른다는 것은 아예 꿈도 꾸지 못할 일이다. 요즘이 어떤 시대인가. 사돈네 팔촌까지 뒤지고 파는 세상이 아닌가? 관리들에게는 성리학으로 빗장을 걸어두었던 조선 사회보다 요즘이 더 어려운 세상인지 모르겠다.

여기서 필자가 변계량을 굳이 변명코자 한다면, 그가 여러 여자를 취하고 버렸던 것은 아들을 얻기 위한 것이 아니었나 하는 점이다. 그는 슬하에 아들 하나를 남기고 있는데 당시의 사회는 아들을 못 낳으면 여자는 칠거지악의 하나로 치부되던 시대였기 때문이다. 단 하나의 아들이 어느 어미의 소생인지는 기록에 없어 알 수 없다.

인색하고 고집스러웠다?

집현전 직학사를 지낸 김구경은 조선 조 태종 때에 문장으로 세상에 이름을 날린 사람이었다. 그와 변계량은 사이가 별로 좋지 않았던 모양이다. 이는 대신들이 사망했을 때 변계량이 왕의 명을 받아 자주 조의문을 맡아 썼는데, 그때 김구경이 단점을 많이 지적한 게 원인이라 한다. 그의 시 중에 김구경을 조롱한 시 한 수가 있는데 그 내용이 김구경이 젊어 한때 중이었던 것을 야유한 것이었다.

가도의 문장은 젊었을 때 일이요,
횡거의 학문은 만년 때 일이라.

가도(779~843년)는 당나라 때의 사람으로 시와 문장에 뛰어났는데 젊었을 때 중이었다. 그리고 횡거(1020~1077년)는 주역과 중용을 바탕으로 수많은 학자를 자기 자신의 문하에서 배출한 북송의 대학자였는데 나이 들어서는 불교와 도교로 기울어져 지냈다. 변계량은 이들의 문장과 학문이 중이었을 때 이루어진 것으로 젊어서 한때 중으로 활동한 김구경을 빗댄 것이다.

변계량은 성품이 인색하고 고집이 대단했다고 야사 〈용재총화〉는 다음과 같이 기록하고 있다.

그는 변변치 않은 물건이라도 매양 동과冬瓜(박과에 속하는 과일의 일종)를 잘라먹은 뒤에는 자른 자리에 표를 하였으며, 손님을 대하여 술을 마실 때는 그 잔 수를 계산하고 술병을 단단히 봉하니 손님들이 그 인색한 얼굴빛을 보고 자리를 뜨는 사람이 많았다. 특히 세종이 그의 문장을 중하게 여겨 하사하는 음식물이 많고 재상들도 앞다투어 술과 음식을 보냈는데 방안에 쌓아두고 날짜가 오래되어 구더기가 생기고 냄새가 온 집안에 가득할 때가 많았다. 그러나 썩으면 구렁텅이에 버리면서도 하인들에게는 한 방울도 먹이지 않았다.

변계량은 이성계를 도와 조선을 세운 개국 원종공신이면서 대제학까지 지낸 사람이다. 이색, 정몽주, 정도전, 권근 같은 당대 최고 학자들 밑에서 두루 공부했던 그는 황희 정승과 더불어 조선 초기 2대 문장가로도 이름을 떨쳤다. 그럼에도 실록은 졸기에서 그에게 너그럽지 못하다.

어쨌든 변계량의 이와 같은 인색함과 고집스러움에도 불구하고 문장은 묘하고 기상이 높으며 전아하였다고 전한다. 더욱 시를 잘하여 맑으면서도 궁기가 없고 담담하되 얕지 않았다고 여러 서책에서는 전한다. 또 태종이 전날의 친구로 대접하였으며, 태종의 대필을 20여년 동안 맡았다. 그는 역대 신하들의 말이나 행실로서 경계가 되고 본받을 만한 것을 모아 〈정부상규설〉을 저술하였다.

이순지 李純之 (1406~1465년)

조선 전기의 수학자. 세종 때 왕명으로 산법算法을 전공한 후 의상儀象을 교정하고 간의규표, 태평현주, 앙부일구, 자격루 등을 만들었다. 세조 때 예조참판, 한성부판사를 지냈다. 산학, 천문, 음양, 풍수 등에 밝았다. 음보로 동궁행수로 있다가 1427년(세종 9년) 문과에 급제했으며 저서로 김담과 함께 지은 〈칠정산내외편〉이 있다.

그의 딸이 사노와 간통하고

행상호군 이순지가 졸하니, 세조께서 전교하기를

"이순지의 죽음이 전날 밤에 있었는데, 예조에서 부음을 고함이 늦어, 오늘 아침에 풍악을 들어 조참朝參(한 달에 네 번 중앙에 있는 문무백관이 정전에 모여 임금에게 문안을 드리고 정사를 아뢰던 일)을 받았으니, 그 연유를 물어서 아뢰라."

이순지의 자는 성보誠甫이며 양성(지금의 안성) 사람이니, 처음에 동궁행수에 보직되었다가 정미년(1427년, 세종 9년)에 문과에 급제했다. 당시

제4부 · 세상이 부끄럽구나   175

세종은 역상曆象(해, 달, 별 따위의 천체가 나타내는 여러 가지 천문 현상)이 바르지 못함을 염려하여, 문신을 가려서 산법을 익히게 하였는데, 이순지가 이를 연구하니 세종이 이를 가상히 여기었다. 처음에 이순지가 우리나라는 북극에 나온 땅이 38도라 하니 세종이 의심하였다. 얼마 후 중국에서 온 자가 역서를 바치고는 말하기를

"고려는 북극에 나온 땅이 38도입니다."

하므로 세종이 크게 기뻐하시고 마침내 명하여 이순지에게 역법을 바로잡게 하니 곧 지금의 간의, 규표, 태평, 현주, 앙부일구와 보루각, 흠경각은 모두 이순지가 세종의 명을 받아 이룬 것이다. 여러 관직을 거쳐 승지에 이르고 중추원 부사로 옮겼다가 1457년에 개성부 유수를 삼으니, 승직을 사양하므로 임금이 말하기를

"따로 경에게 맡길 일이 있으니, 외방에 나가는 것은 옳지 못하다."

하고, 드디어 명하여 고쳐서 제수하였다. 세조가 왕이 되어 이순지가 임금을 뵐 때마다 임금이 급히 일컫기를

"부왕께서 중하게 여긴 신하이다."

하면서 여러 번 상賞을 내려주기를 더하더니, 1465년(세조 11년)에 판중추원사가 되었다가 이에 이르러 병으로 졸하였다. 이순지의 성품은 매우 꼼꼼하며, 산학·천문·음양·풍수에 조예가 깊었다.

만년에 그의 딸(김귀석의 아내)이 사노 사방지와 간통하는 일이 벌어졌다. 사방지를 항상 여복을 입혀 여러 여종 속에 나란히 있게 하였다가 함께 동침하여 대관의 탄핵을 받게 되었으나 임금이 치죄하지 않고 드디어 사방지를 이순지에게 맡겼는데, 이순지는 잘 제어하지 못하고 도리어 그

일을 송사하니 사람이 모두 비루하게 여기었다. 정평靖平이라고 시호를 내리니 몸을 공손히 하고 말이 드문 것을 靖이라 하고, 업무를 보는 데 있어 절제가 있는 것을 平이라 한다. 아들이 여섯이니 이부, 이지, 이공, 이파, 이포, 이국이다.

〈세조실록〉 36권-1465년(세조 11년) 6월 11일

 서울의 위도를 정확히 측정하다

개국 초기 골육상쟁을 통한 왕권 쟁탈에서의 승리로 왕위에 오른 태종은 강력한 왕권을 구축한 뒤 아들인 세종에게 왕위를 물려줌으로써 마음 놓고 치세할 수 있는 기틀을 마련해 주었다. 따라서 세종은 이러한 기반 위에서 학문과 과학, 문화예술 전반을 융성시키는 조선의 르네상스를 열었다.

특히 세종은 과학에 열정을 쏟아 부었으며, 그 과학의 기초로 수학을 대단히 중요하게 생각했다. 당시 관리들의 수학 교과서는 〈산학계몽〉이었는데 지금의 수준에서 보더라도 꽤나 어려운 수학이었다. 1433년(세종 15년)에 경상도의 감사가 〈양휘산법〉 100권을 인쇄해서 세종에게 바쳤다는 것만 보아도 세종이 얼마나 수학에 관심이 깊었는지를 알 수 있다. 지방 수령이 임금에게 바치는 선물이 다름 아닌 수학책이었다는 사실로 미루어 세종의 수학에 대한 애정을 능히 짐작하고도 남는다.

그런데 이 당시 가장 대표적인 수학자이자 천문학자가 이순지였다. 이

순지는 1406년에 태어나 1465년까지 살았다고 알려져 있다. 아버지가 공조와 호조 참의를 지냈고 원주 목사와 강원도 관찰사 등을 지내 사대부 집안이었다. 당시 천문학자나 수학자는 대부분 중인이었는데, 실록의 이순지 졸기를 보면 세종이 문신을 선발해서 산법을 익히게 하였는데, 이순지가 이를 추구하므로 세종이 가상히 여기었다는 기록이 나온다. 따라서 이순지의 과학자로서의 출발은 세종과의 만남에서 비롯되었던 것이니 그가 후세에 수학과 천문학자로서 이름을 남기게 된 것도 이 인연의 덕이라 하겠다.

1427년 과거에 급제한 그가 처음 맡은 임무는 승문원에서의 외교문서 처리였다. 그 뒤 세종이 1432년 경복궁 경회루 연못 북쪽에 세운 높이 8m의 간의대簡儀臺라는 천문관측대의 책임자가 되었다. 전부터 천문 역산에 관심이 있었던 이순지는 이 기회를 통해 뜻이 있었던 천문학에 깊이 참여, 연구할 수 있게 되었다.

세종은 이순지가 심지어 모친상을 당해 관직에 있을 수 없음에도 놓아 주려 하지 않았다. 이순지는 어머니가 죽자 당시 관습대로 3년 동안 관직을 떠나려 했다. 이순지의 어머니에 대한 효성은 유별난 것이었다고 실록은 전한다. 사직을 청원하는 그의 상소문을 보자.

> 신이 태어나 병이 많아 다섯 살 때까지도 아직 말을 못하고 먹지 못하여 항상 포대기에 뉘였었는데, 어미가 고생스럽게 품에 안고 업으시며 유모에게 맡기지 아니하였고, 몸소 친히 길러서 지금에 이르게 하였습니다. 또 평상시에 신의 손을 잡고 신의 등을 어루만지며 말하기를 "여

러 아들 중에서 오직 너는 몸소 젖을 먹여 길렀으니 내가 죽으면 네가 즐거서 나의 무덤에 시묘하겠느냐?"하고, 비록 친척을 대할지라도 역시 말하기를 "내 무덤에 시묘할 애는 반드시 이 아이다"라고 하시므로 신이 문득 눈물을 흘리며 말하기를 "어찌하여 이런 말을 내십니까. 백수를 하신 뒤에 만약 불행함이 있으면 감히 명을 좇지 아니하오리까" 하였으니, 평일에 모자간의 언약이 이와 같았사오매 오늘날 모자의 정이 마땅히 어떠하겠으며, 중도에 배반하면 믿음이 어디에 있겠습니까. 시정의 무리들도 그 당류에게 몸을 세우고자 하면 오히려 신용이 없을 수 없는데 하물며 저의 어버이에게 있어서오리까. 살아서는 그 말을 허락하고 죽어서는 그 언약을 배반함은 신이 진실로 차마 하지 못하겠습니다.

그가 관직을 떠난 지 1년 만에 세종은 억지로 다시 불러들였다. 3년상을 치르지 않고 관직에 있는 것은 당시 윤리 규범으로서는 매우 예외적인 일이었다.

〈세종실록〉에 보면 이순지가 서울의 위도를 정확히 계산한 것으로 보이는 기록이 있다. 1430년대의 어느 날 이순지는 서울의 북극 출지가 38도 남짓이라고 계산했다. 처음에 세종은 믿지를 않았는데 중국에서 온 자가 세종에게 역서를 바치면서 "고려의 북극 출지는 38도"라고 하자 크게 기뻐하며 깊이 신임하게 되었다.

이순지는 〈칠정산내외편〉, 〈제가역상집〉, 〈천문유초〉 등 천문학에 관한 책들을 만드는 데 힘썼다. 그중에서도 〈칠정산〉의 완성은 큰 업적이었다. 칠정산七政算이란 칠정의 계산 방법을 가리키는 것이다. 칠정이란 일곱 개의 움직이는 별인 해, 달, 수성, 금성, 화성, 목성, 토성을 말한다. 〈칠정산〉은 바로 해와 달 그리고 행성의 운동을 계산하는 기술을 완성해 놓은 것이었다. 중국의 모든 천문역법을 정리하여 우리 실정에 맞게 수정한 것이 〈칠정산 내편〉이었다. 또 〈칠정산 외편〉은 아라비아의 천문 계산법을 우리 실정에 맞게 고쳐 놓은 책이다.

이순지는 특히 〈칠정산 외편〉의 완성자라고 기록되어 있으나 실제로는 〈칠정산〉 내편과 외편 모두에 중요한 몫을 했다. 이렇게 〈칠정산〉이 완성되니 조선의 천문 역법이 비로소 정비되었다. 또한 우리나라 역사상 처음으로 서울을 표준으로 한 역법 체계를 갖추게 되었고, 천체 운동의 계산을 정확히 할 수 있는 길을 열어주었다. 이순지는 1445년(세종 27년)에 〈제가역상집〉이라는 책을 완성했다. 이 책은 주로 천문, 역법, 의상, 구루의 4부에 걸쳐 당시의 지식을 정리해놓은 것이다. 의상이란 천문 기구를 말하고 구루란 해시계와 물시계를 말한다.

세종 때 수많은 천문 기구와 해시계, 물시계가 만들어진 것은 바로 이런 연구가 뒷받침되었기 때문이다. 그때도 지금과 같이 자연과학의 연구에는 수학이 중요한 몫을 차지했다. 이순지는 수학에도 전문가였으며 토지 측량사업에도 많은 공을 세웠다. 세조 11년(1465년)에 그가 세상을 떠나자 나라에서는 정평군이라는 시호를 내렸다

조선시대 최고의 스캔들, 이순지의 딸과 사방지

세조시대에 세상을 발칵 뒤집어놓은 스캔들이 발생하였는데 지금까지도 세상 사람들 입에 오르내리는 이른바 여장 남자 사방지 사건이다. 그 당시 사람들은 사방지가 남녀의 생식기 모두를 가진 양성이거나 또는 성기가 둘 달린 사내라고 속닥거렸다 하며, 요즘에도 그렇게 알고 있는 사람들이 많다.

그런데 사건의 중심에 좌부승지 이순지의 딸이 있었으니 당시 이순지가 당했던 곤욕과 치욕이 어떠했는지 짐작할 수 있다. 〈세조실록〉을 보면

김귀석의 아내는 이순지의 딸이었는데 일찍이 과부가 되었다. 그 인척 중에 안맹담이라는 사람이 있었는데 사방지는 바로 이 안맹담의 사노였다. 사방지는 턱수염이 없어 모양이 여자와 같은 데다가 바느질을 잘하여 여자 옷을 입고 다녔으며, 일찍이 여승과 정을 통한 적이 있었다. 이 여승과 이씨가 이웃에 살았는데 이 여승으로 인하여 이씨가 사방지를 알게 되었으며 이씨의 집을 드나들게 되었다. 마침내 서로 사랑하고 가까이 하게 되면서 음식도 그릇을 같이 하고, 앉고 눕는 데도 자리를 같이 하며 의복도 빛깔을 같이 하니 모두 사치스럽고 화려하기가 극에 달했다.

이씨의 노비가 사방지 섬기기를 집 주인과 같이 하여 이웃 마을에서 이를 알았음에도 이씨는 달리 부끄럽게 여기지 않으니 추잡한 소리가 퍼지어 대관이 이를 조사하였다. 세종이 승정원으로 하여금 자세히 조

사하라 하고, 사대부의 가문을 더럽히고 욕되게 함은 옳지 못하다 하여 사방지를 석방하라 했으나 권람이 죄 주기를 주청하여 사방지를 의금부의 옥에 가둬 사건의 실상을 조사하게 하였다.

그리고 이어 이순지를 파직하고 사방지를 이순지에게 처리하라고 맡겼다. 그러나 제대로 처리하지 않고 시골집에 그를 두었는데, 이씨가 또 온천에 목욕하러 간다고 핑계를 대어 사방지를 만났다. 이순지가 죽자 사방지는 다시 이씨의 집에 들어가 같은 행위를 반복하였다. 사헌부에서 사방지의 몸을 검사한 다음 여의女醫로 하여금 직접 살펴본 결과 과연 그러하였다.

그런데 이순지는 이 사건이 일어나자 여러 재상들에게 사헌부가 어찌 이리 혹심하며, 이것은 쓸데없는 군말이고 진실이 아니라고 변명을 하였다. 이순지가 죽자 이씨는 사방지를 아무 일 없었던 듯 집으로 불러들여 또 문제를 일으킨다.

이에 한명회, 서거정, 홍윤성, 신숙주 등이 들고 일어나 왕에게 사방지가 다시 이씨의 집에 들어가 추납한 흔적이 더욱 현저하니 먼 지방으로 유배토록 주청을 한다. 결국 세조는 좌승지 윤필상에게 "이 사람은 사람이 아니다. 이 자와는 나라 안에서 함께 할 수가 없으니 사람들과 격리시켜 변방 고을의 노비로 영구히 소속시키는 것이 옳다"라고 명을 내린다. 그런데 이씨에게는 아들이 한 명 있었는데 이름이 김유악으로, 울면서 어미에게 간하였으나 말을 듣지 않았다. 유악은 정인지의 사위이기도 하다.

사방지의 성기는 일반인과는 달랐다

앞에서도 언급했듯이 사방지가 양성 또는 성기가 둘이라는 소문이 돌았다. 그래서 사건 초기에 사헌부에서 그를 잡아다가 조사했는데 여복을 하였지만 음경과 음낭은 분명 남자였다. 그러나 그가 왜 여장을 하고 다니는지를 알 수 없으니 다시 잡아다가 고문해서 알아보아야 한다고 왕에게 주청을 하였다.

이에 왕이 승정원에 명하여 다시 살펴보라 한즉 승지가 직접 나서서 조사한 결과, 머리의 장식과 복색은 여자였으나 형상과 음경, 음낭은 다 남자인데 다만 성기의 배출구가 요도 끝이 아닌 그 아래에 있어 다른 사람과 조금 다를 뿐이었다 라고 보고를 한다.

그러나 이 보고에 대해 왕은

황당한 사람이 여자의 집을 출입하였는데도 이순지는 가장으로서 능히 금하지 못하였으니 진실로 그르다. 그러나 간통한 것을 잡은 것도 아닌데 재상 가문의 일을 경솔하게 의논하고, 또 이와 같은 이상한 일을 처음부터 보고하지 않고 억지로 조사하였으니 심히 불가하다.

하고, 오히려 사헌부의 관리를 파직하도록 명하였다. 그리고 나서

이순지도 또한 대부의 가문이다. 애매하여 명백히 하기 어려운 일을 가지고 하루아침에 흠을 받는다면 또한 억울하지 않겠느냐? 사헌부 등

은 모든 내막을 자세히 알지 못하니 감히 욕되게 하지 말고 사방지를 가두게 하라.

고 명한다.

그런데 실록을 보면 사방지가 단지 이순지의 딸하고만 관계가 있었던 것은 아니었다. 이순지의 딸 이씨와 관계를 맺기 전에 사방지는 이미 여승 중비와 간통을 하였던 적이 있었다. 그런데 여승 중비의 집에는 지원과 소녀라는 이름의 여자 둘이 함께 살고 있었는데 사방지가 머리를 깎고 거짓 중 행세를 하면서 여승 중비의 집을 드나들며 세 여자와 동시에 간통을 한 것이다. 중비가 임신을 두려워하면 사방지가 말하기를 "내가 일찍이 김연의 처와 간통한 것이 한두 번이 아닌데 잉태한 적이 한 번도 없었다. 너는 두려워하지 말라"고 하였다. 김연의 처는 바로 사방지의 아버지 누이로 그로 봐서는 고모가 되는 여자였다. 당시는 말할 것도 없고 오늘날의 윤리 규범으로도 용서할 수 없는 일이었다.

사방지가 여장을 한 것은 그의 어머니가 어렸을 때부터 여복을 입혀 키웠기 때문이라고 실록은 전한다.

결국 사방지 사건은 이순지의 파직과 함께 사방지를 변방의 관노로 보내면서 끝을 맺게 되지만 그는 요즘 흔히 말하는 게이도 아니고 트랜스젠더도 아닌 완전한 여장 남자였음이 확실하다. 다만 승정원의 조사 결과 사방지 성기의 정액 배출구가 요도 끝이 아닌 그 아래에 있었다는 것이 참으로 요상하고 괴이할 따름이다.

왕에게 거짓말하다 직첩을 빼앗기다

우부승지였던 김유양이 아들의 관직을 이순지에게 청탁한 것으로 인해 이순지가 직첩을 빼앗긴 적이 있는데, 이는 이순지가 단순히 청탁을 들어줘서가 아니라 세종에게 거짓 진술을 했기 때문에 일어난 사건이었다.

우부승지 김유양의 아들 김사창이 사헌 감찰을 겸하고 있었는데, 사창 공신의 후손이어서 서반西班(무반武班을 말하며 이 말은 궁중에서 조회를 할 때 문관은 동쪽에 줄을 짓고, 무관은 서쪽에 줄을 짓는 데서 유래했다)의 벼슬에 임명되었다가 오래지 않아서 5품으로 승진을 하게 되었다. 그런데 그 아버지 유양이 좌부승지였던 이순지와 이조참판 유의손, 참의 이변에게 청탁하여 부사직에 임명이 되었다. 그런데 이를 사헌부에서 알고는 들고 일어나 국문하기를 청했다. 세종이 이에 대해 묻자

신은 그날 임명하는 데에 처음 참예하여 다만 이조에서 김사창을 서반으로 보낸 것을 알 뿐이옵고 다른 것은 모르옵니다.

라고 대답을 하였는데, 다시 사헌부에서 조사하여 캐물은즉, 이순지는

유양이 나에게 이르기를, "내 자식이 용렬한데 오래 사헌부에 외람되게 있으면 소임을 감당하지 못할까 두려우니 속히 벼슬을 갈아 서반으로 보내 달라" 하였다.

라고 돌려 말했다. 임금이 이 말을 듣고는 이순지의 말이 앞뒤가 다르다며 이에 관계된 사람들을 의금부에 가두게 했다. 그러나 이순지는 스스로 그 잘못을 알면서도 숨기고 실토하지 않다가 한 차례 고문을 받고는 바로 자복하고, 관계된 다른 사람들 또한 실토한지라 의금부에서 모두 참형에 처할 것으로 논죄하여 아뢰었다. 그러나 세종은 그냥 이들의 직첩만 뺏으라고 하였다.

홍윤성 洪允成 (1425~1475년)

조선 전기의 문신. 본관 회인. 호 영해領海. 1450년(세종 32년) 문과에 급제, 승문원 부정자副正字가 되었으나 무인의 기질이 있어 사복시司僕寺에 발탁, 겸임하였다. 수양대군을 도와 정난공신 2등에 녹선되었고, 세조 즉위 후 예조참의, 경상우도 절제사를 역임하고, 모련위毛憐衛에 침입한 여진족을 토벌하여 숭정대부에 올랐으며, 우의정, 좌의정에 이어 영의정에 올랐다.

그 주인에 그 종 – "노복은 세도를 믿고"

인산 부원군 홍윤성이 졸하였다. 홍윤성의 자는 수옹守翁이니, 회인현(지금의 충북 보은군 회북면 지역) 사람이다. 1450년(문종 즉위년)에 문과에 급제하여 승문원 부정자로 임명되었는데 무예가 뛰어나 특별히 사복직(말을 관리하거나 세자나 궁을 호위하던 관리)을 겸했다. 세조가 왕이 되기 전 사저에 있을 때 문종이 명하여 〈진서陣書〉를 엮게 하니 홍윤성이 여기에 참여하였다. 문종이 승하하자 세조는 주상(단종을 말함)이 어리므로 나라가 위태함을 근심하였었는데, 홍윤성을 보고는 기이하게 여기어 은미한 뜻을 나타내니 홍윤성이 제일 먼저 권람에게 천거되었다.

1454년(단종 원년)에 세조가 정권을 잡고나서는 정난공신의 호를 내려주고, 본시 판관으로 승직하였으며 세조가 즉위하니 통정 대부예조 참의를 제수하고, 또 좌익공신의 호를 내려주었다. 1457년(세조 3년)에 자헌대부 판서에 오르고 이 해에 모친상을 당했는데, 상중에는 벼슬하지 않는다는 관례를 깨고 세조가 경상우도 절제사를 삼았다. 1459년(세조 5년)에 다시 예조 판서에 제배되었고 이어 정헌대부를 더하였다. 여진족의 모련위(명나라가 여진을 누르기 위해 설치한 위소) 낭보군이 반란을 일으키니, 세조가 신숙주를 장수로 삼고 홍윤성을 부장으로 삼아 토벌하게 하였으며 돌아오자 숭정대부를 내렸다.

그 후 우의정을 거쳐 좌의정에 오르고 예종 때 사은사가 되어 북경에 갔다가 돌아오자 영의정에 올랐다. 이에 이르러 발에 종기를 앓다가 졸하니, 향년 51세이다. 시호는 위평威平이니 용맹하여 강인한 결단력이 있음이 威이며, 능히 화란禍亂을 평정함이 平이다.

홍윤성은 용모가 웅위하고, 체력이 남보다 뛰어났으며, 젊어서는 가난하였는데 힘써 배워서 급제하니 사람들이 재능이 있는 웅걸로 기대하였다. 세조가 총애하여 돌봄이 매우 융숭하였고, 홍윤성이 본시 빈궁하였음을 알고 많은 양전을 내려주었다.

그가 재화를 늘리는 데 힘써 홍산 농장에 쌓인 곡식은 몇 만 석이었고 노복은 세도를 믿고 함부로 방자하여서 조금이라도 어기고 거슬리는 것이 있으면 사람을 때려죽이기도 하였다.

세조가 온양에 거둥하여 목욕할 때 사대부의 부인 윤씨가 왕에게 고하여, 그 지아비가 홍윤성의 노복에게 살해되었음을 호소하니 관련 관청에 국문하게 하여 그 노복을 환형(수레에 묶어 찢어 죽이는 형벌, 거열車裂)에 처하고 홍윤성은 국문하지 않았다. 사헌부에서 탄핵하여 아뢰기를 "전하! 홍윤성의 거칠고 광망한 태도와 교만하고 제 마음대로 날뛰는 형상을 전하는 굽어살피소서" 하니, 이르기를 "그의 잘못을 똑바로 맞추었다"고 하였다. 시첩과 노복이 조금이라도 어기고 거슬리면 문득 용서하지 않고 활과 칼을 쓰기까지 하였으며, 아내 남씨에게 자식이 없자 같은 고을의 양반인 김자모의 딸을 강제로 취하여 장가들었다.

〈성종실록〉59권 · 1475년(성종 6년) 9월 8일

그가 망나니라니!

야사에 의하면 홍윤성은 젊은 시절 망나니였다고 전한다. 그러나 문과에 당당히 급제를 했다는 실록의 기록은 그런 일화를 일축하기에 충분하다. 조선시대의 과거급제가 그리 간단한 일이었던가? 관직이 아니고는 직업을 가질 수 없었던 시대를 감안한다면 과거에서의 급제는 요즘의 고시보다 수백 배 어려웠던 출세의 등용문이었다.

더구나 실록의 졸기들에 기본적으로 소개되는 가문의 내력이 그의 졸기에는 나와 있지 않다. 따라서 집안이 빈천하고 별볼일 없었던 것으로 추정할 수 있다. 야사의 이야기처럼 정말로 망나니였다면 빽도 돈도 없는 가문 출신으로 실력 없이 어찌 급제를 했을 것인가. 더욱이 사록은 그에 대

해 이렇게 전한다.

홍윤성의 어렸을 때 이름은 홍우성이다. 젊었을 때에 빈천하여 홍산 향교에서 독서하면서 괴로워도 부지런하고 게을리 하지 않았으며, 사람됨이 호협하고 용맹하며 힘이 있어서 활을 잘 쏘고 그 기운이 뛰어나 사람들이 기이하게 여겼다. 따라서 문과에 급제를 하였지만 무반직인 사복시라는 관리에 임명이 된다. 과거에 급제하여 처음으로 벼슬하게 되니 세조 임금이 잠저潛邸에 있으면서 이미 그 위인의 그릇이 기이한 것을 알았다.

그가 죽을 때까지 원훈 공신으로 존경을 받고 왕의 총애를 얻게 된 것은 세조(수양대군)와의 만남이었다. 세조와 가까워진 계기는 세조가 문종의 지시로 병법서인 〈진도〉를 편찬할 당시 홍윤성이 참여하면서부터다. 수양이 나중의 거사를 위해 자기 사람 심기의 일환이었는지도 모르지만 누구 못지않은 학식과 문재를 지니고 있던 세조가 책의 편찬에 홍윤성을 파트너로 선택했다는 것은 그가 범상치 않았다는 추론이 가능하다.

실록에는 수양과 홍윤성이 거사를 계획하기 전, 서로에 대해 의중을 떠보는 대화 기록이 나와 있다.

홍윤성이 세조를 뵙고 말하기를,

"공(수양대군)은 영웅의 재질로서 그 이름이 평소에 높이 드러났는데 이제 세종, 문종께서 잇달아 돌아가시고, 어린 임금이 왕위에 있어서 충신과 간신이 뒤섞이어 조정이 문란하니 공이 비록 부질없이 작은 절의를 지킨다 하더라도 한 번 이름이 나쁘게 알려지면 후세에 누가 이를 알겠습니까? 어쩔 수 없이 변고에 대처해야 할 때입니다" 하니, 수양대군이 말하기를 "만일 거사하여 하늘과 사람들이 순리를 따른다면 자네는 능히 나를 따라서 처자를 잊고 사직을 위해 죽겠는가?" 물었다. 홍윤성이 대답하기를

"이게 제 마음입니다. 선비는 자기를 알아주는 사람을 위하여 죽는 것이니, 처자의 누累를 어찌 족히 논하겠습니까?" 하니, 대군이 응수하기를 "자네와 농담하였을 뿐이다" 하였다.

결국 수양대군의 거사는 그를 정난공신의 반열에 오르게 하고 부귀와 영화를 일생 동안 누리게 하였다. 기록에서처럼 그는 어렸을 때 빈한하게 자라난 탓이었던지 재물에 대한 탐욕이 지나쳤다. 그래서 재물에 대한 탐욕과 권력에 대한 위세로 인해 구설이 끊이지 않았다. 망나니라는 말은 그의 영화가 최고조에 달했던 시기에 생겨난 세상의 비아냥이 아니었을까? 여러 번의 탄핵에도 불구하고 세조는 그의 죄를 늘 감싸기에 급급하다. 세조의 홍윤성에 대한 애정의 극진함을 엿볼 수 있는 대목은 많다. 〈승정원일기〉는 이렇게 평한다.

그런데 부귀하여서는 억세고 사나우며 포악하고 어그러져서, 의를 행할 것은 돌아보지 않고 오로지 기세로서 사람을 능멸하며 부귀한 것을 스스로 자랑하였으니, 이에 논밭과 집을 널리 세우고 첩을 많이 두었

다. 그 평생에 부족한 것을 보상하였으나 천륜도 가벼이 여겨 그 위세가 대단하니 사람들이 두려워하고 꺼리는 바가 많았다.

 한겨울 한밤중에 세조의 침실을 울린 여인의 곡소리

그런데 드디어 그의 위세가 도를 넘자 노복들까지 주인의 세도를 믿고 횡포가 말이 아니었다. 천민의 신분에 양반을 잡아 치도곤을 치더니 드디어는 살인하는 일까지 벌어지게 된다.

1468년(세조 14년) 2월 성균 사성 윤상은의 딸이며 나계문의 아내인 윤덕녕이 행궁의 북문 밖에서 곡을 하여 홍윤성의 종 김석을산이 나계문을 죽인 사건을 울며 이르게 된다. 세조 14년인 1468년 2월 20일의 기록이다.

 밤 4고鼓에 어떤 여인이 행궁의 북문 밖에서 곡을 하여, 곡성이 궁에까지 들리니 임금이 사람을 시켜 물어보게 하였더니, 바로 홍산 정병鴻山正兵 나계문의 아내 윤덕녕이었다. 윤덕녕은 성균 사성 윤상은의 딸이니, 그의 말에 이르기를

 "첩의 지아비 나계문은 홍윤성이 데리고 있는 여종의 남편인 김석을산에게 죽임을 당하였는데 관리의 비호로 인하여 즉시 원수를 갚지 못한 까닭으로 먼 길을 조금씩 걸어서 원통한 호소를 성상 앞에 글로서 올리려고 합니다."

 하고, 그 글에 대략 이르기를,

홍윤성의 여종 남편인 김석을산은 세도하는 가문을 빙자하여 마을을 짓밟고, 자주 눈을 치뜨면서 흘김으로 인하여 첩의 지아비를 욕보였으나 오히려 감히 항거하지 못하였습니다. 지난해 12월에 또 첩의 지아비를 길에서 만나 무례함을 책망하고 엄동설한의 얼은 땅에 의복을 발가벗기어 역에서 일하는 윤동질삼 등 6명을 불러다가 수없이 구타하여 끝내 운명하기에 이르렀는데, 현감 최윤은 오히려 위세에 협박되어 단지 윤동질삼 등 3명만을 가두고 김석을산 등은 다 불문에 붙였습니다. 그후 홍윤성의 종 귀현이가 옥에 갇힌 윤동질삼 등을 빼돌려 돌아갔기 때문에 누누이 고소하였더니 겨우 잡아 가두었는데, 관찰사 김지경은 또 임금의 특사를 핑계 삼아 모두 방면하여 주고 도리어 저의 오빠인 한산 교수 윤기와 저의 지아비의 사촌형인 나득경 등을 정승을 모해하였다고 억지 죄를 만들어 옥에 가두었습니다. 권세하는 집이 자못 위복威福(때로 위압을 때로 복덕을 베풀어 사람을 복종시킴)을 해 폐해가 말이 아니며, 백성이 의지하여 살 수가 없습니다. 또한 이러한 것을 상하가 서로 용납하여서 성상의 총명을 가로막고 있으며, 이를 막을 방도가 없으니 첩은 그윽이 통절하게 여기옵니다.

세조는 이 상소문을 읽고나서 자초지종을 알고자 하여 곡을 하던 나계문의 아내 윤덕녕을 불러 친히 물었다. 윤덕녕은 지금까지의 억울한 사정과 원통함을 세조에게 낱낱이 고해 올렸다. 세조가 듣기에도 너무 통절하여 매우 가엾어 했다. 따라서 관련된 자들을 모두 붙잡아 옥에 가두라 하고 다시 윤덕녕을 불러 홍윤성의 불법을 물었는데, 그때 신숙주가 그 자리에 입시하여 있었다고 실록은 기록하고 있다.

    첩이 홍정승의 불법한 일을 다 말하려 하여도 모두 마땅히 말할 바가 아니나, 그러나 첩의 지아비를 죽인 일은 하루아침 하루저녁의 연고가 아닙니다. 지난해 가을에 홍윤성이 처음 정승이 되니 고을 사람들이 모두 시골에서는 드물게 있는 일이라 하여 관노비 두 명을 주었는데, 그때 첩의 지아비는 유향소의 장무였습니다. 그런데 홍윤성에게 튼튼하고 부지런한 노비를 주지 않았다 하여 첩의 지아비를 곤장을 때려 거의 죽게 되었습니다.
    또 지난해 홍윤성이 아비의 초상을 당하여 시골에 와서는 병졸 2백여 명을 청하여 첩의 집 뒷산의 소나무를 거의 다 벌목하고, 수일이 못되어 또 사람을 보내 첩의 집 동산 안의 나무를 밝게 기록하여 장차 다 벌목하려 하므로 그때 홍윤성의 첩 복지가 홍윤성의 여막에 있어 첩의 마음으로 생각하기에는 복지에게 청하여 홍윤성에게 말하면 동산 안의 나무가 온전하겠기에 즉시 술과 음식을 갖추어 가서 먹이고 이를 청탁하였더니 복지가 응하므로 마음이 스스로 기쁘고 다행하였는데, 얼마 아니 되어 병졸 1백여 명을 보내 동산 안의 잡목도 다 베어냈습니다.
    첩의 지아비가 수십 년을 기른 나무가 하루아침에 권세가에게 탈취 당하였어도 궁벽하고 황폐한 먼 땅에서 호소할 데가 없고, 또 도망한 장정과 숨은 병졸은 모두 그 집에 있으며 홍산 한 고을의 태반이 붙좇고 그 붙좇지 않은 자는 특히 궁한 백성뿐입니다.

세조는 직접 여기에 관련자들을 윤덕녕과 대질하여 심문하고는 전교를 내려 김석을산은 능지처사하되 처와 자식은 강원도로 옮기고, 윤동질삼, 귀현, 동질삼은 모두 참형에 처하며, 백기, 소남은 각각 장 1백 대를 때리게 하고, 이효생은 장 1백 대에 유배 3천리에 처하고 전 가족을 강원도로 옮기어 관노에 소속시키며, 관찰사 김지경은 벼슬을 거두고, 최중산 등은 체포하고, 현감 최윤은 서울의 옥에 가두도록 하였다.

그리고 나계문의 아내 윤덕녕은 "위세를 두려워하지 않고 지아비의 원수를 갚았으니 절의가 가상할 만하다" 하며 관에서 쌀 10석을 주고, 특별히 그 집을 다시 지어주게 했다. 그런데 정작 세조는 이 사건과 관련하여 이극돈 등 많은 대신들이 홍윤성에게 죄주기를 청했으나 여느 때처럼 그를 감싸고는 죄를 주지 않았다.

즉 무고한 일은 모두 그 아래에 있는 무리들이 한 짓이고, 홍윤성은 아는 것이 없으니 이런 일로 공신에게 죄를 가함은 옳지 않다며 차후로는 언급하지 말 것을 명하고 사건을 매듭지었다.

 홍윤성이 간통하려 한 일을 국문하게 하다

홍윤성의 기록을 보면 첩이 여럿 있었다고 전한다. 그런데 그 첩을 취하는 방식이 막무가내여서 원성이 자자했다. 그는 본처인 아내 남씨에게 자식이 없자 같은 고을의 양반인 김자모의 딸을 강제로 취하여 장가들기도 했다. 그 일로 인하여 대신들의 탄핵을 받게 된다.

세조 4년(1458년) 7월 11일에 사헌부에서 올린 상소문을 보면

　홍윤성이 고 김한의 딸을 간통하려고 하여 이달 초 7일에 강제로 김한의 집에 묵었는데, 김한의 처가 딸을 데리고 이웃집으로 도망하여 숨었습니다. 홍윤성이 지위 높은 재상으로서 모친 상중임을 무릅쓰고 혼인하려고 도모하였으니 강상綱常(3강5상. 사람이 지켜야 할 도리)을 더럽히고 허물어뜨렸습니다. 청컨대 그를 핵문하소서.

　신 등이 그윽이 생각하건대, 부모의 상은 천자로부터 서인에 이르기까지 천하고금의 마땅히 행하여야 할 예입니다. 차마 슬퍼하는 정을 견디지 못하여 집에 있을 때에는 거적자리에 흙덩이를 베고 자야 합니다. 홍윤성이 지금 어미의 상중에 있는데 이제 겨우 소상이 지나자 이게 어떠한 때이라고 술을 마시고 지나치게 취하여 양가의 과부집에 머물러 자겠습니까? 홍윤성은 대신으로서 망령된 행동을 알지 못하는 무리가 아닌데 다만 이번 한 가지 행동으로 이미 큰 것을 잃었습니다.

　김한의 집은 본래 혼인하려고 꾀하던 집이니 그곳에 있었다는 것은 혐의스러운 일입니다. 만약 말하기를 "술에 취하였기 때문에 알지 못하였다"고 한다고 하여 그것으로 능히 사람들의 의혹을 없앨 수가 있겠습니까? 이것으로 신 등은 되풀이하여 생각하여도 그 단서를 알지 못하겠습니다. 홍윤성이 이미 김한의 집과 혼인을 약속하고, 또 그 집에 가서 머물러 잤으니 이것은 무슨 마음입니까? 바야흐로 피눈물을 흘리고 간장이 끊어져야 할 때에 행동한 짓이 이와 같았으니, 비록 불효의 죄를 면하고 사하더라도 그것이 가능하겠습니까? 다섯 가지 벌에 3천 가지

죄가 속하지만 죄로서는 불효보다 큰 것이 없습니다. 이것을 버려두고 묻지 않는다면 오로지 홍윤성만을 징계할 길이 없을 뿐만 아니라 장차 사람마다 그 허물을 본받아 강상이 점차 아주 없어질까 두렵습니다.

　신 등이 또 생각하건대, 까닭 없이 본처를 버리거나 아내를 두고 다시 아내를 두는 것은 나라에 정해진 법이 있는데 지금 홍윤성이 공공연히 혼서婚書를 보냈으니 결혼할 경우 만약 전처를 버리지 않는다면 이것은 유처취처有妻娶妻요, 만약 전처를 버린다면 이것은 까닭 없이 아내를 버리는 것이므로 이것 또한 그 실정을 밝게 변별하지 않을 수 없는 것입니다.

　그런데 이런 상소문을 받고도 세조는 자신이 그날 홍윤성에게 술을 먹여 취하게 했기 때문에 일이 그리 벌어졌노라고 극구 변명을 한다. 그리고는 완전한 죄목을 올려 보고하라고 했지만 끝내 벌하지는 않았다. 그래서 더 방자할 수밖에 없었으니 홍윤성의 그러한 행동에는 일정 부분 세조의 잘못도 있음을 지적하지 않을 수 없다.

　홍윤성은 말술을 마셨다고 한다. 항아리 째로 술을 마셨다 하니 풍채와 건장함을 미뤄 짐작할 수 있겠다. 그에 대한 졸기는 그가 발에 종기가 나서 죽었다고 기록하고 있는데, 요즘으로 보면 아마도 지나친 음주에 의한 당뇨합병증이 아니었나 추측을 한다.

　그런데 홍윤성이 술로 인해 또 탄핵을 받은 적이 있다. 자신의 집을 찾은 이수남이라는 사람에게 술을 강권했는데 너무 많이 마시게 하여 죽어버렸다는 것이다. 더구나 금주령이 내려 있을 때였다. 당시 양반가에서는 소주를 빚어 마셨던 모양이다. 사헌부 관리가 홍윤성을 국문할 것을 청하는 말 속에 그 술이 바로 소주라고 하였는데, 당시의 술은 막걸리인데 그렇다면 우리의 소주 역사도 꽤나 오래된 모양이다.

여하튼 이 사건 역시 홍윤성의 변명 한마디에 오히려 임금 앞에서 술 한 잔을 더 얻어마시고 나왔을 뿐이다. 그의 변명과 세조의 말을 들어보자. 홍윤성이 고하기를

　　신이 이질을 앓아 항상 소주를 복용하는데 하루는 이수남이 술 취한 김에 와서 담소하는 사이에 단지 두어 잔을 권한 것이, 이에 이를 줄은 뜻하지 못하였으니 청컨대 대죄하게 하소서.

세조가 말하기를

　　비록 술을 금하더라도 약을 먹는 것인데 어찌 해롭겠는가? 이질을 앓는 까닭으로 소주를 내렸으니 마시고 가는 것이 옳다.

참으로 요상타. 결국 술로 지은 죄를 술로 씻으라는 얘기 아닌가.

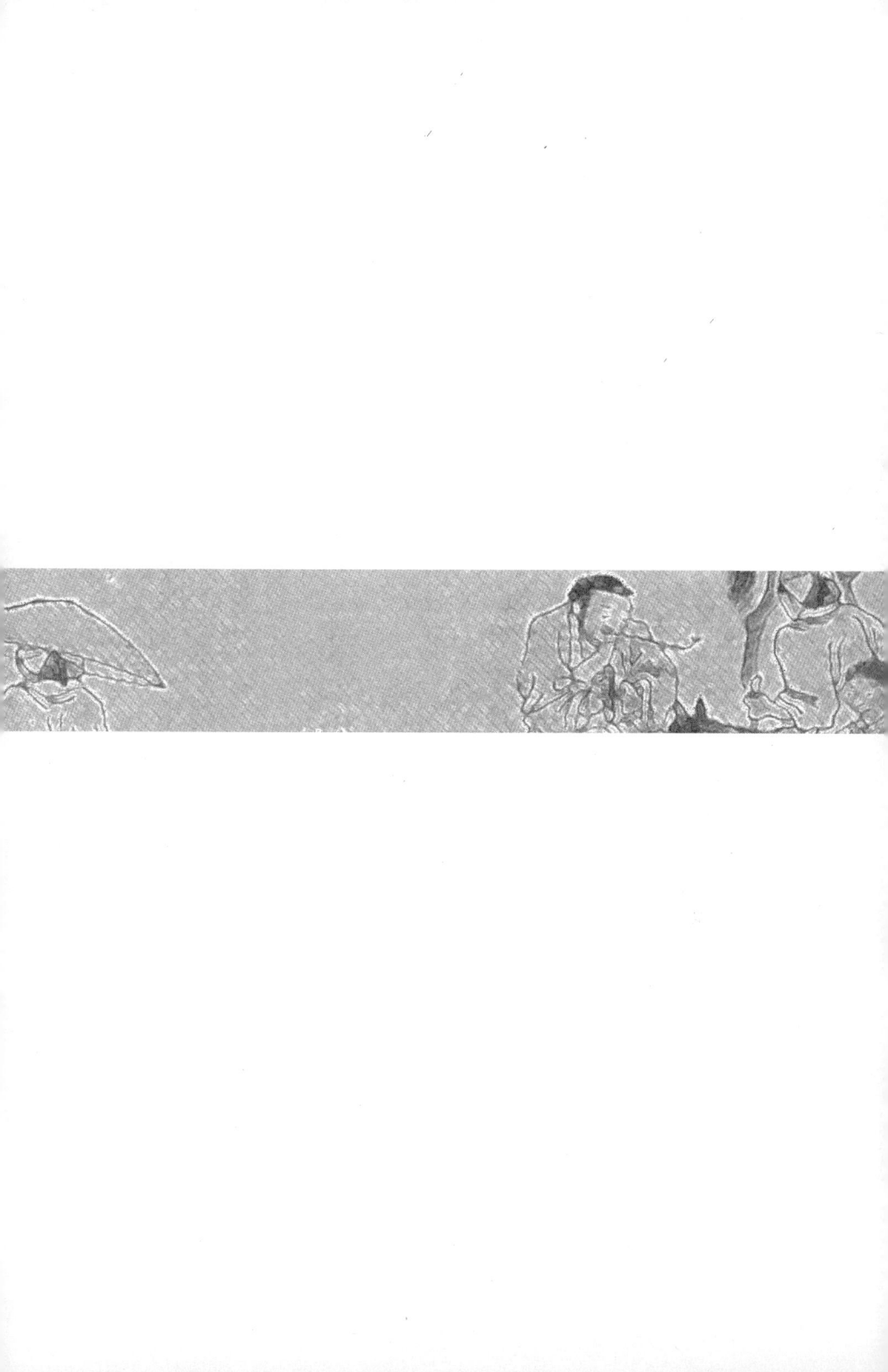

조선인물청문회

제 5 부

백성의 원성이 하늘에 닿다

윤원형 · 흉악한 죄는 머리털을 뽑아 헤아린다 해도 다 셀 수가 없다
이이첨 · 사람됨이 간교하고 독살스러워서
임숭재 · 마누라까지 왕에게 바친 희대의 간신

임숭재 任崇載 (?~1505년)

조선 연산군 시대의 간신. 갑자사화를 일으킨 임사홍의 아들로 성종의 딸 혜신옹주와 결혼했다. 연산의 채홍사採紅使로서 패악질을 도맡아 했다. 중종반정으로 아버지 임사홍은 무덤에서 꺼내어 목이 잘리는 부관참시를 당하고, 임숭재는 처이자 성종의 후궁 소생인 혜신옹주로 인해 부관참시를 면하고 다만 묘에 세워진 석물만이 제거당하는 벌을 받았다.

마누라까지 왕에게 바친 희대의 간신

임숭재는 임사홍의 아들로 성종의 딸 혜신옹주에게 장가들었는데, 간흉하고 교활하기가 그 아비보다 심하여 곡진히 위를 섬기어 사랑을 받으려고 왕(연산군)의 행동을 엿보아 살펴서 상이 마음먹고 있는 것을 다 알았다. 그리하여 여러 번 미녀를 바치니 왕이 이로부터 매우 총애하고 신임하여 숭재의 집 사면에 있는 인가 40여 채를 헐어내고 담을 쌓아 창덕궁과 맞닿게 하였다. 그리고 매양 거기에 가서 마시고 노래하면서 밤을 새웠는데, 숭재는 그 누이동생(문성정 이상의 처)을 시침하게 하였으며, 왕은 옹주

(숭재의 처)까지 아울러 간통하였다. 하루는 왕이 숭재의 집 작은 정자에 앉아 이르기를

"이 정자가 매우 맑고 깨끗하도다."

하니, 숭재가 꿇어앉아서 아뢰기를

"신이 이 정자를 열어 놓고 전하의 수레를 기다린 지 오래이옵니다."

하였다.

숭재는 노래와 춤이 능하여 춤출 때에 혹 몸을 움츠리면 아이들처럼 온몸의 관절이 재롱을 떨어 기교하였으며, 더욱 처용무에 능하고 또 활쏘기에 말타기도 재주가 있었으므로 왕이 기뻐하여 혹 노래도 하고 혹 춤도 추고 혹 활도 쏘고 혹 말도 달리는데 날마다 숭재와 짝이 되었다.

숭재도 스스로 은총만을 믿고 그 아비와 더불어 날마다 흉모를 꾸며 평일에 혐의 있는 자는 보복하지 않은 적이 없었으며, 자기에게 붙는 자는 비록 비천한 무리라도 반드시 천거하여 쓰게 하였으므로 조정을 흐리게 하고 왕의 악을 점점 더 자라게 하는 데에 못하는 일이 없었다.

왕이 그가 병들어 괴로워한다는 말을 듣고, 중사(궁에서 심부름하는 내시)를 보내서 할 말이 무엇인가를 물으니, 대답하기를 "죽어도 여한이 없으나 다만 미인을 바치지 못한 것이 유한입니다" 하였다.

그가 죽자 왕은 몹시 슬퍼하여 승지 윤순을 보내 조문하게 하고 부의를

특별히 후하게 주었다. 빈소를 차린 후에 왕은 그 처를 간통한 일이 빌미가 될까 염려하여 중사를 보내 임숭재의 관을 열고 무쇠 조각을 시체의 입에 물려 진압시켰다.

〈연산군일기〉60권 · 1505년(연산 11년) 11월 1일

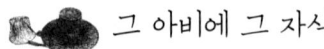 그 아비에 그 자식

임숭재는 조선시대 갑자사화를 일으켜 일대 파란을 일으킨 간신 임사홍의 아들이다. 임사홍은 사람됨이 본래 흉악하고 사나우며 탐심 많고 비루하였다. 성종 때에 도승지로 있으면서 사간 박효원, 지평 김언신 등의 무리와 붕당으로 결탁하여 자기들과 뜻이 다르거나 비판을 할 경우 가차 없이 배척했다.

맏아들 광재는 예종의 부마이었고, 둘째 아들인 숭재는 성종의 부마였다. 선왕 성종과는 그렇듯 깊은 관계의 인물인지라 성종도 처음에는 사홍을 매우 총애했다. 그러나 사홍의 성질이 간교하여 간신의 소질이 농후함을 깨닫고는 이내 관직을 삭탈해버렸다. 그리고 나서 성종이 붕어할 때까지 수십 년 동안 그를 쓰지 않았는데 마침내 연산군이 즉위하여 여자와 사냥을 즐기자 임숭재가 자색이 있는 남의 처첩을 빼앗아 바치고 총애를 얻음으로써 연산군의 침소를 무시로 드나들었다.

성종으로부터 미움을 받아 절치부심하며 기회를 엿보던 사홍은 드디어 연산군이 등극하고 나서 자신의 집을 방문하는 호기를 맞게 된다. 평복 차

림으로 밤에 사홍의 집을 방문한 연산군은 사홍에게 술잔을 올리게 하였는데, 사홍은 임금을 뵙자 절하며 목이 메이도록 울었다. 임금이 깜짝 놀라 물으니 말하기를 "대궐 문이 겹겹이라 스스로 들어가 아뢸 수 없었는데 오늘 저의 집에서 성주를 뵐 줄 어찌 뜻하였겠습니까" 하고, 이어 성종의 후궁인 엄숙의와 정소용이 연산의 어머니인 윤비를 폐출시켰다고 고변하니 임금도 또한 울었다.

밤이 깊어 환궁한 연산군은 곧 엄, 정 두 후궁을 불러 손수 죽였다. 일설에는 두 후궁 소생인 아들들로 하여금 직접 자신들의 어미를 때려죽이게 하였다 하며, 그 아들들 역시 죽임을 당했다. 그런 얼마 후 임사홍은 그 공으로 공조참판에 제수되었으며 이조, 병조 판서를 거치면서 치부하기 시작했다. 임사홍은 심원과 이세좌와 사이가 좋지 않았는데 그들을 다 참소하여 죽이고 말았다. 갑자년 이후에도 대신들을 살륙하는 여러 차례의 큰 옥사가 일어났는데 모두 임사홍이 주도한 것이었다.

성종의 딸인 휘숙옹주는 임사홍의 둘째 아들인 숭재에게 시집을 갔는데 시집간 날 밤에 사홍의 집에서 불이나 얼마간 옹주가 이웃집에 의탁하여 지낸 적이 있었다. 실록의 사관은 이 일을 두고서 다음과 같이 논평하고 있다.

임사홍은 소인이다. 불의로서 부귀를 누렸는데, 그 아들 광재가 이미 공주에게 장가를 가고, 지금 숭재가 또 옹주에게 장가를 갔으니 복이 지나쳐 도리어 재앙이 발생하여 불이 그 집을 태워버렸던 것이다. 착한 사람에게는 복을 주고 악한 사람에게는 재앙을 주니 천도는 속이지 않는 것이다.

당시 그의 패악에 대한 인심이 얼마나 흉흉했는지 알 수 있다. "그 아비에 그 자식"이라는 말이 있듯이 숭재도 아비 사홍보다 못지않게 간악하기 그지없는 인간이었다. 숭재가 연산과 직접적으로 가까워진 계기는 색을 즐겨하는 연산군에게 여염집 부인을 빼앗아다가 바친 일이었다. 그 일로 숭재는 연산군의 총애를 얻게 되고 전국을 돌며 미녀를 뽑아 올리는 채홍사 역을 맡게 된다.

그런데 연산군이 색을 본격적으로 탐하게 된 시초는 궁궐 안에 있던 사찰인 정업원淨業院을 침범하여 여승들을 농락한 사건이다. 실록은 연산군이 몰래 내시들 5~6명에게 몽둥이를 들려 정업원의 늙은 여승들을 쫓아내고 나이 젊은 여승 7~8인을 남겨 음행하니 이것이 왕이 색욕을 마음대로 채운 시초라고 기록하고 있다.

아무튼 색을 좋아하는 연산군의 비위를 맞추기에는 숭재 만한 인물도 없었다. 숭재는 춤과 노래까지 잘했으며, 임금의 비위를 거스르는 일이 없었으니 주색잡기에 그보다 더 좋은 친구는 없었으리라. 연산군은 훗날 숭재가 죽고 나서 대신들에 말하기를 숭재는 아무리 술을 마시라 해도 한사코 거부했으니 이는 왕명을 거부한 것일 수도 있으나 결과적으로 술에 취한 모습을 임금에게 보이지 않으려는 예의바른 신하였다고 회고했다. 연산이 그를 총애할 수밖에 없었을 것이다.

실록의 졸기에는 숭재가 이미 시집간 누이동생을 연산군과 시침하게 했으며, 왕은 숭재의 처인 옹주까지 아울러 간통하였다. 숭재의 처는 바로 연산군의 누이이기도 했으니 연산군과 숭재의 인간됨이 흉악하기 그지없었다. 연산은 숭재의 처를 간통하고 나서 노비 15명을 하사하기도 하였으며, 숭재의 집 사면에 있는 인가 40여 채를 헐어내고 담을 쌓아 창덕궁과 맞닿게 하여 밤이면 미행을 하여 숭재의 집을 드나들며 음행을 저질렀다. 또한 연산군은 숭재에 대한 보답으로 이봉의 첩 내은이라는 여자를 빼앗아 첩으로 삼게 해주는 은전을 내리기도 하였다.

 병풍의 시 때문에 참수당한 임숭재의 동생, 희재

그런데 숭재의 동생으로 희재가 있었다. 희재는 맏형인 광재와 둘째인 숭재와는 달리 어려서부터 매우 총명하고 학문을 좋아했다. 그리하여 일찍부터 김종직의 제자가 되었으며, 성종 때에 생진시험에 장원을 했고 연산 4년에는 대과에 장원급제를 했다. 임사홍의 집안으로 보면 별종이었다.

그러나 그가 대과에 장원급제하였던 해에 김종직의 조의제문으로 인해 무오사화가 일어남으로써 김종직의 문하에서 수학했던 희재는 등용조차 하지를 못했다. 그는 연산의 폭정과 아비와 형제에 대한 부끄러움으로 숨어살 듯이 지냈는데, 연산의 폭정에 대해 시 한 수를 지어 병풍을 만든 것이 발각되어 죽임을 당하고 말았다.

순, 요임금 때에는 세상이 태평했는데,
진시황은 어찌하여 많은 백성들을 괴롭혔던고

알 수 없어라 화는 담장 안에서 일어났으니
오랑캐를 막기 위한 만리장성은 그저 허사이었구나

이 시는 연산군이 백성들로 하여금 궁중 안을 엿보지 못하게 대궐 담장을 높이 쌓고, 또 산 위에서 대궐을 엿보는 자를 처벌하라는 명령을 내린 일이 있었는데, 희재가 이를 진시황의 만리장성 수축에 빗대어 비난한 것이었다. 희재는 이 시로 만든 병풍을 자기 방에 쳐놓고 혼자서 난세를 비분강개했던 것이다.

그런데 숭재의 집에 온 연산군이 이 병풍의 시를 보고 크게 노해 어느 놈이 지었느냐고 사홍에게 물었다. 연산군의 노기에 가족이 몰살당할 거라고 생각한 사홍은 아들인 희재가 지었노라고 이실직고를 하고 만다. 수많은 사람을 도륙하게 만든 사홍에게 있어 아들 하나쯤의 목숨은 권력과 자신의 생명을 지키기 위해서는 아무것도 아니었다.

자식을 고변한 사홍은 그 행실이 가상타하여 용서를 하고, 희재는 바로 의금부에 하옥을 시켜 3일 만에 참수를 하고 말았다. 아들이 참형을 당했음에도 사홍은 평소와 다름없이 잔치를 벌였다 하니 얼마나 간악하고 냉혹한 인간이었는지는 이것만 보더라도 능히 짐작할 수 있다.

그런데 그렇게 연산의 총애를 받던 숭재도 연산의 국문을 당한 일이 있었다. 숭재가 전국에서 뽑아 올린 여자들 중에 사대부의 딸이 있었는데 연산의 물음에 그녀가 공손히 대답하지 않았다. 그러자 연산은 숭재에게 왕에게 데려오기 전, 미리 어전의 예도를 교육시키지 못했다 하여 죄를 물은 것이다. 〈연산군일기〉는 이렇게 전한다.

임숭재 등이 뽑아온 자 중에 사족士族의 딸이 끼어 있어 성주 사는 박호문의 딸 박삼강도 있었다. 왕이, 하는 일을 물으매 대답하기를
"본디 사족이어서 바느질 밖에는 하는 일이 없습니다."
하니, 왕이 노하여
"여자가 어디 그리 무례하냐. 그 아비가 평소 가르치지 않았으므로 감히 그러한 것이니 잡아다 국문하라. 그리고 숭재는 뽑아올 때에 모두 어전에서의 예도와 언어를 미리 가르쳤어야 하거늘 그렇지 않았으니 역시 국문하리라."

비록 국문을 당하기는 했지만 왕의 단짝친구였던 숭재는 영화를 오래 누리지 못하고 젊은 나이에 병들어 죽는다. 그가 죽자 왕은 몹시 슬퍼하여 승지를 보내 조문하고 부의를 특별히 후하게 주었다. 그런데 연산군은 숭재의 처인 옹주를 간통한 사실이 두려워 내시를 시켜 죽은 숭재의 입에 쇠조각을 넣어 시체조차도 입을 다물게 하려 했다. 그리고 그를 추모하는 어제시御製詩를 지어 내렸다.

양신(어진 신하)께 누구와 다시 함께 즐길소냐
슬픔이 애절하여 뼈와 살을 에는 듯하누나
꾀꼬리와 나비는 괴로움을 알지 못하고
멋대로 춘색을 자랑하면서 외로이 웃고 지껄이네

오르막이 있으면 내리막이 있게 마련이다. 더구나 권력은 한계를 넘으

면 급격한 절벽을 만나게 되는 법, 그토록 패악을 저지르던 연산이 중종반정으로 물러나고 새로운 왕이 등극하자 세상 인심은 그들을 무덤에서 꺼내 부관참시를 해야 한다고 주장했다. 숭재는 이미 젊은 날에 병으로 죽었고, 애비 사홍은 중종반정이 일어나던 날 밤 성희안의 지시로 무사들에 의해 집에서 척살을 당했다. 실록은 죽은 그들에 대한 죄를 이렇게 벌하였다고 기록하고 있다.

의금부가 아뢰기를

임사홍은 선왕조에서 붕당과 결탁하여 조정을 문란케 하였으되 오히려 관대한 은전을 입어 처단을 모면하더니 폐왕조에 이르러는 그 아들 임숭재를 연줄로 하여 나인 장녹수에게 빌붙어 온갖 꾀를 다 부리며 악한 일을 하도록 부추겼고, 충직한 사람들을 해치고 백성을 도탄에 빠뜨리며 임금을 불의에 빠뜨려 거의 종사를 위태롭게 하였으니 그 죄는 부관참시하고 적몰을 가산해야 합니다.

임숭재는 왕실의 외척으로 궁에 출입하면서 아비 임사홍과 함께 안팎으로 연계하여 간악한 짓을 하였으며 여러모로 참소하여 악한 일을 하도록 부추겼으며, 선량한 사람을 해치고 백성을 도탄에 빠뜨리며 임금을 불의에 빠뜨려 종사를 위태롭게 하였으니 그 죄는 부관참시하고 적몰 가산하는 것이 어떻습니까?

하니, 중종이 전교하기를

부관참시하는 형벌은 예로부터 드물게 쓰였는데 근일에는 이 형벌을 보통으로 여기니 매우 참혹하다. 내가 잠저에 있을 적에 매양 들으면 측은하였다. 이제 사홍 부자의 죄는 진실로 마땅히 용서하지 못할 것이나 사홍은 금부가 아뢴 대로 부관참시하였고 숭재는 그의 처 옹주가 아직 있으니 내 차마 형벌하지 못하겠다. 부관참시하고 적몰 가산하는 것은 면제하고 조정에서 지급했던 집만 속공시키는 것이 좋겠다. 또 묘소의 석물도 철거하는 것이 좋겠다.

임사홍은 중종반정이 일어나던 날 추살 당했음에도 무덤에서 꺼내어 목이 또 잘리는 부관참시를 당하고, 임숭재는 처이자 성종의 후궁 소생인 혜신옹주의 덕으로 부관참시를 면하고 다만 묘에 세워진 석물만이 제거당하는 처벌을 받았다.

이이첨 李爾瞻 (1560~1623년)

조선 중기의 문신. 본관 광주廣州. 호 관송. 1582년(선조 15년) 생원, 진사에 합격해 벼슬이 예조판서, 대제학에 이르렀다. 선조 때 대북의 영수로서 광해군이 적합함을 주장했다. 광해군 즉위 후 조정에서 소북파를 숙청했다. 영창대군을 죽게 하고 김제남을 사사시켰으며 폐모론을 주장해 인목대비를 유폐시켰다. 1623년 인조반정으로 광해군이 폐위되자 참형되었으며 그의 세 아들도 모두 죽임을 당했다.

사람됨이 간교하고 독살스러워서

이이첨이 처형되었다. 대신, 금부당상, 양사 장관이 회동하여 아뢰기를 "신들이 삼가 전후 비망기備忘記를 받고 회동하여 상의한 결과 모든 죄수 중 그 죄가 종사에 관계되어 사람들이 모두 죽여야 한다고 하는 죄수는 이이첨, 정조, 윤인, 이위경, 이대엽, 이원엽, 이익엽, 이홍엽 등 8인이었습니다. 즉일로 형을 집행하여 백성의 분노를 쾌하게 하소서."

사신은 논한다. 〈예기〉에 "죄인을 저자거리에서 처형하여 여러 사람과 함께 버린다"고 하였다. 역적을 징벌하는 법은 지극히 엄하고도 중대한 것이라 임금 또한 한때의 사심으로 좌우할 수 없다.

이이첨은 간신 이극돈의 후예이다. 사람됨이 간교하고 독살스러워서 젊어서부터 하는 일이 오로지 속임과 가식만을 일삼았다. 3년 동안 시묘를 살면서 거짓으로 죽을 먹는다 칭하고 남몰래 성중에 들어와 제 집에 머물러 있었다. 유생으로 반궁(성균관)에 있을 때에 이미 부정한 기미가 있었는데 급기야 벼슬길에 오르자 오로지 불의만을 일삼았다. 선조가 그의 간교한 정상을 밝게 보고 오랫동안 외방으로 내쫓았었는데, 무신년에 정인홍과 음모하여 상소해서 유영경을 공박하며 광해군을 왕위에 오르게 할 바탕으로 삼았다. 선조가 곧 멀리 귀양 보낼 것을 명했는데 출발하기도 전에 광해가 왕위를 계승하였다. 이로부터 총애가 날로 두터워져서 끝내는 요로에 오르게 되었고 요로에 오른 뒤에는 오직 임금의 비위를 맞추는 것을 일삼았다.

그 뒤 사위 박자홍의 딸이 폐동궁의 빈이 됨으로 인해 권세가 더욱 높아졌다. 또 정인홍과 안팎이 되어 수년 사이에 문득 숭반崇班에 올랐다. 널리 자기의 당파를 심어 대각에 포진시키고 멋대로 국권을 쥐고 흔들면서 김개, 원종, 신경희 등과 한패가 되어 남몰래 다른 뜻을 품고 밤낮 모여앉아 역옥을 모의하였다. 처음에는 봉산 군수 신율을 사주해 황혁을 무고하게 하여 드디어 진릉군(선조의 아들인 순화군의 양자)의 옥사를 일으켰으며, 이어 정협을 유인하여 널리 사류를 끌어들여 일대 옥사를 일으켜 일망타진의 흉계를 세웠다. 이에 영창대군(선조의 14번째 왕자이며 유일한 정궁正宮의 아들)을 몰아 죽이고 임금의 장인에게까지 형벌이 미치게 하였는데,

여기에 연루되어 죽거나 귀양간 자가 이루 헤아릴 수 없었다.

또 남몰래 유세증을 보내 해주옥海州獄을 일으키게 하여 최기의 일문을 참살했다. 신경희를 자기 집에 숨겨두고도 의금부가 수색하러 오자 거절하고 내놓지 않았다. 처음에 허균과 공모했는데, 스스로 그 자취를 엄폐하지 못할 것을 알고 태도를 바꾸어 고변하고 옥에 자진해 나아갔다. 하인준과 황정필의 공초에서 이 사실이 의심 없이 모두 밝혀졌는데도 오히려 어전에서 큰소리치며 대신들을 제압하여 사실을 끝까지 따지지 못하게 했다. 결국 일이 발각되자 이원엽의 종을 시켜 훔쳐서 업고 도망치게 하였으니 전후의 정황이 분명하여 속일 수 없었다.

제멋대로 압도鴨島(난지도)의 들을 개간하여 자기의 사유물로 삼고, 무덤의 나무를 도벌하여 사택을 지었는데 그 집이 도가 지나쳐 한 마을을 차지했다. 재물을 탐하여 착취하는 것이 본성임에도 도리어 베옷을 입는 검소한 태도를 보였고, 남을 해치는 것이 능사임에도 선비들에게 굽히는 공손한 자라고 일컬어지기도 했다. 글에 뜻이 어두워 말을 표절해 썼으며, 거짓 효행으로 제 집에 정문을 세우게 하였다. 자신에게 아첨하는 자는 칭찬하며 받아들이고 비방하는 자에게는 음해를 가했다. 심지어는 임금의 심지를 고혹시키고 임금의 수족을 묶어 놓고 아첨했으며 다섯 가지 훈공을 부정하게 차지했다. 그러므로 온 나라 사람들은 이첨이 있는 것만 알고 임금이 있음을 알지 못했다.

종실 금산군 이성윤과 귀천군 이수가 분개하여 상소하여 나라를 그르치는 그의 행위를 통렬히 공박했고, 유생 윤선도와 이형 등이 강개하여 항소하니 그의 간사함을 극력 분변하였다. 이에 이이첨은 대간을 사주하여 죽이거나 귀양 보내게 하였다. 그 뒤 영남 유생 4백여 명이 양식을 싸가지고 서울에 올라와 대궐 앞에서 규탄하자 그들을 모리배로 몰고 역모로 모함하여 진시황의 분서갱유를 면치 못할 뻔하였다. 모두들 "조고가 사슴을 가리켜 말이라고 한 변고가 머지않아 있을 것이다"고 했다.

그의 네 아들은 모두 용렬하여 무식하기 이를 데 없었다. 그중에도 원엽과 홍엽이 가장 심했는데 청현직淸顯職(청환淸宦[학식과 문벌이 높은 사람에게 시키던 규장각, 홍문관 등의 벼슬]과 현직顯職[높고 중요한 직위])을 차지하고 위세를 빙자하여 탐욕을 부리며 한없이 방종하였다. 대엽은 오랫동안 이조를 점거하여 정권을 농간하고 흉당을 요로에 포치함으로써 그 죄악이 극도로 쌓였다.

반정하던 날 이첨은 처자를 데리고 이천에 도망가 숨었다가 체포되어 구금된 지 4일 만에 아들 홍엽, 익엽과 함께 백관들이 나열한 가운데 저자에서 참수되었다. 그러나 대엽에게는 특별히 유배의 명이 내려져 동시에 처형되지 않았으므로 분개하지 않는 사람이 없었다. 원엽은 순천 부사로 임소에 있었기 때문에 추후에 처형되었다.

〈인조실록〉1권 · 1623년(인조 1년) 3월 19일

 "배고픔을 조금만 참을 걸"

유몽인柳夢寅의 야담집 〈어우야담〉에는 이이첨에게 보낸 편지 형식의 글이 실려 있다.

떳떳한 기강이 저리도 시퍼런데,
백성의 질고를 소생시킬 계책은 없구나.
생사를 좌우하는 신령스러운 돈,
관료들에게선 돈 냄새만 물씬 난다.
문풍은 날로 땅에 떨어지고
선비는 벙어리, 귀머거리 되었구나.

이 글이 당시 하늘의 나는 새도 떨어뜨릴 정도로 세도등등하고 폭압적이었던 이이첨에게 직접 전달되었을 리는 없을 것이다. 이 시는 "권력은 폭압적이고 기세등등한데 관리들은 부정부패에 젖어 질곡에 빠진 백성들을 구할 묘책이 없다, 세상의 모든 일과 심지어 죽고 사는 일도 돈이 좌우하는 어지러운 현실이다, 관료는 돈 냄새만 풍기며, 글을 읽는 풍조는 이 땅에 없어지고 지식인은 입을 닫고 귀를 막았구나"라고 읊고 있다.

어느 시대나 관료들이 부패하고 지식인이 입을 닫을 때 백성들은 질곡의 깊은 수렁에서 고통을 받을 수밖에 없다. 따라서 나라의 기강이 설 리 없고 민초들의 원한은 하늘에 닿는다. 이 시는 당시의 부정과 부패의 온상을 신랄하게 비판하며 그 주범이 바로 이이첨이라는 간신임을 말하고자 하는 시이다. 이 시는 현대를 살아가는 우리 정치 현실에도 부패한 관리와 정치인들에게 가르침을 주고 있다.

이이첨은 1560년 음성군 삼성면 양덕리에서 출생한 사람으로 나이 35세 때 문과에 급제하여 출세의 길을 달리다가 이조정랑 때 선조의 후사 문제로 대북과 소북이 대립하게 되자 대북파의 우두머리로서 광해군 옹립을 주장하고 정인홍과 모의하여 영창대군을 받드는 우영경 등 소북을 논박하다가 선조의 노여움을 사서 갑산에 유배되었다. 1608년(선조 41년)에 선조가 승하하고 광해군이 왕위에 오르자 유배지에서 풀려나와 일약 예조판서가 되고 대제학을 겸하게 되니 권력과 세도가 일신에 모아졌다.

이이첨은 연산군 때 김일손 등의 사림을 모함하여 무오사화를 일으킨 피바람의 장본인 이극돈의 5대손이다. 이극돈은 후에 중종반정으로 중종이 왕위에 오르자 시호와 추증된 관작이 모두 삭탈되어 버렸고 후손들 역시 과거를 볼 수 없도록 하였다. 이이첨은 이러한 난신의 후손으로 불우한 유년 시절을 보낼 수밖에 없었을 것이다.

전해오는 일화에는, 그는 선조인 이극돈의 일로 인해 과거시험에는 뜻이 없는 가난한 선비였으나 어느 날 아내가 흙 묻은 벽지를 뜯어 풀기를 핥아먹는 것을 보고는 마음을 바꾸어 관계로 나아갔다는 것이다. 그러나 이는 일화일 뿐 이극돈으로부터 5대에 이르기까지 가난에 찌들고 관가의 근처에도 갈 수 없는 신세로서 과거를 통해 관리로 진출하는 것에 대한 그와 집안의 포원이 어떠했는가를 보여주는 이야기이다. 결국 관계에 진출, 부와 귀를 한꺼번에 얻었으나 인조반정으로 도망하다 붙잡혀 저자거리에서 참수형을 받았는데 죽기 전 "배고픔을 조금만 참을 걸……" 하고 옆 사람에게 말했다는 일화가 또한 야사에 전한다. 그가 갑자기 유명인사가 된 것은 임진왜란 당시 영의정이었던 유성룡을 탄핵하는 상소를 올린 것이 계기가 되었다.

 ## 식량까지 싸들고 서울에 올라온 영남 유생 4백 명

이이첨 일파의 책략으로 인해 광해군은 자신의 뜻과 맞지 않는 사람들을 모두 추방하여 어진 선비가 죄에 걸리지 않으면 초야로 숨어버림으로써 백성들이 모두 불안해하였다. 또 토목 공사를 크게 일으켜 해마다 쉴 새가 없었고, 간신배가 조정에 가득 차고 후궁이 정사를 어지럽혀 크고 작은 벼슬아치의 임명이 모두 뇌물로 거래되었으며, 법도가 없이 가혹하게 거두어들임으로써 백성들이 질곡으로 빠져들었다. 결국 보다 못한 영남의 유생 4백 명이 식량까지 싸가지고 서울로 와 궁 앞에 엎드려 이이첨에 대한 탄핵상소를 수차에 걸쳐 올린다. 실록은 이렇게 전한다.

경상도 생원 김시추 등이 상소하기를

신들은 모두 산야의 못난 자들로 초야에서 살아 어리석고 무식하나 저희들도 보고 들은 것은 있습니다. 7~8년 사이에 나라를 걱정하는 마음이 깊어 서로 혀를 차며 탄식하기를 "적신들이 너무 지나치지 않은가. 우리 종묘와 사직의 영령들이 저들에게 무엇을 저버렸길래 저들은 종묘와 사직을 이토록까지 저버린단 말인가" 하였습니다. 조정에서 일어난 것은 신들이 자세히 모르나 우선 외방에서 듣고 본 것들 가운데 일부를 전하를 위해 진달하겠으니 전하께서는 유의하소서.

신들은 길가에 사람들이 죽 이어져 있는 것을 보았습니다. 그중에는 시정의 큰 장사치들이 먼 곳에서 교역한 진귀한 물건을 실은 수레들이 줄을 이어 있기도 했습니다. 이 물건은 권세 있는 자들을 잘 섬기어 자신들이 원하는 일을 이루기 위한 것입니다. 혹은 각 관청에 납품을 빙자하여 이익을 챙기려 하였습니다. 그리고 적은 수량은 많이 불리고 거짓을 사실로 만들어 백 배나 이익을 독점하고 사방으로 약탈하여도 세력 없는 백성들은 팔짱을 낀 채 아무 말도 하지 못하고 있습니다.

조정 안에 있는 자는 사람들을 무고하여 못된 심보를 부리고, 밖에 나가 있는 자는 각 고을을 돌아다니며 끝없는 욕심을 채우고 있습니다. 기세가 하도 등등하여 길거리의 사람들이 몸을 피하고 곁눈질하며 쳐다보기에 누구의 행차냐고 물으니 "우리가 바로 광창 부원군(이이첨)을 모시는 사람이다" 하였습니다. 거세고 사나운 노복이 자신의 주인을 원망하고 미워하여 이이첨에게 뇌물을 바치면 즉시 포졸들이 내려와 옛 주인을 결박해 옥에 가두고 매질을 낭자하게 한 다음 노비문서를 빼앗아 버립니다. 불행한 자들은 그곳에서 죽고, 운수 좋은 자들은 돌아오기는 하나 예전처럼 주인이 되지 못하고, 그 노복들은 권세 있는 다른 자들이 차지해 버립니다. 사납고 거센 무리들이 옷소매를 걷고 서로 치하하기에 누구냐고 물으니 "우리가 바로 광창 부원군의 새로 딸린 노비들이다" 하였습니다.

이름은 유적儒籍에 있으나 공부에 힘쓰지 않아 문장을 이해하지 못하고 글을 짓지 못하는 자가 과거장에 나가기에 어떤 사람이 묻기를 "자네는 강경講經(경서에 정통한 사람을 뽑는 과거에서 시험관이 지정하여 주는 대목의 경서를 외는 것)을 잘하는가, 글을 잘 짓는가?" 하니, 답하기를 "나에게 곧 부귀가 닥칠 것이니 그대는 지켜보게" 하였다고 합니다. 그런데 얼마 있으니 과연 과거 급제자 명단에 이름이 오르고 서울의 거리를 말을 타고 달리며 가까운 절에 드나들며 요직을 멋대로 주물렀습니다. 그들은 사람을 살리고 죽이는 권한을 갖고 귀족의 위세를 부리며 사람들에게 뽐내기를 "광창 부원군의 손아귀 조화가 나를 이렇게 만들었다" 하였습니다.

그리고 문무는 종사하지 않고 돈만 모을 줄 아는 자들이 혹 무과에 합격하여 외방의 큰 고을의 호부虎符(구리로 범의 모양을 본떠 만든 군대 동원의 표지)를 갖기도 하고, 혹 많은 녹을 받는 벼슬에 올라 고을의 재물을 마구 거둬들이니, 어떤 사람이 묻기를 "자네는 어째서 이와 같이 법을 범하는가? 또 어째서 이렇게 방자한 행동을 하는가?" 하니, 답하기를 "광창 부원군이 있으니 하늘이 무너지고 땅이 꺼져도 걱정할 것이 없네. 나는 내 욕심만 채우면 되네" 하고, 손뼉을 치며 스스로 행운을 잡았다고 했으며 "광창 부원군이 나를 복밭에 올려 놓았다" 고 하였다 합니다.

이 말을 들은 신들은 서로 머리를 맞대고 탄식하기를 "권세가 신하에게 옮겨졌으니 이는 성세의 일이 아니다. 마치 다리가 배보다 큰 꼴이 되었으니 결국에는 어떻게 될 것인가. 시작이 이러하니 끝이 알 만하다" 하였습니다. 그런데 임금을 사랑하고 나라를 걱정하는 선비들은 한번이라도 흉한 기염에 거슬리면 먼 변방으로 귀양가고, 간혹 간사한 사실을 직소하였다가 원통하게 옥중에서 죽는 자가 한두 명이 아니니, 서쪽으로 대궐을 바라보고 슬퍼하며 기가 막힐 뿐입니다.

요즘 삼사가 모두 일어나고 선비들이 입을 모아 상소를 올려 종묘와 사직의 역적을 제거할 것을 청했다 하니, 초야의 신민들은 눈을 씻어가며 기뻐했습니다. 그런데 삼사가 아뢰고 선비들이 쟁론한 것이 이이첨의 어떤 죄를 지적하였는지 모르겠습니다.

혹자는 "조목별로 16가지 죄목이 나열되었다"고 하는데, 신들은 더 많은 죄가 있다는 것을 모른다고 비웃었습니다. 이이첨의 죄는 천지에 가득하고 더러운 짓은 사람들과 귀신들이 다 아는 바인데, 어찌 16가지 죄목으로 다 셀 수 있겠습니까.

신들이 한마디로 잘라 말한다면 왕도 없고 법도 없습니다. 왜냐하면 이이첨은 역신 신경희, 허균과 한 동아리로 부자와 같은 정이 있었습니다. 경희가 체포 명령을 받았을 때에 처음에는 이첨의 집에 숨어 있다가 나중에 나타났는데, 이때 이첨은 그의 귀에다 대고 비밀스런 말을 한 뒤 보냈습니다. 그리고 신경희는 공초할 때, 이이첨과는 뜻이 같은 벗이라고 하였으니 흉측한 역적을 보호했다는 사실이 불을 보는 듯이 분명합니다. 그런데 신경희만 역모를 했다 하여 죽임을 당하고 이이첨은 옛날과 다름없게 되었습니다.

그 뒤 이이첨과 허균이 서로 흩어지고 합치고 한 것은 뜻이 맞지 않아서가 아니라 모역의 일이 이뤄지면 끝까지 부귀를 함께 누릴 수 있지만 모역의 일이 이뤄지지 못할 때에는 그 죄를 허균에게 돌리기 위한 것이었습니다. 이이첨이 함께 모역한 허균을 결국 고해버린 것은 허균의 죄상이 뚜렷이 드러나 나라 사람들의 말이 자자하자 자신이 풀려나기 위해서 한 것입니다. 허균이 친국을 받을 때 사실을 진달하려고 했는데, 적신 한찬남이 당시 승지로 있으면서 성상께서 듣지 못하도록 엄폐하고 재빨리 처형하여 말이 나올 수 없도록 하였습니다. 당일 전하의 좌우에 있는 자들은 모두 이첨의 조무래기들이었으니, 지금도 생각하면 몸이 떨립니다.

이이첨을 비호한 한찬남은 예전대로 높은 벼슬에 있고, 허균을 역적으로 만든 이이첨은 더욱 방자합니다. 어째서 전하께서는 형장을 허균에게만 적용하고, 이이첨과 한찬남에게는 적용하지 않으십니까. 전하의 나라는 지금 위급합니다. 삼사에 있는 자들과 전조에 있는 자들은 모두 이이첨의 심복들이며, 그 밖의 심복들도 이루 셀 수가 없습니다. 인재를 진퇴시키는 일이 모두 이첨의 손아귀에 있는지라, 사서삼경의 대문만 읽고 미리 지은 표表와 책策을 한 편씩만 내고 과거에 합격하여 영광스런 관작을 차지한 자가 얼마인지 모르겠습니다.

조정은 전하의 조정이 아니라 이이첨의 가정이며, 신하들은 전하의 신하가 아니라 이첨의 가신이 되었으니 고금천하에 이첨처럼 조정을 혼탁하게 어지럽힌 자가 있습니까. 간사한 자가 큰 권세를 가져 나라가 이미 위태로운데, 나라와 편안함과 근심을 함께 할 재상은 구차하게 부귀나 보존하며 바로잡아 구할 생각은 하지 않고 눈으로 보면서 입으로 아무런 말을 하지 않으니, 저런 재상을 어디에 쓸 것입니까. 신들의 생각으로는 먼저 대신들의 말하지 않은 죄를 문책하고, 그 다음에는 속히 원흉들을 거두어들여 목을 베어 궁 문에다 걸어두게 하여 천지와 종묘에 사죄하는 것이 성덕의 일이라고 여깁니다.

맹자가 제나라 왕에게 말하기를 "나라 사람들 모두가 죽이라고 한 뒤에 죽여야 한다"고 하였습니다. 지금 나라 사람들 모두가 죽이라고 하는데 전하께서는 왜 윤허하지 않습니까. 죽여야 할 만한 범죄를 범한 것도 용서하기 어려운 일인데, 더구나 무군부도無君不道한 자는 더 말할 것이 있겠습니까.

그리고 이이첨은 교산喬山의 나무를 베어 갈령에 집을 지어 하늘에 계신 선왕의 영령을 저버렸고 전하의 조상을 추모하는 정성을 손상하였으며, 원접사遠接使의 명을 받아 7백 냥의 금을 가지고 가서는 비밀리에 중국 사신의 환심을 사서 화를 떠넘기려는 흉계를 했습니다. 그리고 스스로 소장을 만들어 무뢰배들을 유혹하여 한편으로는 자신의 공덕을 자랑하고 한편으로는 뜻이 다른 충성스러운 사람들을 공격하였습니다.

이에 온 나라의 기술자들이 구름떼처럼 그의 집에 모이고 사방의 재물이 산더미처럼 뜰에 쌓여 새로운 저택을 짓기 시작한 지 10년이 지나도록 끝나지 않으며, 다섯 채만 지어야 하는 제도를 넘어 지은 집이 한 구역을 차지하여 즐비하니 이것이 나라를 저버리는 것이 아니고 무엇이 겠습니까.

신들이 생각건대, 이이첨이 자신하고 뽐내는 것은 전하가 세자로 책봉될 때 힘썼던 일뿐입니다. 선왕께서 돌아가시던 때에 전하는 동궁에 계신 지 몇 년이 되었습니까. 선왕께서 봉해주셨으며 하늘에서 명하였고 민심이 그에 따랐습니다. 설령 일개 이이첨이 없다 하더라도 왕위에 오르는 일이 어찌 성상께 돌아가지 않았겠습니까.

사람들이 옷 입고 밥 먹는 것도 운수가 정해져 있는 것입니다. 하물며 당당한 대통을 잇는 일은 하늘에 있는 것이니 어찌 사람의 힘으로 이뤄지겠습니까. 설령 이이첨이 한탁주(중국 남송의 정치가. 영종을 옹립해 왕에 세웠다)처럼 자신할 만한 공이 있다 하더라도 무군부도한 죄는 탁주의 공보다 더 많습니다. 죄는 크고 공은 작아 죄를 덮어버리기 어려우니 종묘와 사직을 위해 쾌히 결정하소서.

당대의 지략가

그러나 광해군은 이 상소에 대해 초야와 조정은 다르며 대신은 나라의 기둥인데 함부로 처리할 수 없다며 번거롭게 하지 말고 물러가라고 명한다. 이렇듯 온 나라가 이첨의 횡포를 탄핵하고 읍소하였음에도 끄덕 없던 그는 결국 인조의 반정으로 죽임을 당하게 된다.

조선 초기에 한명회가 있었다면 중기엔 이이첨이 있었다고 할 만큼 이첨은 광해군의 장자방 역할을 한 당대의 지략가였다. 유희분, 박승종과 더불어 광해군 시대를 주도했던 정치 세력의 핵심이었다. 실록에는 그가 스스로 고향에 정문旌門을 세웠다고 하나 상당한 효자였던 것은 사실이다. 또한 임진왜란 시기에도 세조의 영정을 들고 몽진길에 오를 만큼 왕실에 대한 충성도 깊었던 인물이다.

광해군이 임해군과 영창군 두 형제를 죽이고 자신으로서는 계모이지만 선왕의 부인이었던 영창의 어머니(인목대비)를 폐모한 패륜의 길로 접어든 것은 분명 왕권에 도전한 세력들에 대한 응징이었지만 이첨의 과욕에서 비롯된 면도 부인할 수는 없다.

그러나 이첨에 과만 있었던 것은 아니다. 광해군 치세 중에 이룩했던 갖가지 빛나는 업적들이 대부분 이첨의 머리에서 나왔다는 사실은 그가 뛰어난 정치가였을 것이라는 점도 고려해야 한다.

 이이첨의 운명을 예견한 맹인 점쟁이

이첨이 죽기 얼마 전에 그의 운명을 예언한 사람이 있었다.

소북파를 억누르고 10여년의 세도를 누리는 말년인 광해군 14년(1622년) 어느 여름날 대북의 영수 이첨의 아들들이 앞일을 예언한다는 유명한 맹인 점쟁이를 불러서 아버지의 앞날을 점치게 했다. 장래의 길흉을 물으니 "광해군 15년 계해년(1623년) 3월이 되면 반드시 흉한 꼴을 보겠습니다"라고 대답했다. 그러자 아들들이 노발대발하여 그 점쟁이 맹인을 두들겨 패고 옷과 갓을 찢고 욕하고 때려서 얼굴에 상처가 나고 피가 흘렀다. 점쟁이가 울며 쫓겨갔는데 이첨이 하인을 시켜 잘 보호하여 집에 다시 데리고 오게 하여 좋은 말로 위로하며 사과하였다. 그리고 갖은 물품으로 후히 대접하고 달래어 보내고 난 다음 아들들을 불러 꾸짖어 말하기를

"내가 영화가 넘치고 죄가 많아서 스스로 화를 면하지 못할 것을 아는데 어찌 맹인의 점치는 말을 기다리겠느냐. 너희들이 물으니 맹인은 사실대로 대답한 것뿐인데 무엇이 죄 될 것이 있다고 매질을 해서 피를 흘리게 하여 길에 다니는 사람들까지 놀라게 하느냐, 내가 너희들 아버지가 되었으니 이 일만으로도 더욱 죽어 마땅하구나" 하고 여러 날이 지나도록 불쾌해했다.

이첨에 관한 또 하나의 야사가 있다. 관동 지방에 곽씨 성을 가진 선비

가 있었는데 한 지관과 친하게 지냈다. 선비가 죽자 그 지관이 묘자리를 잡아주었으나 아들들이 굳이 다른 자리를 구했다. 지관이 그 묘자리를 보고 겨우 군수 하나 나올 자리라고 말했다. 그때 지관과 곽씨를 따라다니던 계집종이 그 이야기를 듣고 지관이 처음에 잡은 묘자리에 자기 아버지 유골을 이장하여 묻었다.

그리고 계집종은 어머니와 함께 서울로 도망하여 살았는데 점점 재산을 모았다. 그러나 계집종은 부잣집의 청혼을 거절하고 가난하고 미련한 김씨 고관의 후예와 혼인하여 살았다. 마침 이웃집에 이첨이 살고 있었는데 남편에게 항상 책상 앞에 앉아 있게 하여 이첨이 지나면서 볼 수 있도록 하였다. 이첨이 병이 나자 그 여자는 깨죽을 쑤어 병간호를 하였다. 이첨이 병이 나아 그 남편을 여러 번 천거하여 벼슬을 주었으나 사양하고 오히려 남편에게 이첨을 탄핵하는 상소를 올리게 하였다.

그 뒤 인조반정이 일어나자 남편은 상소를 올린 일로 벼슬을 했고 아들들도 등과를 하였다. 그때 곤궁에 처한 곽씨 아들이 찾아오자 그 여자는 옛 상전을 반갑게 맞아주고 군수 자리에 나가도록 주선하여 주었다.

〈참고: 한국의 풍수설화 연구, 장장식 저, 도서출판 민속원〉

윤원형 尹元衡 (?~1565년)

조선 중기의 문신. 본관 파평. 자 언평彦平. 소윤小尹의 영수이며, 중종의 제2계비 문정왕후의 동생. 을사사화의 공으로 공신으로 책록되었으며, 1547년 양재역 벽서사건을 계기로 대윤大尹의 일파를 모두 숙청했다. 1548년 이조판서를 시작으로 우의정을 거쳐 1560년(명종 15년) 서원부원에 봉해지고 1563년 영의정에 올랐다. 1565년 문정왕후가 죽자 삭직되고 강음에 귀양가서 죽었다.

흉악한 죄는 머리털을 뽑아 헤아린다 해도 다 셀 수가 없다

윤원형이 강음에서 죽었다. 처음 윤원형은 탄핵을 받아 재상에서 파면되었는데도 며칠을 지체하며 머물러 있다가 동문 교외로 나갔다. 많은 사람들의 분노가 그치지 않고 공론이 더욱 격렬함을 듣고 끝내 면하기 어려움을 알았으나 가산이 흩어질 것을 염려해 어둠을 틈타 부인의 행색처럼 밤에 교자를 타고 도성에 들어와 집으로 돌아왔었다. 이어 첩 정난정과 더불어 강음에 있는 자신의 농가에서 거처하였는데 난정의 죽음을 보고 분울해 하다가 죽었다.

윤원형이 사람들을 풀 베듯 죽이며 흉악한 짓을 있는 대로 다했는데, 오래도록 천벌을 면하더니 금일에 이르러 마침내 핍박으로 죽으니 조야가 모두 쾌하게 여겼다. 윤원형이 몰락하고 나니 원수였던 집에서 떼를 지어 빼앗겼던 재물에 대한 송사를 다투어 일으켰다. 조정에서도 그러한 사실을 알고 바로 각도에 공문을 보내 관원을 차출해 재물들을 본주인에게 돌려주게 하니 윤원형의 집안에서도 온갖 고통을 견딜 수 없게 되었다. 원형이 죽자 임금은 위사(명종 때 을사사화를 일으키고 윤임 등 대윤 일파를 몰아낸 신하에게 내린 공신의 칭호)의 공이 있다 하여 3등의 장례를 하사했다.

사신은 논한다. 전대의 권간으로 그 죄악이 하늘까지 닿기로는 원형 같은 자가 드물 것이다. 중종 말년, 인종이 동궁에 있을 때 대를 이를 자식이 없음을 보고 그의 형 윤원로와 더불어 서로 어울려 헛소문을 만들어 동궁의 마음을 동요시켰으며 문정왕후가 안에서 그 논의를 주창했다. 이리하여 대윤이니 소윤이니 하는 말이 있게 되니 중종이 이 걱정으로 승하했다.

혹자는 동궁이 실화한 것이 모두가 윤원형 등의 행위라고 하였다. 그 뜻이 또한 흉악하기 이를 데 없었다. 인종이 승하하자 윤임을 핍박해 내쫓고는 이를 불안해 하다가 결국 윤임이 다른 마음을 가지고 있다고 무고를 하였다. 이 이후로 사림들 가운데 명망이 있던 사람들을 모두 역적의 무리로 몰아 계속 많은 사람들이 죽임을 당했다.

명종이 친정을 하게 되었지만 문정왕후의 섭정을 받아 자유롭지 못했는데 윤원형은 무슨 일이고 할 일이 있으면 반드시 문정왕후와 내통하여 명종을 위협하고 제재하여 걱정하고 분노하는 것이 말과 안색에까지 나타나게 하였다. 내시 중에서 이를 아는 자가 있으면 원형은 궁인들에게 후히 베풀어 모두에게 환심을 얻었다. 때문에 임금의 일동일정을 모르는 것이 없었다.

하루는 임금이 내시에게 "외가친족이 대죄가 있으면 어떻게 처리해야 하는가?"라고 했는데 이는 바로 원형을 두고 한 말이었다. 이 말이 마침내 누설되어 문정왕후에게 알려졌는데 문정왕후가 왕을 크게 꾸짖어 "나와 원형이 아니었다면 임금에게 어떻게 오늘이 있었겠소" 하니 명종이 감히 말을 하지 못했다.

국가의 모든 정사가 대부분 원형에게서 나와 임금은 내심 그를 미워하여 이양을 신임해 그 권한을 분산시켰다. 정사를 잡은 지 20년, 그의 권세는 임금을 기울게 하였고 중외가 몰려가니 뇌물이 문에 가득해 국고보다 더 많았다.

친형인 윤원로의 권세가 자기와 비슷해짐을 저어해, 윤춘년을 사주해서 그 죄목을 열거해 글을 올리게 해서 죽게 했고, 첩을 몹시 사랑해 처를 버리더니 필경에는 그를 독살하는 변을 빚었으며 이어 첩으로 부인을 삼았다. 첩에게서 낳은 자식들을 모두 사대부가에 혼인시켰으며 자신이 죽은 뒤에라도 이의를 제기하는 자가 있을까 두려워 첩의 자식도 벼슬을 허락해야 한다는 주장을 힘써 내세워 이를 미봉하였다. 당시의 재상들이 휩쓸려 그를 따랐지만 오직 임권만은 처음부터 끝까지 따르지 않았다.

기타 흉악한 죄들은 머리털을 뽑아 헤아린다 해도 다 셀 수가 없다. 비록 파직을 당하고 서울에서 쫓겨났으나 체형體刑을 면했으니 세상인심의 분함을 이길 수 있겠는가.

〈명종실록〉31권 · 1565년(명종 20년) 11월 18일

# 을사사화, 그 살육의 주동자

윤원형은 중종의 제2계비 문정왕후의 동생이다. 1528년(중종 23년) 생원시에 합격하고 33년 별시문과에 급제하여 사관이 되었다. 김안로에 의해 파직되어 유배되었다가 김안로가 사사된 뒤 풀려나 수찬, 교리, 지평, 응교 등을 지내면서 세력을 키웠다. 김안로는 당시 권력을 믿고 공포정치를 일삼았던 인물로 문정왕후를 몰아내려고 음모를 꾸미다 문정왕후의 숙부 윤임의 밀고로 발각되어 유배된 뒤 사사되었다. 그 뒤 윤원형은 윤임을 몰아내고자 누나인 문정왕후 소생인 경안대원군을 왕위에 오르게 하기 위해 옥사를 벌이는데 이 사건이 곧 을사사화이다.

을사사화는 무오, 갑자, 기묘사화와 더불어 조선 4대 사화 중 하나이다. 중종에게는 왕비가 3명 있었는데, 정비 신씨는 중종 즉위 직후 연산군의 처남이었던 간신 신수근의 딸이라 하여 폐출되었다. 그러고 나서 얻은 첫째 계비가 장경왕후 윤씨인데 그녀는 세자(인종)를 낳고 7일 만에 죽었다. 다시 조정의 논란 끝에 왕비를 책봉한 것이 윤원형의 누나이자 경원대군(명종)의 어머니 문정왕후이다.

문정왕후가 경원대군을 낳자 그녀의 친형제인 윤원로, 윤원형은 경원대군을 세자로 책봉하고자 갖은 계략을 꾸몄지만 세자의 외숙인 윤임으로 인해 뜻을 이루지 못하고, 이들은 극단적인 세력다툼 속으로 빠져든다. 세상은 이들을 두고 대윤(윤임)과 소윤(윤원형)이라 구별하여 칭했는데 실록의 윤원형 졸기에는 이 때문에 중종이 병을 얻어 승하했다고까지 기록하고 있다.

드디어 중종이 죽고 인종이 즉위하자 인종의 외척인 윤임, 즉 대윤이 정권을 장악했다. 그러나 인종은 즉위 9개월 만에 의문을 남기고 세상을 떴으며, 12세의 어린 나이인 명종이 왕위를 이어받았다. 따라서 명종은 문정왕후의 수렴청정을 받게 되었고, 다시 조정의 권력은 소윤에게 돌아갔다. 소윤은 윤임 등이 역모를 획책하고 있다고 무고하여 피의 살육을 벌인다. 이 무고로 인하여 윤임, 유관, 유인숙 등을 비롯해 많은 사람들이 처형되었다. 이것이 곧 을사사화인 것이다.

을사사화를 통해 조정의 권력 잡은 윤원형은 나머지 정적들을 제거하기 위해 다시 양재역 벽서 사건을 일으킨다. 이것은 의도된 사건으로 윤원형 일파가 꾸며낸 자작극이었다.

1547년 9월에 양재역에 벽서 하나가 발견된다. 벽서의 내용은 "위로는 여왕, 아래로는 간신이 권력을 휘두르니 나라가 곧 망하리라" 는 것이었다. 이 벽서 내용은 곧 문정왕후에게 보고되었고 문정왕후는 명종을 시켜 대윤의 나머지 세력들을 제거하게 만들었다. 이로 인해 윤원형을 탄핵하여 파직케 했던 송인수와 윤임과 인척관계인 이약수를 처형하고, 이언적, 정자, 노수신, 정황, 유희춘, 백인걸, 김만상, 권응정, 권응창, 이천계 등 20여 명을 유배시켰다. 그런 와중에 중종의 아들인 봉성군 완과 많은 사람들이 또다시 희생을 당하게 되었다.

그러나 권력이란 영원하지 않는 법, 1565년 문정왕후가 죽자 그동안 핍박받았던 대신들이 들고일어나 윤원형의 죄를 묻기 시작했고, 수차례의 거부 끝에 명종은 그를 영의정에서 파직하고 서울에서 쫓아냈다. 원형은 황해도 강음의 농가에서 기거하다가 애첩 정난정이 극약을 먹고 자살하자 얼마 후 분에 못이겨 죽었다.

 ## 윤원형의 죄악 26가지

실록의 윤원형 줄기 말미에 사관은 그의 죄를 열거하고 나서 "기타 흉악한 죄들은 머리털을 뽑아 헤아린다 해도 다 셀 수가 없다"라고 기록하고 있다. 그가 저지른 패악이 얼마나 심했는지를 알 수 있는 대목이다. 따라서 문정왕후가 죽자 그에 대한 죄목을 열거하여 처벌하여야 한다는 상소가 삼사와 전국에서 봇물을 이룬다.

그의 패악을 정리하여 왕에게 올린 대사헌 이탁과 대사간 박순 등의 상소문을 보자.

전 영의정 윤원형은 본래 간사하고 음흉한 사람입니다. 국구國舅로서 왕실과 가깝다는 핑계로 공신의 자리에 참여했으며 영상의 자리에 올라 일국의 정권을 쥐고 임금의 위엄을 빌어 생살여탈을 제마음대로 하였으며 대신들을 얽어놓아 망하고 흥하는 것이 그의 입에 달려 있었습니다. 위엄과 권세가 날로 높아져서 형세가 양기(후한 시대의 외척으로 무소불휘의 권력을 휘둘렀던 자)의 가문보다 더 빛나고, 축재하는 욕심이 한이 없어 동탁(중국 후한 말기의 무장)의 만세오萬歲塢(동탁이 장안성 동쪽에 세운 군사 보루)보다 더 호화롭습니다.

백관이 앞을 다투어 뜻을 받들고 팔도에서 남보다 뒤질세라 뇌물을 바칩니다. 길에 다니는 사람은 마음속으로 성을 내고 눈을 흘기며, 항간에 있는 사람은 마음속으로 비방하고 구석에서 한탄합니다. 임금의 세력이 날로 약해지고 국운이 장차 엎어지려 하니 이것이 어찌 일조일석에 생긴 일이겠습니까. 그 유래가 오래되었습니다. 저지른 죄악은 이미 극도에 달하여 머리카락을 뽑아가며 셀지라도 이루 셀 수 없고 온갖 간사한 작태는 이루 다 기록할 수 없습니다. 신들은 우선 만인의 입에 오른 것과 만인의 눈으로 본 것을 뽑아서 전하를 위해 조목별로 진술하겠습니다.

상소문에 나타난 그의 26가지 죄목 중 주요 죄목은 다음과 같다.

1. 명문가의 처녀라고 하더라도 한번 첩으로 이름 지어지면 다시 바꿀 수 없는 것인데 더구나 관비의 소생인 첩 정난정을 부인으로 삼았다.
2. 궁은 지엄한 곳이어서 외부인이 출입할 수 없는데도 문정왕후의 병세가 위중하실 때 첩을 보내어 사가와 다름없이 들어다니게 하였다.
3. 별처럼 벌여 있는 팔도의 군읍과 바둑판처럼 펼쳐진 크고 작은 진에는 모두가 윤원형의 은혜를 입은 관리들이다. 육지로 뇌물을 운반하느라 백성들은 거의 흩어져 방랑하고, 바다로 곡식을 운송하느라 군졸들도 극도로 병들고 쇠약해졌다. 멀고 가까운 곳을 따질 것 없이 청탁하는 편지가 구름처럼 날아들었다.
4. 뇌물을 받고 벼슬을 제수하되 벼슬의 고하는 그의 청탁에 따르고, 뇌물을 받고 형벌을 면하게 해주되 죄의 경중은 그의 지시에 따라 정해졌다.
5. 그의 종이 세도를 빙자하여 남의 아내를 간음하고 논과 집을 약탈했으며 심

지어 대낮에 사람을 죽였는데도 관리가 감히 문죄하지 못하였다.
6. 수락산을 자신의 것으로 만들어 그곳에 거주하는 백성을 내쫓고 그곳에 있는 무덤을 파헤치는데도 인근에 사는 사람들은 호소할 길조차 없었다. 심지어 약조를 만들어 관가의 부역처럼 나무를 세금으로 바치게 하였다.
7. 감히 궁중의 준마에 첩을 태우면서 조금도 꺼리는 마음이 없었고, 사복시(궁중의 가마나 말에 관한 일을 맡아보던 관아)의 거마를 자기 집 문전까지 부역시켜 관리가 쓰지 못하게 하였다.
8. 무기고에서 일하는 사람들은 병기를 만들어 급한 일이 생길 때를 대비하는 것인데 사사로이 집에서 일을 시켜 국사를 돌볼 겨를이 없게 했다.
9. 하늘 높이 치솟은 화려한 저택을 길거리까지 이어지도록 10여 채를 짓고, 부정하게 들어온 보화가 그 속에 가득하며 가혹하게 거둬들인 재물이 밖에까지 넘치는데도 끊임없이 집을 지어 토목 공사가 한창이고, 전국의 목재가 강 머리까지 연이었다.
10. 해변의 간척지와 육지에 죽 잇닿은 기름진 전답을 모두 사사로이 점유하고 관에서 종자를 대어주고 수령이 농자를 감시하게 하니, 관청의 창고에 저축한 곡식의 절반은 일꾼들 밥해 먹이는 데 쓰이고 밭에서 일하는 농부는 모두 경작하는 종이 되어 농장이 있는 곳마다 모두 원성이 대단하다.
11. 상인을 불러모아 집 앞에다 시장을 열어 수레와 말에 실어온 청동과 백금을 구름처럼 모아놓고 손가락으로 가리키며 물건을 따져보고 멋대로 값을 정해서 사들인 물건을 산적해 둠으로 시장의 물건이 하루아침에 거의 다 없어졌다.
12. 역관을 불러놓고 잡물을 주며 물건을 조목별로 적어서 연경의 시장에서 사

오게 하는데 값은 적게 주고 물건은 많이 가져오게 하니 반드시 남에게 꾸어서 부족한 숫자를 채워야만 혹독한 질책을 면할 수 있었다.

13. 여러 고을의 양정良丁과 부호富戶를 함부로 점유하고 예속시켜 그 숫자가 크게 늘어났다. 부역의 대가를 징수하는데 독촉이 성화보다 급하고 미포米布를 차출하는데 해독이 친척에게까지 미쳤다.

14. 죄짓고 도망한 자들을 불러들여 소굴을 만들어 놓으니 죄를 지은 노복들이 서로 이끌고 모여들어 그 수가 대단히 많았다.

15. 와서瓦署의 보병步兵은 관가의 벽돌과 기와를 만들기 위하여 있는 것인데 스스로 절반을 차지하므로 일하는 자가 심하게 고생하고, 지사紙司에서 만드는 종이는 사대문서事大文書를 작성하기 위한 것인데 사사로이 닥나무 껍질을 보내어 공공연히 팔아먹었으니 국가에 손해를 끼치고 사복을 채운 것이 거의 이와 같다.

16. 공물을 거둬 하나를 바치고 열을 징수하여 많은 이익을 취했고, 볏짚을 판매하는 것은 촌민도 하려 들지 않는 것인데 배로 한강에 운반하여 곡식과 포목값을 받고 팔았으니 이익이 되는 것이라면 하찮은 것도 빠뜨리지 않았다.

17. 여러 곳의 농장에 소를 분양하고 장부를 만들어 점검하며 들판에 가득하게 하였으며, 번식하는 숫자가 더러 줄기라도 하는 날이면 마구 징수하는 폐단이 이웃에까지도 미쳤다.

18. 궁궐에서처럼 요리사를 따로 두었고, 호화롭고 큰 상에는 팔진미를 고루 갖추어 하루에 만 전씩을 소비하면서도 항상 반찬이 없어 수저 둘 데 없다고 탄식하듯 했다.

19. 집에는 비단으로 만든 휘장을 치고 금은으로 꾸민 그릇을 사용하였으며 사치스러운 가구와 집기는 임금에게 비길 만하고 첩들의 사치한 복식은 대궐보다 지나쳤다.

20. 문정왕후가 지위로는 국모이고 친분으로는 동기인데 부음을 듣고 입궐하여 평시와 같이 밥을 먹었고, 재궁梓宮에 모실 때에는 빨리 (관)뚜껑을 덮게 하며 조금도 눈물을 흘리지 않았다.

21. 부부란 인륜이 시작되는 바인데, 정처를 버리고 혼수예물을 추후로 징수하였으며 가산까지 빼앗아 굶어죽게 만들었다.

 "오직 살펴서 찔렀을 뿐이었겠지요"

윤원형을 이야기할 때 정난정을 빠뜨릴 수 없다. 그만큼 그녀는 윤원형에게는 온갖 지략으로 정권을 잡도록 획책한 책사였으며, 가장 사랑받는 애첩이자 죽음을 같이한 아내였다. 부총관을 지낸 정윤겸이 그녀의 아버지이고 어머니는 관비였다. 그녀는 미천한 신분에서 벗어나고자 기생이 되었으며, 문정왕후의 동생 원형에게 접근하여 첩이 되었다.

1551년(명종 6년) 원형의 정실 김씨를 몰아내고 적처가 되었으며 이어 김씨를 독살했다. 원형의 권세를 배경으로 상권을 장악하여 전매, 모리 행위로 많은 부를 축적하였으므로 당시 권력을 탐했던 대신들은 윤원형과 정난정 부부의 자녀들과 다투어 혼인줄을 놓았다.

그녀는 문정왕후의 신임을 얻어 궁궐을 마음대로 출입하였으며 정경부인의 작호를 받았다. 승려 보우를 문정왕후에게 소개시켜 선종판사에 오르게 하였는데, 이로 인해 선·교 양종이 부활되고 도첩제도가 다시 실시되는 등 한때나마 불교가 융성하기도 하였다(보우는 문정왕후가 죽은 뒤 참수되었다).

1565년 문정왕후가 죽고 원형이 사림의 탄핵을 받아 황해도 강음으로 유배되니 얼마 후 극약을 먹고 자살하였다. 문정왕후가 죽고 나서 간관들에 의해 원형의 탄핵이 시작되었는데 그녀 역시 편안할 수 없었다. 특히 그녀가 원형의 정실 김씨를 독살한 사건은 윤원형의 장모이자 정실부인인 김씨의 친정어머니의 소장에 자세히 나타난다.

> 사위 윤원형은 젊었을 때 저의 딸(김씨)과 결혼하여 여러 해를 함께 살았는데 정윤겸의 서녀 정난정을 얻은 이후 임금을 속여 내쫓고, 김씨의 노비들을 잡아두고 놓아주지 않았으며, 도리어 종들로 하여금 원주인을 능멸하고 모욕하게 하였고, 가산을 모두 빼앗고 마침내 종적을 없애버릴 계획을 세웠습니다.
>
> 김씨가 매우 굶주려서 정난정에게 먹을 것을 구하자 정난정이 음식 속에 독약을 집어넣고 몰래 구슬이라는 종년을 시켜 김씨에게 올리게 하여 김씨가 먹고 즉시 죽었습니다. 온 집안이 모두 그 원통함을 알고 있었으나 대단한 위세를 두려워하여 감히 소장을 올리지 못하였습니다.

결국 이 소장으로 인해 정난정의 종들이 모두 조사를 받다가 죽었고 명종은 정난정에 대한 추국을 요청하는 대신들에게 "종들이 이미 죽어서 추국을 허락할 수 없노라"고 답변을 내린다.

원형은 첩인 정난정을 처로 삼고자 은밀히 문정왕후에게 부탁하여 정난정을 부인으로 명하도록 했었다. 당시 첩이 정실 부인으로 된다는 것은 법으로 용인되지 않는 불가한 것이었다. 더구나 서얼 출신인 첩이 정실을 죽였다는 것은 사관의 평가처럼 강상의 일대 변고였던 것이다.

이 일이 문제가 되자 정난정은 항상 독약을 가지고 다니면서 주변에게 "사세가 여기에 이르렀으니 반드시 나를 잡으러 올 것이다. 그러면 나는 약을 먹고 죽을 것이다"라고 하였다. 그녀 스스로도 천벌을 피할 수 없으리라는 것을 알았던 것이다.

그런데 마침 금부도사가 평안도의 한 죄인을 붙잡아 가다가 정난정과 윤원형이 유배된 곳의 역에서 말을 갈아탔는데 이를 본 윤원형의 집 종이 달려가 "도사가 금방 오고 있다" 하니, 원형은 소리내 울며 어쩔 줄을 몰라 했고 정난정은 "남에게 제재를 받느니 스스로 죽음만 못하다" 하고 약을 마시고 바로 죽었다.

그런데 정난정에게는 또 하나의 추문이 뒤따른다. 정실을 독살한 후 부인이 된 뒤 그녀의 등에 종기가 났었다. 그래서 의원 송윤덕이란 자가 여러번 집으로 방문하여 침으로 이를 째고 그 종기난 곳을 빨아주어 정난정의 마음을 사려고 했다.

난정이 자주 부처를 공양하는 재를 올렸는데 그러는 날엔 반드시 젊고 아름다운 여색을 택하여 원형과 동침하도록 하였다. 그리고 자신은 홀로 별실에 거처하였는데 밤이면 경계하는 방울을 쳐서 울리고는 의원과 간통을 했다. 신기하게도 여러 의원의 침은 통증을 참을 수가 없었지만 오직

송윤덕의 침만은 아프지 않았다. 윤원형이 많은 사람들이 있는 자리에서 의원을 칭하여 말하기를

"침을 놓는 것이 신묘하여 부인이 통증이 없다."

고 하니 하나같이 서로 웃으면서 말하기를

"오직 살펴서 찔렀을 뿐이었겠지요."

라고 했는데, 윤원형만 그 말을 깨닫지 못했다.

침이 침이 아니라 살곳이 침임을 윤원형은 어찌 몰랐단 말인가.

조선인물청문회

제6부

시대를 넘어, 문장을 넘어

김만중 · 한글로 쓴 문학이라야 진정한 국문학
허균 · 훗날 반드시 이론이 있을 것
정철 · 조선 가사문학의 최고봉

정철 鄭澈 (1536~1593년)

〈관동별곡〉關東別曲 등을 지은 조선 중기 문신 겸 시인. 당대 가사문학의 대가로서 시조의 윤선도와 함께 한국 시가 사상 쌍벽으로 일컬어진다. 창평의 송강서원, 연일군의 오천서원 별사別祠에 배향되었다. 문집으로 〈송강집〉, 〈송강가사〉, 〈송강별추록유사〉 등이 있고, 작품으로 시조 70여 수가 전한다.

조선 가사문학의 최고봉

인성 부원군 정철이 졸하였다. 정철은 논박을 받고 강화에 가 있다가 졸하였다.

사신은 논한다. 정철은 성품이 편협하고 말이 망령되고 행동이 경망하고 농담과 해학을 좋아했기 때문에 원망을 자초하였다. 최영경이 옥에 갇혀 있을 적에 정철과 최영경이 사이가 좋지 않다는 것은 나라사람이 다 아는 바이고, 그가 이미 국권을 잡고 있었으므로 법을 집행하는 사람들도 모두 정철과 잘 알고 지내는 사이였다. 그런데 마침내 죽게 만들었으니 제정신이 아니었다는 말을 어떻게 면할 수 있겠는가.

게다가 일에 대응하는 재간도 모자라 일 처리가 철저하지 못하였기 때문에 지방의 체찰사로 가 있을 때에는 인심을 만족시키지 못하였고, 중국에 사신으로 가서는 답변을 제대로 못해 잘못을 저지르는 등 죄가 잇따랐으므로 죽을 때까지 비방이 그치지 않았다.

〈선조실록〉46권 · 1593년(선조 26년) 12월 21일

**

인성부원군 정철이 졸하였다.

정철은 강화에서 지내다가 술병으로 죽었다. 향년 59세였다. 자는 계함季涵이고 호는 송강松江이며 젊어서부터 재주가 있다고 이름이 알려졌다. 김인후, 기대승에게 가르침을 받았는데 기대승은 자주 그의 결백한 지조를 칭찬했다.

그의 누나는 인종의 후비 귀인이 되고, 누이동생은 계림군 이유의 아내가 되었다. 을사년(1592년)의 화에 아버지가 관여되었으나 정철은 어리다는 이유로 화를 면하게 되었다. 어린아이 때 동궁을 드나들었는데 명종이 대군으로 있을 때 정철과 함께 놀면서 매우 가깝게 지냈다. 정철이 장원에 급제한 목록을 보고는 매우 기뻐하여 액문(궁중 정문 옆에 있는 작은 문) 안에서 특별히 술과 음식을 내리라고 명하니, 정철이 사양하기를

"이미 벼슬길에 나선 이상 신하된 입장에서 감히 이런 사례를 받을 수 없습니다."

하였다. 이에 명종이 주찬을 내릴 것을 중지시키고 신무문神武門(경복궁

의 북문)을 통해 나가도록 명한 뒤 누대 위에서 뒷모습을 바라보았으니 명종의 총애가 각별했다. 얼마 후에 정언正言에 임명되었는데, 이때 대간에서는 바야흐로 경양군이 처가의 재산을 빼앗으려고 서얼 처남을 꾀어 죽인 사건을 논하면서 법대로 처벌할 것을 청하고 있었다. 명종이 친속으로 하여금 정철을 설득시켜 논박을 정지하도록 했는데 정철은 감히 그렇게 하지 못했다. 이 일로 정철은 파면되어 전라도 광주로 가게 되었는데, 여러 번 벼슬에 천거되었으나 3년 동안 낙점을 받지 못했다.

선조 초년에 전랑으로 기용되었으며 오로지 깨끗함만을 힘썼으므로 명망은 높았으나 그를 좋아하지 않는 자들이 많았다. 당론이 갈라지자 그는 한쪽만을 극력 주장하여 여론이 좋지 않았는데 임금의 특별한 배려로 구제된 것이 여러 번이었다. 신묘년(1591년)에 이르러서는 임금의 총애도 시들해져 거의 죽음을 당할 뻔했는데 이덕형이 구제해 준 덕분에 조금 완화되었다. 그 뒤 변란(임진왜란)으로 인하여 기용되었으나 또한 조정에 용납되지 못하였다. 처신을 너무나도 모가 나게 하였으므로 유성룡이 평소에 그를 미워했다. 신흠은 논하기를,

"정철은 평소 지닌 성품이 깨끗하고 타고난 성격이 맑아 집에 있을 때에는 효제孝悌하고 조정에 벼슬할 때에는 결백하였으니 마땅히 옛사람에게서나 찾을 수 있는 인물이다" 하였다.

한때 정철이 자신을 탄핵한 자를 간신이라고 칭하자 이 소문이 퍼져 모든 사람이 정철을 정말 소인으로 여겼다. 그리하여 평소 정철을 아는 자들도 여론에 현혹되어 그가 정말 소인인가 하고 의심하는 자까지 있었다. 그러나 자고로 소인이라 칭할 때에는 세 가지 경우가 있으니, 첫째는 변함없

이 임금의 총애를 받는 것이요, 둘째는 아첨하며 아양을 떠는 것이요, 셋째는 비위를 맞추어 붙는 것이다.

정철이 유배지로부터 소환되어 언젠가 빈청에 앉아 있을 때 참판 구사맹과 지중추 신잡이 함께 있었는데, 별감 한 사람이 안에서 주찬을 가지고 나와 말을 꾸며 이야기하기를

"모든 재상들이 함께 먹으라고 하신 것이다" 하였다.

그러나 사실은 구사맹과 신잡이 임금과 인척관계에 있기 때문에 귀인貴人이 다른 손님은 없을 것이라 생각하고 사사로이 보내온 것이었다. 정철이 말하기를

"이 음식은 구 참판과 신 지사가 먹어야 마땅하니 대신이 참여해선 안 된다."

하고는 곧 일어나 나가버렸다. 그 말이 대내에 들리자 그 이튿날 한직인 체찰사(지방에 군란이 있을 때 임금을 대신하여 그곳에 가서 일반 군무를 맡아 보던 임시 벼슬. 보통 재상이 겸임하였다)로 나가게 되었으니, 이는 그가 계속해서 임금의 총애를 받았거나 아첨하며 아양을 떨지 않았다는 옳은 증거라 하겠다. 소인이 과연 그와 같이 할 수 있겠는가.

이발과 이산해는 한때 권세를 장악했던 자들로서 정철은 그들의 친구였으니 정철이 재주로서 조금만 비위를 맞추었더라면 어찌 낭패를 당하여 곤고하게 되어 종신토록 굶주린 신세가 되기까지야 했겠는가. 그런데도 그는 한번도 기꺼이 굽히려 하지 않았다. 이는 바로 비위를 맞추어 행동하지 않았다는 명백한 증거인 것이다. 소인이 과연 그와 같이 할 수 있겠는가. 단지 결백성이 지나쳐 의심이 많고 용서하는 마음이 적어 일을 처리해

나가는 지혜가 없었으니, 이것이 그의 평생 단점이었다.

　만일 그를 강호산림의 사이에 두었더라면 잘 처신했을 것인데 지위가 삼사三司의 끝까지 오르고 몸이 재상을 겸하였으니 그에 맞는 벼슬이 아니었다. 정철은 중년 이후로 주색에 병들어 자신을 충분히 단속하지 못한데다가 탐관을 미워하여 술이 취하면 곧 면전에서 꾸짖으면서 높고 귀함을 가리지 않았다. 외고집이면서 믿는 것은 임금의 인척으로 진부한 사람이었고, 왕명을 받아 역모의 일을 다스릴 때 다른 당의 영수들을 많이 체포하였으니, 그가 세상의 공격 대상이 된 것은 족히 괴이할 게 없다. 그의 처신은 정말 지혜롭지 못했다 하겠다.

　그러나 권력과 세력을 가진 간사한 신하와 불충한 신하로 지목하는 것은 문제가 있다. 정철은 조정에서 앉은 자리가 미처 따스해질 겨를도 없이 정승이 된 지는 겨우 1년 남짓하였다. 밝은 임금이 스스로 모든 권한을 행사하고 있었고 이산해, 유성룡과 세 사람이 아울러 정승을 하고 있는 상황에서 이산해가 특히 임금의 은총을 입고 있었으니, 정철이 어떻게 권세를 부릴 여지가 있었겠는가. 이것은 변론할 것도 없이 자명한 사실이다.

〈선조수정실록〉27권 · 1593년(선조 26년) 12월 21일

　정철에 대한 위 두 개의 서로 다른 줄기는 〈선조실록〉과 〈선조수정실록〉에 각기 실린 것이다. 〈선조실록〉은 정철을 혹독히 비난하는 내용으로 되어 있으나 〈선조수정실록〉의 줄기는 정철에 대해 긍정적 평가를 내리고 있다. 과연 어느 것이 옳고 그른 것인가. 사관의 붓끝은 결국 그 사람의 인연과 무관하게 움직이지는 않았을 것이다.

정철은 당시 붕당의 한쪽인 서인 영수로서 당쟁의 한복판에 서 있었던 사람이다. 따라서 사관의 붓끝은 당연히 반대쪽의 사관이 바라보는 대척점에 있었기에 서로 다른 평가를 내릴 수밖에 없었던 듯하다. 그것이 곧 인간의 한계가 아니겠는가. 아무튼 후세가 바라보는 정철에 대한 평가는 기록을 통한 사실적 전달에 머무를 수밖에 없다.

 아버지를 따라 유배지를 떠돌던 소년

정철의 호는 송강이다. 송강은 정철의 외가가 있었던 전라남도 담양군 봉산면에 위치한 성산 기슭의 강 이름이다. 외가에서 유년시절을 보냈고, 정치적으로 어려울 때마다 그곳에 내려가 마음을 다스렸다. 송강의 또 다른 이름을 죽록천竹綠川이라고도 하는데, 조선의 전통 정원으로 유명한 담양 소쇄원 근처의 송강정에 걸려 있는 현판의 이름이 죽록정이다.

국문학사에서 빼어난 가사인 성산별곡星山別曲도 이곳에서 태어났다. 정철의 아버지 정유침은 중종 때 9품의 미관말직에 있었다. 그런데 중종이 외척의 발호를 막기 위해 말직에 있던 정유침의 큰딸 양제를 세자빈으로 간택하여 인종의 후궁으로, 둘째딸을 계림군 이유의 아내로 맞이했다. 그 까닭에 인종이 아직 동궁에 있을 때 중종이 정유침을 8품으로 승진시켰는데 헌부에서 그것은 상례가 아니라며 반대하고 나선 기록이 있다.

정유침은 양제의 아비로 그에게 직을 제수하라고 분부하기는 했으나 그는 아직 학생입니다. 처음에는 9품의 말단 반열에 있다가 점차로 올라가는 것이 상례입니다. 처음부터 직을 제수하여 갑자기 8품으로 올렸으니 조정에서 듣고 본 바로는 상례에 어긋난 듯합니다. 더구나 동궁의 적첩(정실과 첩)의 구분으로 보아서는 더욱 삼가고 엄하게 해야 합니다. 이 때문에 서반 말품의 일이지만 감히 아룁니다.

정철의 큰형인 정자는 문과에 급제하여 이조정랑이 되었지만 을사사화 때 연루되어 경원지방으로 유배 가는 도중에 고문의 후유증인 장독으로 32세에 요절했고, 둘째 형인 정소는 실의에 빠져 처가가 있는 호남의 순천으로 내려가 은거하였으며, 셋째 형인 정황은 명종 때 군기사 첨정僉正에 과거 없이 음직으로 천거되었다.

정철은 어려서 궁에 있는 누나들로 인해 궁을 자유로이 출입했는데 이때 어린 경원대군(명종)과 함께 어울려 놀아 남다른 친분을 유지했다. 그러나 이러한 외척관계로 인해 유년시절을 아버지의 유배지에서 함께 보내야 했다. 1545년(명종 즉위년) 을사사화에 둘째 사위인 계림군 이유가 관련되자 아버지가 유배당했기 때문이었다.

정철이 16세 되던 해인 명종 6년에 원자가 태어나 정유침은 유배에서 풀려나게 되었다. 그리하여 유침은 지금의 담양으로 이사하여 호남인이 되었다. 정철도 아버지를 따라 왔고, 성산 기슭의 송강 가에서 10년 동안을 수학했다. 이때 기대승 등 당대의 석학들에게 배우고 이이, 성혼 등과도 교유하였다.

1561년 진사시에 합격하여 벼슬길에 나아갔으며, 1566년 함경도 암행어사를 지낸 뒤 이이와 함께 사가독서를 하였다. 그 후 승지를 거쳐 3년 동안 강원, 전라, 함경도 관찰사를 지내면서 많은 시를 남겼다. 이 즈음에 〈관동별곡關東別曲〉을 지었고, 또 시조 '훈민가' 16수를 지어 널리 낭송하게 함으로써 백성들의 교화에 힘썼다. 1585년 관직을 떠나 고향에 돌아가 4년 동안 작품 생활을 하였다. 이때 '사미인곡', '속미인곡' 등 수많은 가사와 단가를 지었다. 1589년 우의정으로 발탁되어 정여립鄭汝立의 모반사건을 다스리게 되자 서인의 영수로서 철저하게 동인 세력을 추방했고, 다음해 좌의정에 올랐으나 동인인 영의정 이산해와 함께 광해군의 책봉을 건의하기로 했다가 이산해의 계략에 빠져 홀로 광해군의 책봉을 건의했다가 왕의 노여움을 사 파직당하고 유배되었다.

1592년 임진왜란 때 부름을 받아 왕을 의주까지 호종했고 다음해 사은사로 명나라에 다녀왔다. 얼마 후 동인들의 모함으로 사직하고 강화의 송정촌에 머물다가 술병으로 죽었다. 당대 가사문학의 대가로서 시조의 고산 윤선도와 함께 한국 시가 사상 쌍벽으로 일컬어진다.

정철은 중종 31년에 태어나서 인종과 명종을 거쳐 선조 26년 12월 18일에 졸하였으니 조선 중기에서 후기로 넘어가는 시기를 산 것이요, 성리학이 가장 절정을 이룬 시기를 살았다. 또 임진왜란이라는 전란이 국토를 피폐케 하고 백성이 질곡의 도탄에 허우적대던 시기를 살다갔다. 그가 정치적으로 가장 왕성하게 활동했던 불혹의 나이에 붕당이 시작되었으니 따라서 붕당을 만들었던 장본인이며 서인의 영수로서 모든 비난을 한 몸에 받아야 했다.

죽어서도 괴롭힌 최영경 옥사 사건

실록의 그에 대한 기록은 가혹하기 이를 데 없다. 그는 술을 참으로 즐겼던 모양이다. 줄기마저도 술병으로 죽었다고 기록하고 있으며, 술로 인해 전 인격이 폄훼되고 탄핵을 받은 적도 있으니 말이다. 실록의 기록을 보면 선조가 그를 승진시키고자 하자 사간원에서 "술주정이 심하고 미친 언동을 하니 파면시키라"고 상소를 올리기도 하였다.

그런데 가장 혹독하게 비판을 받은 것은 정여립 사건과 관련한 옥사 사건이었다. 당시 정여립 사건이 일어나자 정철은 이를 기회로 동인들을 척결하는데 앞장선다. 이와 관련하여 직접적인 탄핵을 받게 된 것이 낙안 유생 선홍복 사건이다.

실록의 기록을 보자.

> 낙안樂安에 거주하는 선홍복의 집에서 문서를 수색해냈는데, 역적 정여립과 상통한 흔적이 있었다. 그를 잡아들여 심문하여 승복을 받은 뒤 사형에 처하였다. 그에 대한 조사를 통해 이발, 이길, 백유양 등이 관련되어 모두 장을 맞아 죽었다. 또 선홍복의 조사 기록에, 이진길이 유덕수의 집에서 예언서를 입수했다고 하자, 그를 잡아들여 국문하였으나 승복하지 않고 죽었다. 그때 정철 등이 자기들과 친한 금부도사를 시켜 거짓으로 선홍복의 편지를 만들어 선홍복에게 은밀히 전하면서 "만약 이발, 이길, 백유양 등을 끌어넣으면, 너는 반드시 살아날 수 있다" 하고, 큰 버선을 만들어 통을 넓게 하여 밖으로 제치게 하고, 그 말을 버선

안쪽에 써 두었다가 결박되는 때 거기에 쓰인 대로 잊지 않고 진술하게 하였다. 선홍복이 그 말을 믿고 낱낱이 그대로 진술하였는데 자백이 끝난 뒤에 즉시 끌어내 사형에 처하려 하니, 선홍복이 크게 부르짖기를 "편지와 버선 안의 글에 이발, 이길, 백유양 등을 끌어대면 살려주겠다 하고 어찌 도리어 죽이려 하느냐?" 하였으니 정철 등이 사주하여 살륙한 것이 이토록 심하였다.

당시 이발은 동인의 핵심 인물로서 사사건건 정철과 대립관계에 있었는데, 이발을 정여립 사건에 끌어들이기 위해 정철이 낙안의 유생 선홍복을 사주하여 이발 등을 죽이고 또한 선홍복까지 죽여버렸다는 것이다.

이 사건뿐만이 아니라 그가 재직시 그리고 죽고 나서까지 그를 괴롭혔던 사건이 최영경 옥사 사건이다. 이 역시 정여립 사건을 통해 정철이 평소에 자신을 간사한 사람이라고 통박했던 최영경을 얽어 옥사를 시켜버렸던 것이다. 당시 반란을 획책했던 사람들 중에 길삼봉이라는 이름이 있었는데 이 길삼봉이 바로 최영경이라고 정철이 사람들을 시켜 사주했다는 것이다. 우선 정철이 최영경에 대한 감정이 어떠했는지부터 알아보자.

이는 최영경이 옥사한 당시의 기록이다.

최영경은 효우스럽고 독실한 행실이 있었다. 조식을 존경하였고 정인홍과 뜻을 같이하여 서로 칭찬하였는데, 명예는 인홍보다 나았다. 영남에 살았는데 많은 선비들이 존숭하였고 조정에서도 그의 논의를 근거로 인물을 진퇴시켰기 때문에 성세가 매우 커져 집안 뜰이 저자처럼 붐

볐다. 영경은 기절과 의리를 숭상하고 선악의 평가를 좋아했는데 당론에 치우쳤기 때문에 싫어하는 자도 많았다. 일찍이 박순과 정철을 죽여야 한다고 주장했기 때문에 정철이 국청에서 영경의 공초를 받고 나와서는 그를 위해 변명하는 말을 하고 이어 손으로 목을 그으며 말하기를

"저 분이 늘 나를 이렇게 처결하고자 하였지만 나는 군자이니 오늘날에 있어 어찌 저 분의 불행을 마음으로 좋게 여길 수 있겠습니까."

하자, 유성룡이 말하기를

"여기는 농담할 곳이 아닙니다."

하니, 정철이

"알았습니다. 다만 뒷날 이 말로 증거를 삼으려는 것입니다."

실록은 이에 대해 많은 사람들이 최영경이 옥사한 것을 원통히 여겼으며 정철이 속으로는 원한을 갚으려 하면서도 겉으로는 구원한 것이라고 기술하고 있다. 이렇게 최영경이 죽고나서 조정은 이 죽음에 있어 책임이 정철에게 있다고 추궁하기 시작하고 드디어 정철은 강화로 떠나 지내다가 1년 만에 죽고 만다. 그런데 정철이 죽었음에도 이 문제는 끝나지 않고 계속적으로 이어지면서 생전의 관직 삭탈 논의에까지 이르게 된다.

고 영돈녕부사 정철은 성질이 강포하고 편벽되며 남의 재능을 시기하고 이기려 들었던 사람으로, 시기와 질투만을 일삼아 자기와 의견을 달리하는 사람은 배척 무함하였고 조그만 원한도 반드시 보복하고야 말았습니다. 국가에 역적의 변이 있는 때를 틈타 전의 원한을 갚을 계획을

품고 남을 화에 빠뜨리는 것을 좋아하였고 자기의 간계를 팔아 죄 없는 사람들을 배척 무함하였습니다.

　최영경은 본디 산림山林의 선비로서 효와 우애 그리고 예절바름이 지극하여 남들이 그의 행실에 조금도 흠잡을 것이 없었습니다. 그런데 정철이, 그가 평소 자기를 간사한 사람이라고 지적해 말한 것에 격노하여 온갖 근거 없는 말을 만들어 백방으로 죄에 얽어 넣었습니다. 그러나 그를 추문하여 아무런 정상이 없음이 밝혀져 상께서 특명으로 석방하게 하자 은밀히 사주하여 단련한 끝에 옥사를 만들어 끝내 원통히 죽게 하고는 도리어 자살했다고 하였으니 그의 참독한 정상은 극에 달했다고 하겠습니다. 지금 성상께서 최영경이 죄가 없음을 깊이 아시고 이미 원통하고 억울함을 깨끗이 씻어주셨으니, 정철의 간사한 정상이 전하의 판단으로 다 드러나고 말았습니다. 간사한 자는 이미 죽은 뒤에도 처벌하는 법이 마땅히 시행되어야 합니다. 정철의 관작을 추급하여 삭탈함으로써 인신이 되어 혐의를 품고 선비를 죽인 자들의 경계가 되게 하소서.

　그런데 이러한 일이 있고 나서 그의 아들 정진명이 최영경의 죽음이 자기 아버지의 소행이 아니라고 상소를 올렸다가 거짓 상소를 올렸다 하여 오히려 추국을 당하는 어려움을 겪게 되기도 한다. 아무튼 그가 붕당의 맨 앞에 서 있었기 때문에 실록이 전하는 평가를 후세가 다 수용할 수 없다 해도 일면 편협했다는 비난만큼은 감수해야 하리라. 또한 그의 정치적 과오가 아무리 크다 한들 우리 국문학사에 남긴 족적은 더 크고도 높다. 송강 정철을 제외시키고 국문학사를 논할 수 없기 때문이다.

다만 아쉬운 것은 그가 정치판이 아닌 문인으로서 산림에 은거하여 여생을 보냈다면 이름이 만고에 높았을 것이고, 또한 더 많은 작품 활동으로 빼어난 작품을 후세에 남겨주었지 않았나 하는 아쉬움이 남는다.

재 너머 성 권농 집에 술 익단 말 어제 듣고,
누운 소 발로 박차 언치 놓아 눌러 타고,
아이야 네 권농 계시냐 정 좌수왔다 하여라.

그를 죽음에 이르게까지 했던 술, 과연 술과 문학은 뗄 수 없는 것인가. 담양 송강 기슭 소나무 우거진 솔숲 언덕, 송강정에 술에 취한 송강의 노랫소리 바람 한줄기 흘러가듯 흐르고 있을까? 하마 지금쯤 그 솔숲에 여전히 천년 푸르른 봄이 와 있겠다.

허균 許筠 (1569~1618년)

조선 중기 문신 겸 소설가. 본관은 양천, 호는 교산이다. 1589년(선조 22년) 생원을 시작으로 벼슬이 좌참찬에 이르렀다. 광해군 폭정에 항거하여 이듬해 하인준 등과 반란을 계획하다가 탄로가 나 1618년 가산이 적몰되고 참형되었다. 시문에 뛰어난 천재로 여류시인 난설헌의 동생이며 소설 〈홍길동전〉은 사회 모순을 비판한 조선시대 대표적 걸작이다.

훗날 반드시 이론이 있을 것

역적 허균이 하인준, 현응민, 우경방, 김윤황과 함께 서쪽 저잣거리에서 사형에 처해졌다. 그때 임금(광해군)이 백관에게 명하여 차례대로 서게 하였다.

허균은 왕의 직접 심문하는 과정을 거치지 않았고 단지 기준격(기자헌의 아들)의 전후 상소문 중에 나타난 흉악한 모의의 곡절과, 김윤황을 사주하여 흉악한 생각을 화살에 매어 경운궁 가운데 던지게 한 것과, 남대문의 흉방에 대해서 하인준이 허균이 했다고 이른 것, 몰래 승도들을 모아 난을 일으키려고 모의한 것, 산에 올라가 밤에 소리쳐서 도성의 백성들을 협박하여 나가게 한 것, 유구琉球(왜나라)의 군대가 원수를 갚으러 와서 섬에 숨어 있다고 한 이야기 등이 모두 허균이 한 것이라고 윤황과 하인준이 일일이 승복한 죄인데, 허균은 아직 승복하지 않았으므로 결안할 수 없다면서 붓을 던지고 서명하지 않았다. 이때 좌우의 대신들이 그를 핍박하여 서명케 했다.

하인준은 흉악한 방을 붙이는 데 동참한 죄이다. 현응민은 역적 허균의 눈과 귀가 되어 밤낮으로 함께 거처하면서 무릇 그가 행하는 일은 참여하여 알지 못하는 것이 없었다는 것과 남대문에 붙인 방을 응민이 썼고 산에 올라 밤에 소리친 것을 응민이 하였다는 설이 허균의 첩인 추섬의 공초에서 나온 죄이다.

우경방은 군목에 같은 당인의 성명을 나열해 쓰고 또 결사 맹문을 지어 한보길 등과 죽음을 각오한 교유를 맺었다는 것과, 은밀히 흉계를 꾸밈에 있어 허균의 지휘를 받지 않은 것이 없었다는 점, 또 더욱 흉악하고 참혹한 글자를 나무에 새기는 등 역모에 동참한 죄이다. 이들의 가족을 함께 연좌하여 죄를 묻고 재산을 몰수하며 집을 부수고 못을 팠다. 그리고 이들이 거주하는 지역의 수령을 파직했으며, 그 읍호를 강등하였다.

기자헌은 허균이 죽었다는 소식을 듣고 말하기를 "예로부터 형신도 하지 않고 결안도 받지 않은 채 단지 공초만 받고 사형으로 나간 죄인은 없었으니 훗날 반드시 이론이 있을 것이다"라고 탄식했다.

〈광해군일기〉131권 · 1618년(광해군 10년) 8월 24일

 "그는 개, 돼지만도 못한 천지간의 괴물입니다"

허균은 우리에게 우리나라 최초의 한글소설인 〈홍길동전〉을 지은 작가로 널리 알려져 있다. 신분 철폐와 적서차별에 대한 문제의식을 지니고 있었으며 평등한 이상세계를 구현하기 위해 혁명을 꿈꾸다가 반역으로 몰려 죽었다는 것이 그에 대한 지식의 대부분이다. 허균의 그러한 문제의식이 결국 〈홍길동전〉이라는 한국 최초의 한글 소설을 낳게 하였다.

그런 그에게 실록은 참으로 박정하다. 천재적인 영민함과 글 솜씨에 대해서는 아무 이론이 없으나 품성과 행동에 대해서는 어디에도 그를 옹호하거나 칭찬하는 기록을 찾아보기 힘들다. 오직 폄훼와 증오 섞인 기록만이 가득하다. 수번의 파직과 귀양 끝에 드디어 반역의 죄를 뒤집어쓰고 죽기까지 일생은 순탄치 않았다. 그에 대한 독설 중에서도 가장 압권인 것은 광해군 10년 4월 29일의 기록이다.

그는 천지간의 한 괴물입니다. 그 몸뚱이를 수레에 매달아 찢어 죽여도 시원치 않고, 그 고기를 씹어 먹어도 분이 풀리지 않을 것입니다. 일생에 해 온 일을 보면 악이란 악은 모두 갖추어져 있습니다. 강상을 어지럽힌 더러운 행동을 보면 다시 사람이라 할 수 없고, 요망한 참언을 만들어내는 것이야말로 그의 장기이니…….

광해군 역시 허균을 참형한 후 백성들에게 내린 반교문(담화문)에서 허균은 성품이 사납고 행실이 개, 돼지와 같았다. 윤리를 어지럽히고 음란을 자행하여 인간의 도리가 전혀 없었다. 죄인을 잡아서 동쪽의 저잣거리에서 베어 죽이고 다시 기쁨을 누리고자 대사면령을 베푸노라.

라고 말하고 있다.

이처럼 당시 그는 짐승보다 못한 패륜아요, 천지간의 괴물이라고 비난을 받았으며 죽임을 당했다. 허균은 왜 이런 평가를 받게 된 것일까?

그는 조선왕조가 끝날 때까지 기피되었던 인물이었고 끝내 복권되지 못한 인물이다. 출중한 재능을 지녔고 시문에 뛰어난 천재였다. 몇 번의 과거에 장원급제하는 천재성도 보였다. 그러나 이렇게 조정의 기대주로 주목받았음에도 불구하고 오십 평생 여섯 번이나 벼슬에서 쫓겨난다. 조선시대 허균만큼 파직과 복직을 거듭한 인물도 없을 것이다.

허균의 아버지는 서경덕의 문하로 학자와 문장가로 이름이 높았던 동지중추부사 허엽이며, 어머니는 후취인 강릉김씨로서 예조판서 광철의 딸이다. 임진왜란 직전 일본통신사의 서장관으로 일본에 다녀온 허성이 이복형이며, 허봉과 조선 제일의 여류문인 허난설헌이 동복형제이다.

명문 세가에서 태어나 몇 번의 과거에서 장원급제를 하고 예조참의에까지 이른 그가 왜 그렇게 비난을 받고 파직과 복직과 유배를 반복해야 하고 결국 죽임까지 당해야 했는가. 거기에는 시대의 윤리 규범과 화해할 수 없는 나름대로의 몇 가지 사건이 있었다.

 그가 죽을 수밖에 없었던 여섯 가지 이유

그 첫째 사건이 허균이 황해도 도사로 임명을 받아 임지에 갔을 때 서울에서 기생을 데리고 갔다는 것이었다. 사헌부의 기록은 다음과 같이 전한다.

> 황해 도사 허균은 서울의 기생을 데리고 와서 살면서 따로 관아를 자기 집에 설치하였고, 또 중방이라는 무뢰배를 거느리고 왔는데 첩과 함께 서로 안팎이 되어 거침없이 행동하면서 함부로 청탁을 하므로 많은 폐단을 끼치고 있습니다. 온 도내의 사람들이 비웃고 경멸하니, 파직시키소서.

우리는 조선시대에는 모든 지방의 수령이 마음대로 기생의 수청을 명하고 기생집을 마음대로 드나들었다고 알고 있으나 오히려 실록은 이러한 관리들의 추문에 대해 엄단하고 있음을 곳곳에 밝히고 있다.

두 번째가 효에 대한 거스름이었다. 그의 어미가 원주에서 살다가 죽었는데 찾아가지 않았으며, 심지어 상중에도 고기를 먹고 애를 낳았으며 기생을 끼고 놀았다 해서 두고두고 비난을 받았다. 모두들 경박하다, 막된 인물이다 하면서 허균을 손가락질했다. 당시에는 부모가 죽으면 관직을 떠나서 3년을 시묘하는 것이 관례로 되어 있었으니 사람들이 그의 행위를 두고 괴물이라 하였음도 당연하다.

세 번째는 불교를 신봉하고 서학(천주교)을 공부한다는 사실이었다. 성리학 이외에는 다른 학문이나 사상이 설자리가 없었던 조선시대에 있어 그것은 바로 시대가 받아들일 수 없었던 이단이었다.

　삼척 부사 허균은 유학자의 자제인데도 아버지나 형과는 달리 불교를 받들고 믿습니다. 불경을 외우고 읽으며 평소에도 중의 옷을 입고 부처에게 절을 하며 지냅니다. 수령이 되어서도 재를 올리며, 중에게 음식을 먹입니다. 많은 사람의 눈이 보는 데서 부끄러워할 줄 모르고 태연합니다 …… 파직을 명하시고 다시는 벼슬을 내리지 마시어 선비들의 습속을 바로 잡으소서. 허균은 밥을 먹을 때마다 반드시 경을 외었으며, 늘 작은 부처를 모셔두고 아침마다 반드시 자리를 만들었습니다. 중의 옷을 꿰어 입고 염주를 목에 걸었으며 절을 하고 염불을 외었습니다. 이르기를 "부처를 섬기는 제자"라고 하였으니, 이런 자가 바로 중이 아니고 무엇이겠습니까?

위의 내용처럼 〈광해군 일기〉를 보면 허균이 "거짓된 글짓기를 좋아하여 스스로 산수도참山水圖讖의 설부터 도교, 불교 따위의 이단의 이야기들을 모두 지었다"고 소개하고 있다. 〈어우야담〉은 "허균이 고서를 전송傳誦하는 것을 들었는데 유·불·도 3가家의 책을 닥치는 대로 시원하게 외워내니 아무도 그를 당할 수 없었다"라고 했다. 또한 중국에 사신으로 갔을 때 유럽의 지도와 천주교의 〈게십이장〉偈十二章을 얻어왔다는 기록이 〈어우야담〉이나 〈성호사설〉에 전한다. 허균은 명나라에 사신으로 갔을 때 천주교 서적을 가져온 것으로 추측되는데, 당시 명나라도 마테오리치에 의해 막 천주교가 도입되는 시점이었음을 고려하면 새로운 사상에 대한 관심이 유별났음을 알 수 있다. 어쨌든 그가 유·불·도 3교에 두루 능통했음은 분명하다.

허균은 1607년 3월 삼척 부사로 부임한 지 13일 만에 사헌부의 이와 같은 탄핵을 받고 벼슬에서 쫓겨났다. 절대왕권과 주자학의 엄격한 강상론이 지배하는 사회에서 허균은 형식화된 성리학에 도전하여 불교와 도교와 무속을 믿고 여기에 천주교를 최초로 수용한 사상적으로 대단히 폭이 넓은 당대의 보기 드문 자유인이었다. 그런데 허균은 엄격한 조선의 규율을 무시하고 승려들과 가까이 지냈다. 이것이 조선왕조에서 기피되었던 또 다른 이유였다. 서산대사와 사명당과 스승이나 형제처럼 지냈으며 광해군 2년(1610년) 사명당이 해인사 홍제암에서 열반하자 제자들이 부도탑과 사명당비를 세우는 데 직접 비문을 지었다.

네 번째는 스스로 많은 적을 만들었다는 것이다. 선조 35년인 1602년 5월 17일자의 실록을 보자

> 병조정랑 허균이 문사낭청으로 엊그제 궁궐 뜰에서 국문할 때에 대신 앞에 나아가 국문 내용을 기록하고 있었는데, 판부사 심희수 역시 고할 일이 있어 대신 앞에 나갔더니, 허균이 희수를 물러가라고 하자 희수가 노하여 물러갔습니다. 국청에는 조정 백관이 모두 모여 있는 자리에서 높은 품계의 중신에게 일개 낭관인 허균이 감히 내쫓듯이 하여 물리쳤으니 체면을 너무 손상시켰습니다. 파직하소서.

라고 허균에 대해 탄핵하고 있다. 당시 심희수는 쫓겨나가면서

"허균이 비록 은대銀帶를 띠고 있으나 나이 어리고 경망스러운 사람이다"라고 하며, 숨가쁜 목소리와 노기 찬 얼굴로 불평의 빛이 가득하였다. 이덕형의 설득으로 무마되었다.

라고 기록하고 있음은 그가 얼마나 입바른 소리를 거침없이 하였는가를 알 수 있다. 어찌 당한 사람치고 원한을 품지 아니하겠는가.

그런데 그러한 일 중에서도 가장 치명적인 것이 기자헌과의 관계였다. 영창대군의 어머니인 인목대비의 폐모론에 대해 찬성과 반대로 갈라섰던 두 사람은 결국 기자헌의 아들인 기준격이 허균을 역모사건으로 고발함으로써 극에 달한다.

세간의 그에 대한 인심 역시 박하기 이를 데 없었으니 과거 시험에 있어서의 부정 사건이었다. 이에 대한 사헌부 탄핵을 보면 세간에서 얼마나 웃음거리가 되고 비하되었는지를 알 수 있다.

허균은 본디 경망스럽고 아첨을 잘하는 사람인데 조그마한 재주가 있는 것을 무기로 삼아 일생동안 해 온 일이라곤 그저 은밀히 자기 사욕을 채우는 일밖에 없었습니다. 예전에 과거의 시험관이 되었을 때에도 대부분 개인의 정리에 따라 행했기 때문에 사람들의 천시를 받아 온 것이 오래되었습니다.

그런데 이번 시험에서 대독관對讀官이 되어서는 더욱 거리낌 없이 자

기 욕심을 채우려고 노력했는데, 응시자의 답안지를 거둘 때에는 일부러 멀리 떨어지지 않은 자리에 자리를 잡고 거둔 시험지를 하나하나 가만히 살폈으며, 또 차비관差備官이 있는 근처에서 숙박하면서 자표字標를 탐지해 누구누구가 지은 것인지를 모두 알아내고는 시험 답안지 5백여 장을 모두 자신이 읽어 보겠다고 청하였습니다. 그리고는 과거시험 성적을 매길 때 자기 멋대로 손을 써서 어떤 것은 잘되고 어떤 것은 잘못되었다고 하면서 심사할 때마다 앞장서서 의견을 제시하였으며, 자기가 뽑고 싶은 사람의 답안지가 불합격 대상에 이미 포함되어 있을 경우라도 멋대로 직접 뽑아내어 합격자 명단에 올렸으므로 동참했던 시관들이 둘러 앉아 서로 돌아보면서 모두 가증스럽게 여겼습니다. 그가 제멋대로 좌지우지하면서 사정을 쓴 자취가 뚜렷하여 숨길 수가 없는데 이에 대해 나라 안에 말들이 자자하고 물정이 날이 갈수록 더욱 분개하고 있으니 아예 벼슬아치의 명부에서 삭제해 버리도록 명하소서.

당시 기록을 보면 〈광해군일기〉 35권인 1610년 11월 3일에 문과와 무과의 합격자 19명을 발표하였는데 이때의 시험관이 좌의정 이항복, 이조판서 이정귀, 형조판서 박승종, 호군 조탁, 허균, 홍서봉, 이이첨, 승지 이덕형 등이었다. 그런데 결과를 볼 때, 박승종은 자기 아들 자흥을 뽑고, 조탁은 자기 동생 길을 뽑고, 허균은 형의 아들 보와 형의 사위 박홍도를 뽑고, 이이첨은 사위의 아비 이창후와 이웃 친구 정준을 뽑았는데, 박자흥이 또한 그의 사위였다. 그래서 사람들이 "아들 사위 동생 조카 사돈의 합격자 명단이라고 하였는데, 사위나 며느리의 어버이를 사돈이라고 한다"라고 숙덕거렸던 것이다.

다섯 번째는 신분과 적서차별에 대한 개혁적 사상이었다. 결국 이것이 그를 죽음으로 내몰게 한 5년 뒤의 역모 사건과 연결이 되었다. 태종 이후 임진왜란까지 서자들은 과거에 나아갈 수 있는 길이 원천적으로 봉쇄되어 있었다. 그러던 것이 임진란 때 잠시 해제되었다가 난이 끝나자 다시 원래의 제도로 돌아가면서 등용되었던 서자 출신 관리들이 퇴출을 당하게 된다. 따라서 많은 서자들이 사회의 불만 세력으로 등장할 수밖에 없었다.

칠서七庶사건은 바로 이런 배경에서 발생되었다. '7서'는 영의정 박순의 서자 박응서, 목사 서익의 서자 서양갑, 심전의 서자 심우영, 병사 이제신의 서자 이경준 그리고 허홍인이다. 서양갑을 비롯한 일곱 명의 서자들이 거사를 도모한 것이다. 광해군 5년(1613년) 실록에 따르면 서자들은 무력으로 궁궐을 장악한 뒤 광해군을 폐위시키고 스스로 정권을 잡으려고 했다.

이 칠서들과 허균은 아주 특별한 관계였다. 특히 공주 목사 시절 가까이 지낸 심우영, 박응서와 칠서의 우두머리인 서양갑의 관계 때문에 허균은 칠서사건의 배후로 의심받게 된다. 허균이 칠서들과 매우 긴밀한 관계였다는 것은 소설 〈홍길동전〉에서도 확인할 수 있다. 칠서들은 무력을 동원해서 권력을 잡으려 했는데 홍길동 역시 도적떼를 이끌고 무력으로 율도국의 왕에까지 오른다. 또한 칠서들이 주로 활동했던 문경새재는 〈홍길동전〉에 나오는 활빈당의 주요 무대이기도 하다.

기자헌의 아들인 기준격이 아버지를 구하기 위해 올린 비밀 상소로부터 시작된 역모 사건은 허균의 심복 현응민에 의한 숭례문에 광해군을 비방하는 흉서가 붙자 그 배후로 허균이 지목되고 투옥되는데 그를 따르던 부하들이 난동을 부렸다. 그러는 과정에서 허균의 심복들인 하인준, 김개, 김우성 등이 줄줄이 잡혀 들어가면서 허균에게 불리한 증언들이 나오게 된다. 증언 내용들은 다음과 같다.

> 허균이 궁궐을 치기 위해 승군을 조직했다. 이들을 이끌고 거사를 계획하고 있었다. 처음에는 의창군(선조의 후궁 인빈 김씨의 4남)을 추대하려고 했지만 나중에는 허균 스스로 왕이 되려고 했다.

이이첨과 함께 임해군, 영창대군 등을 죽이고 선조의 계비인 인목대비를 유폐시켜 정국을 주도하려던 그는 결국 위협을 느낀 이이첨에 의해 1618년(광해군 10년) 8월 26일 역모죄로 능지처사되었다. 심복들이 자백한 지 3일 만에 허균에게 제대로 된 심문도 없이 전격적으로 처형한 것이다.

최후를 맞이한 허균에게는 정치적 동조자나 후원자가 없었다. 강하고 독선적 기질이 스스로를 고립시켰던 것이다. 1618년 음력 8월 24일, 계절이 여름을 막 벗어나고 들판에 추수가 한창이던 초가을 오후, 청량한 하늘빛 햇살이 눈부시게 아픈 석양 무렵에 허균은 현응민, 우경방, 하인준 등의 동지들과 함께 저잣거리에서 능지처참 당하면서 파란만장한 50세의 생애에 마침표를 찍었다.

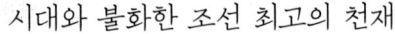 시대와 불화한 조선 최고의 천재

허균은 과연 모반을 통한 혁명을 계획했던 것일까? 실제로 조선왕조를 뒤집으려 했던 것일까? 이 부분은 아직도 의문으로 남아 있다. 당시 조정에서는 허균을 제거하는 데 급급해서 판결문도 남기지 않았기 때문이다.

1618년 8월 광해군이 직접 인정전에 나아가 허균 일당을 심문했다. 그러나 허균의 차례가 되자 그의 입에서 당파 싸움 과정의 음모와 비리가 터져나올 것을 두려워한 대신들이 왕을 만류했다. 왕이 "사형을 속히 해야 마땅하겠지만 물어야 할 것을 물은 뒤에 사형을 하는 것이 어떻겠는가?"라고 했으나, 대신들은 "도당들이 모두 승복했으니 달리 물어 볼만한 것이 없습니다"며 만류했다. 왕이 거듭 "오늘 사형하지 않겠다는 것이 아니라 심문한 뒤에 사형하고자 하는 것이다"라고 말했으나 대신들의 반대는 거셌다. 이 날의 일을 다룬 〈광해군 일기〉는 "왕이 끝내 군신들의 압박을 받고 어쩔 수 없이 따랐다"고 기록하고 있다.

왕이 몸소 국문하는 과정을 목격한 사관은 광해군 10년(1618년) 8월 24일의 〈광해군 일기〉에 이렇게 밝히고 있다.

이때에 이이첨과 한찬남의 무리들은 허균이 사실대로 말하면 그들의 전후 흉모가 여지없이 드러나 다 같이 사형을 받게 될까 두려워했다. 그래서 심복을 시켜 몰래 허균에게 말하게 하기를 "잠깐만 참고 지내면 나중에는 반드시 벗어날 수 있을 것이다"라고 하고, 또 허균의 딸이 뽑혀서 후궁으로 들어갈 참이므로 다른 근심이 없으리라는 것을 보장한다면서 온갖 수단으로 사주하고 회유했다. 그러나 그 계책은 실로 허균을 빨리 사형에 처해 입을 없애려는 것이었다.

왕이 몸소 국문할 때 정상을 캐물으려고 하자 이이첨의 무리들은 허둥지둥 어쩔 줄을 몰라 하면서 그 당류들과 더불어 왕 앞에서 사실을 은폐하며 갖은 말로 협박하고 논쟁해서 왕이 다시 캐묻지 못하게 했다. 왕이 마음대로 할 수 없어 그들의 청을 따라주자 이이첨의 무리가 서둘러 허균을 끌고 나가게 했다. 허균은 나오라는 재촉을 받고서 비로소 깨닫고 크게 소리치기를 "하고 싶은 말이 있다" 했으나, 국청鞫廳(역적 등의 중한 죄인을 신문하기 위해 임시로 설치한 곳)의 상하가 못 들은 척하니 왕도 어쩔 수 없어 그들이 하는 대로 맡겨 둘 따름이었다. 결국 허균은 두 팔과 두 다리, 머리와 몸통이 6개 조각으로 찢기는 능지처사를 당했다.

양천 허씨 명문세가의 막내로 태어나 문명을 날리던 그가 자유분방한 생활 태도를 지니게 된 것도 젊었을 적에 겪었던 가족사에 기안한 것이라고 진단하는 사람들도 있다.

그는 자신을 아껴주던 둘째 형 허봉의 정치적 좌절과 죽음, 문학적 재능을 키워주었던 누나 허난설헌의 요절, 임진왜란의 피난길에서 당한 아내와 아들의 죽음 등 큰 충격을 연속으로 겪었다. 임진왜란이 끝난 조선 사회는 피폐할 대로 피폐해 있었다. 따라서 허균은 체제의 모순에 더 근원적인 불만을 가지고 있었다. 적서차별의 신분제도, 백성들의 황폐한 삶, 끊임없이 일어나는 피비린내 나는 당쟁 등에 대한 비판적 인식은 그의 많은 시와 산문, 〈홍길동전〉 같은 소설에서 엿볼 수 있다.

그는 홍문관 월과에서 아홉 번을 연이어 장원급제를 할 만큼 천재였다. 시대를 막론하고 천재들에게는 대부분 그 시대가 요구하는 규범이나 행동양식을 뛰어넘는 자유와 개성 짙은 향기가 뚜렷하다. 그는 누구보다도 사회적 약자들과 친했고 그들의 불우한 처지를 이해했다.

허균의 파격적인 사고는 이런 휴머니즘의 실천 과정에서 싹튼 것으로 보인다. 그의 행동은 종종 예측이 어려웠고 괴상하기까지 한데 특히 만년의 정치적 선택이 그러하다. 광해군과 이이첨이 제휴하여 대북파에 참여하고 폐모론을 주창한 데 대해서는 평가가 엇갈리며 역모 사건에서도 시빗거리가 남아 있다.

조선말까지 그에 대한 평가는 실로 다양하다. 기존 질서의 체제에서는 천지간의 괴물로, 성품이 올빼미 같고 행실이 개와 돼지 같은 인물로 보기도 했다. 이와 같은 평가는 중세시대의 이성으로는 가늠할 수 없는 뚜렷한 개성과 다양성을 지닌 인물로서 오늘날의 눈으로 볼 때 그는 괴물도 그 어떤 것도 아닌 시대를 앞서가는 천재였을 뿐이었다.

 부안 기생 매창과의 인연

허균의 〈조관기행漕官紀行〉 가운데 이런 글이 있다.

신축년(1601년) 7월 임자(23일). 부안에 이르렀다. 비가 몹시 내렸으므로 객사에 머물렀다. 고홍달이 와서 뵈었다. 기생 계생(매창)은 이귀의

정인이었는데, 거문고를 끼고 와서 시를 읊었다. 얼굴이 비록 아름답지는 못했지만 재주와 정취가 있어서 함께 얘기를 나눌만 하였다. 하루 종일 술을 나누어 마시며 서로 시를 주고받았다. 저녁이 되자 자기의 조카딸을 나의 침실로 보내주었으니 경원하며 꺼리었기 때문이었다.

허균은 일찍이 "남녀의 정욕은 본능이고, 예법에 따라 행하는 것은 성인이다. 나는 본능을 좇고 감히 성인을 따르지 아니하리라"라고 했고, 여행할 때마다 잠자리를 같이 한 기생들의 이름을 기행문에 버젓이 적어놓기도 했다. 부안에 오기 전인 1599년 황해도사(종5품)로 있을 때만 해도 서울에서 창기를 데려다 놀면서 물의를 일으켜 사헌부의 탄핵을 받아 파직되었던 것이다. 그러한 그가 매창과 잠자리를 같이 하지 않고 정신적인 교감만 가진 것은 비록 천한 기생이지만 똑같은 인간으로서 대우를 했고 더구나 매창의 시를 좋아했기 때문이었다.

허균은 매창이 죽었다는 소식을 듣고 슬퍼하며 두 편의 시를 지었다. 그 중 하나가 '매창의 죽음을 슬퍼하며' 이다.

아름다운 글귀는 비단을 펴는 듯하고
맑은 노래는 머문 구름도 풀어 헤치네
복숭아를 훔쳐서 인간 세계로 내려오더니
불사약을 훔쳐서 인간 무리를 두고 떠났네.
부용꽃 수놓은 휘장엔 등불이 어둡기만 하고
비취색 치마엔 향내 아직 남아 있는데

이듬해 작은 복사꽃 필 때쯤이면
누가 설도의 무덤을 찾으리

여기서 잠깐 매창에 대해 살펴보자. 허난설헌과 함께 조선시대 대표적인 여류 시인으로 평가받는 매창은 1573년(선조 6년) 부안현의 아전이던 이탕종의 서녀로 태어났다. 태어난 해가 계유년이었기에 이름을 계생 또는 계랑이라 하였으며, 향금이라는 이름도 있었다. 계랑은 아버지에게서 한문을 배웠으며, 시문과 거문고를 익히며 기생이 되었는데, 이로 보아 어머니가 기생이었을 가능성이 크다.

기생이 되어 매창이라는 호를 갖게 되었다. 조선시대 대부분의 여성들에게는 이름이 없었다. 하물며 기생 신분에 이름과 자와 호까지 지녔던 그녀였으니 꽤 명망이 높았던 모양이다. 매창은 1590년 무렵 부안을 찾아온 시인 촌은 유희경과 만나 사귀었다. 매창도 유희경을 처음 만났을 때 시인으로 이름이 높던 그를 이미 알고 있었던 듯하다. 〈촌은집〉에 실린 기록으로 두 사람의 관계를 알 수 있다.

유희경이 젊었을 때 부안에 놀러갔었는데, 그 고을에 이름난 기생 매창을 만난 것이다. 둘은 서로 정을 나눴고 풍류를 즐겼는데 이때 지은 시를 모아 시집 〈매창집〉을 남겼다. 그러나 유희경이 서울로 돌아가고 이어 임진왜란이 일어나 이들의 재회는 기약이 없게 되었다. 유희경은 전쟁을 맞아 의병을 일으키는 등 바쁜 틈에 매창을 다시 만날 여유가 없었던 것이다. 비록 짧은 기간이었지만 진정 마음이 통했던 연인을 떠나보낸 매창은 깊은 마음의 상처를 받았다. 이후 쓰인 시들은 님에 대한 그리움을 넘어서 서러움과 한을 드러내고 있다.

    봄날이 차서 엷은 옷을 꿰매는데
    사창에는 햇빛이 비치고 있네
    머리 숙여 손길 가는 대로 맡긴 채
    구슬같은 눈물이 실과 바늘 적시누나.

유희경 역시 매창을 그리워하기는 마찬가지였다.

    그대의 집은 부안에 있고
    나의 집은 서울에 있어
    그리움 사무쳐도 서로 못보고
    오동나무에 비뿌릴 젠 애가 끊거라.

김만중 金萬重(1637~1692년)

조선시대의 문신, 소설가. 한글 소설인 〈구운몽〉으로 숙종 때 소설문학의 선구자가 되었다. 한글로 쓴 글이라야 진정한 국문학이라는 국문학관을 피력하였다. 그 외 〈사씨남정기〉, 〈서포만필〉 등의 작품이 있다.

한글로 쓴 글이라야 진정한 국문학

전 판서 김만중이 남해의 유배지에서 졸했는데, 향년 56세였다. 김만중의 자는 중숙重叔이고 김만기의 아우이다. 사람됨이 청렴하게 행동하고 마음이 온화했으며 효성과 우애가 매우 돈독했다.

벼슬을 하면서는 언론이 강직하여 선이 위축되고 악이 신장하게 될 때마다 더욱 정직이 드러나 청렴함이 다른 사람들보다 뛰어났고, 벼슬이 높은 품계에 이르렀지만 가난하고 검소함이 유생과 같았다.

왕비의 근친이었기 때문에 더욱 스스로 겸손하고 경계하여 권세 있는 요로를 피하여 멀리 했고, 이조판서와 병조판서 및 대제학의 지위를 극력 사양하고 제수받지 않으므로 세상에서 이를 대단하게 여겼었다.

 글 솜씨가 기발하고 시는 더욱 고아하여 근세의 조잡한 어구를 쓰지 않았으며, 또한 재주를 감추고 나타내지 않았는데, 사람들이 그의 천품이 도에 가까우면서도 학문에 공력을 들이지 못한 것을 한스럽게 여겼었다. 유배지에 있으면서 어머니의 상을 만나 상을 치룰 수 없음을 애통해 하며 울부짖다가 병이 되어 졸하게 되었으므로 한때 슬퍼하며 상심하지 않는 사람이 없었다.

〈숙종실록〉24권 · 1692년(숙종 18년) 4월 30일

**

 전 판서 김만중이 남해의 유배지에서 졸하였다. 김만중은 문사에 능하였고 효성과 우애가 돈독하여 어미를 잘 섬긴다고 소문이 났었다. 그러나 전연 식견이 없어 요직에 있을 적에 지론이 지극히 준엄했고, 임금의 친척(여기서는 숙종비인 정경왕후를 이름)에게 붙어 옳은 여론을 매우 힘써 공격했으며, 이사명의 종용을 받아 그가 도리어 어긋나게 속이는 말을 가지고 경솔하게 왕에게 고해 사류들에게 화를 끼치려는 계획을 하다가 부자가 함께 형벌을 받았었다.

 해남으로 귀양 가서 어미의 상을 만났었지만 분상奔喪하게 되지 못했었는데, 이때에 이르러 졸한 것이다. 2대를 지나서는 또한 흉악한 역적이 생겨나 온 가문이 살륙을 당하였으므로 세상 사람들이 "김만중의 험악하게 편당하던 의논이 앙갚음을 받게 된 것이다"라고들 하였다.

〈숙종보궐정오〉24권 · 1692년(숙종 18년) 4월 30일

 한강의 배 안에서 태어난 유복자

김만중에 대한 두 편의 졸기가 서로 상이한 평가를 내리고 있는 것은 당시의 붕당 현실을 미루어 짐작할 수 있다. 김만중은 서인 송시열의 제자로 효종, 숙종 시절 붕당의 가장 첨두에 서 있었던 인물이다. 그리하여 권력의 향방이나 사관의 붓끝에 따라 사후의 평가가 다를 수밖에 없고, 따라서 그의 졸기가 처음 쓰여졌던 〈숙종실록〉의 기록과 다시 보정된 〈숙종보궐정오〉 기록이 다를 수밖에 없다. 〈숙종실록〉은 긍정적으로, 〈보궐정오〉 기록은 대단히 부정적으로 평가하고 있음도 그러한 연유에서 일 것이다.

김만중의 본관은 광산, 자는 중숙, 호는 서포西浦, 시호는 문효文孝이다. 1665년(현종 6년) 정시문과에 장원해 정언, 지평, 수찬, 교리를 거쳐 1671년(현종 12년) 암행어사가 되어 경기와 삼남三南의 진정을 조사하였다. 동부승지를 거쳐 예조참의, 공조판서, 이어 대사헌, 홍문관 대제학에 이르렀다.

증조부는 조선 예학의 고봉인 김장생이며, 아버지는 김익겸이다. 인조 14년 병자호란이 일어났을 당시 김익겸은 강화도에서 묘사廟祠를 관리하는 직책에 있었는데 전란이 강화도에까지 미쳐 강화도가 함락되자 분을 참지 못하여 남문 위에서 자폭해 순절했다. 이때 김만중은 태중에 있었는데 어머니가 강화도를 빠져나와 서울로 오는 배 안에서 그를 낳았다. 그래서 어렸을 때 이름이 배에서 낳았다 하여 선생船生이라 불렸다.

위로 형 한 명을 두고 유복자로 태어난 그는 어린시절 어머니로부터 교육을 받았다. 어머니 윤씨는 명문거족인 윤두수의 후손으로 남편을 잃자 두 아들을 데리고 친정으로 돌아갔다. 친정부모를 모시면서 직접 아들들에게 소학 등을 가르쳤다. 아들들이 책을 사고 싶어하는데 감히 말을 하지 못하자 베를 짜던 윤씨가 베를 중간에서 싹둑 잘라 책을 사주었다는 일화도 전해진다.

 감히 내 후궁을 걸고 넘어지다니!

김만중은 1667년(현종 6년)인 나이 29세 때에 문과에 급제하여 벼슬길에 나아간다. 30세이던 해에 형인 김만기가 2품직의 고위직에 오르게 되고, 그 후 김만기의 딸이 세자빈(후에 숙종비 정경왕후)에 책봉됨으로써 외척의 신분에 이른다.

만중은 벼슬에 있으면서 몇 차례에 걸쳐 삭탈관직과 유배를 가는데 첫 번째 사건이 서인의 반대파였던 남인의 영수 허적을 탄핵했던 사건이었다. 그는 허적이 정승으로 다시 임용되는 것은 그의 인물됨으로 보아 소인이기 때문에 재고해달라고 아뢰었다가 당파적 소행이라고 여긴 숙종의 미움을 받아 파직과 함께 유배의 명을 받았다. 그러나 허적이 유배는 지나치다고 간곡히 진언해 삭탈관직만 당했다. 허적은 비록 반대파였지만 만중을 이와 같이 두둔한 것이다.

김만중이 신을 꾸짖은 말이 신에게 들어맞는지는 모르겠습니다만, 채용할 만한 말이 아닐 경우 버리면 되는데 귀양 보내기까지 하시니 어찌 성스런 덕에 누가 되지 않겠습니까. 그리고 김만중은 그의 어미와 떨어져 있으니 정리상 측은합니다.

그 후 다시 경신대출척 사건(1680년)으로 남인이 축출되자 복직을 하게 되고 후에 예조참판을 거쳐 대사헌, 대제학 자리에까지 오르는데, 이즈음에 후궁인 장희빈과 관련한 내용을 아뢰었다가 결국 귀양을 떠나게 된다.

당시 후손이 없어 근심하던 숙종은 궁녀인 장희빈을 후궁으로 맞이하는데 총애가 지극했다. 장희빈의 어머니는 일찍이 조사석의 비첩이었는데 조사석이 파격적인 승진을 거듭하여 좌의정에 이르자 내외의 여론이 모두 장희빈 때문이라고 숙덕거렸다. 김만중이 이러한 여론을 숙종에게 진달했다가 그만 숙종의 미움을 사 선천으로 유배를 당하게 된 것이다.

조사석은 현종(숙종의 아버지)의 비인 조대비의 사촌동생이었지만 평소에 그다지 이름이 드러나지 않았고 숙종의 총애도 각별하지 않았는데, 장희빈이 후궁이 되면서 조사석의 승진이 눈에 띄게 파격적으로 이루어졌다. 이 때문에 사람들이 모두 후궁의 도움이 있은 것으로 여겨, 길거리에서의 말과 항간에서의 소문이 날로 증폭되고 있었지만 숙종의 총애를 한 몸에 받고 있던 장희빈 때문에 누구 하나 말을 꺼내지 못했던 것이다.

또한 서인의 영수격이었던 영의정 김수항이 죄를 입게 된 것이 김수항의 아들인 김창협이 장희빈을 심히 배척하는 상소를 올려 숙종이 불만스러워 하다가 결국 그의 아비에게 화풀이하게 된 것이라는 여론이 있었다.

김만중은 현종 때부터 임금 앞에서 입바른 소리를 거침없이 하여 현종으로부터 붕당의 간흉이라 하여 상당 기간 미움을 샀는데, 결국 김만중이 총대를 메고 이러한 여론을 거론하고 나선 것이다. 실록은 김만중과 숙종이 나눈 대화를 이렇게 기록하고 있다.

　　임금이 이르기를
　　"조사석이 불안하게 된 것은 과연 무슨 일 때문이겠는가?"
　　하니, 김만중이 아뢰기를
　　"후궁 장씨의 어미가 평소에 조사석의 집과 친밀했었습니다. 조사석이 좌의정에 오른 것은 여기에 연줄을 댄 것이라고 온 나라 사람들이 모두 말하고 있습니다마는, 유독 전하께서만 듣지 못하신 것입니다. 임금과 신하의 사이는 마땅히 환하게 트이어 조금도 간격이 없어야 하는 것인 데다가 전하께서 물으시는데 신이 어찌 감히 숨기겠습니까?"
　　하자, 임금이 크게 화를 내며 이르기를
　　"나와 같이 재주도 없고 덕도 박한 사람이 임금의 자리에 있으면서 이러한 말을 듣게 되니 진실로 군신들을 대할 면목이 없다. 김창협이 한 일은 비록 해괴하기는 했지만 어찌 죄를 그의 아비에게 옮길 리가 있겠는가? 조사석이 이미 연줄을 대어 정승이 되었다고 했으니, 광해군 때에 값을 바치고 벼슬을 얻게 된 일과 같은 것인데, 금을 받은 것이라 여기느냐, 은을 받은 것이라 여기느냐? 분명히 말의 근거를 대라. 결코 그만두지 않겠다."
　　하였다. 김만중이 아뢰기를
　　"전하께서 이미 신으로 하여금 말을 하도록 해놓고 또한 한 말의 근거를 물으십니다마는, 신이 비록 불초하기는 하지만 어찌 말의 근거를 들어 말씀드릴 수 있겠습니까? 비록 주륙을 받게 되더라도 신이 진실로 달게 여기겠습니다마는 이는 전하께서 바로 신을 형륙에 빠뜨리시려는 것입니다."

하며, 말씨가 흔들리지 않았다. 임금이 더욱 화를 내어 음성과 안색이 모두 엄해지며 다그쳐 묻기를 그만두지 않으니, 김만중이 아뢰기를

"신이 감히 여기에 있을 수 없습니다. 바로 달려나가 의금부에서 대명하겠습니다."

이에 승정원의 승지 등 여러 명이 시중에 떠도는 말에 대해 어찌 그 근거를 댈 수 있겠냐며 김만중이 한 말을 따지지 말아달라고 간언을 했으나 숙종의 분노는 그치지 않았다.

"군신들이 왕을 보기를 일개 시종하는 신하만도 못하게 여기었다. 김만중이 비록 자신이 지어낸 것은 아니지만 반드시 들은 데가 있을 것이기 때문에 내가 따져서 물어보고 처리하려 하는 것이다. 이를 그대로 둔다면 다만 대신이 불안하게 될 뿐만 아니라 장차는 반드시 일마다 의심하게 되어 임금이 수족을 놀릴 데가 없어지고 단지 헛된 자리만 끼고 있게 될 것이다."

결국 김만중은 이 일로 인하여 선천으로 유배를 떠났다.

김만중은 유배를 떠나기 전 의금부에 하옥된 채 수차례의 엄한 국문을 받았음에도 증거를 대지 않다가 고문을 가하려 하자 아들인 김진화로부터 들은 이야기라고 자식을 끌어들여 부자가 목에 칼을 차는 곤욕을 당했으며, 또 둘째 아들 김용택의 장인인 이사명을 끌어들여 고문으로 죽게 했다. 이렇게 김만중은 유배를, 아들은 애비를 감싼 죄밖에 없다 하여 몇 차

례 고문을 받은 후 방면되었다. 〈숙종보궐정오〉 실록의 줄기에 김만중은 일찍이 현종 때에도 허적이 정승에 적합하지 않음을 말하다가 유배 명을 받은 적이 있었는데, 또 조사석의 일 때문에 귀양 가게 되었으니 세상 사람들 모두가 그의 과감한 직언을 칭찬했다고 기록되어 있다.

선천 유배지에서 쓴 소설이 저 유명한 〈구운몽〉이다. 그러나 유배생활 몇 개월 만에 장희빈이 훗날 경종이 될 왕자를 낳자 숙종은 이를 기념하여 전국의 죄인을 방면하면서 만중도 풀어주었다. 그런데 그 다음해인 숙종 15년에 장희빈의 아들을 세자로 책봉하자 서인들이 모두 반대를 하였는데 서인의 영수인 송시열과 김수항 등이 사사되고, 김만중은 또 삭탈관직된 채 남해로 다시는 돌아오지 못할 유배의 길을 떠나게 되었다. 이 사건이 곧 기사환국己巳換局(1689년)이다. 유배 중에 어머니 윤씨가 사망하자 장례에 참여치 못함을 너무 슬퍼하고 상심한 나머지 자신마저 56세를 일기로 세상을 떠나고 말았다.

만중은 남해 유배 시절 〈서포만필〉, 〈사씨남정기〉 등의 글을 남겼다. 그는 정철의 글을 비판하면서 한글로 쓴 글이라야 진정한 국문학이라는 국문학관을 피력하기도 하였다.

만중의 불행은 그의 대에서 끝나지 않았다. 죽은 지 30년 후인 1722년 (경종7)에 손자 김용택이 경종을 살해하려한 역모를 주동했다 하여 온 가문이 살육을 당하는 화를 입는다. 김용택은 장인 이사명이 할아버지 김만중과 함께 관련된 죄로 고문당해 죽자 아내의 원수를 사사로이 갚고자 왕의 술잔에 독을 타서 죽이려 했다고 실록은 기록하고 있다. 이때 죽은 사람들이 궁녀를 포함해 20여 명이었으며 그중에는 14살짜리 궁녀도 있었다.

조선 인물 청문회

제 7부

벼슬엔 뜻이 없고

김종직 · 글 하나 때문에 두 번을 죽다
이황 · 도산 달밤에 핀 매화
강희안 · 시, 그림, 글에 뛰어난 조선의 3절

강희안 姜希顔(1417~1464년)

조선 초기의 문신. 본관 진주, 호 인재仁齋 강희맹의 형이다. 시, 그림, 글씨에 뛰어나 세종 때의 안견, 최경 등과 더불어 3절三絶이라 불렸다. 문집에 원예에 관한 〈양화소록〉이 있으며, 그림으로 '고사관수도', '산수인물도', '강호한거도' 등이 전하는데 산수화, 인물화 등 모든 부문에 뛰어났다.

시, 그림, 글에 뛰어난 조선의 3절

인수부윤 강희안이 졸하였다. 천성적인 자질이 참되고 순수하고 화평하며, 쾌활 온화하고 말이 적고 청렴 소박하여 문장의 아름다움이 한때에 드높았다. 또 시에 능하였고 글씨와 그림도 뛰어나 전서, 예서에도 모두 정통한 경지를 이루니, 사람들이 삼절이라 추앙했다.

또 물리에 통달하여 일의 단서를 접하면 문득 알더라도 일찍이 그 일을 남에게 먼저 말한 적이 없었다. 일찍이 〈양화소록〉을 저술하여 경륜의 뜻을 여기에 실었다. 성격이 번거로운 것을 싫어하고 고요한 것을 좋아하여,

젊어서부터 명예나 벼슬에 연연하지 않았다. 의정부에서 일찍이 검상檢詳(의정부의 모든 실무를 담당하는 요직)에 추천하려 하였는데, 강희안이 이를 듣고 굳이 사양하였으므로 의정부에서 이 때문에 혐의스러워하였으나, 마침내 그 진심을 알고서 그제서야 그만두었다.

강희안이 일찍이 북경에 갈 때 산해관의 주사 양거가 강희안의 짧은 편지를 얻어서 상자에 간직하고 보배로 삼았다. 그 뒤에 그가 저술한 〈산해십영〉을 써 달라고 청했는데, 동생 강희맹이 중국에 입조하게 되자 강희안이 시 한 수를 주면서 이르기를

"산해만山海灣에서 만약 양주사를 만나거든 형은 종왕鍾王을 배우지 않는다고 말을 전하라."

강희맹이 이를 양거에게 보이니, 양거가 이르기를

"글씨와 시 두 가지가 모두 절묘하니, 이런 사람은 얻기가 어렵다."

하고, 강희맹을 관에서 대접하기를 더욱 극진히 하였다.

중국의 사신 김식이 일찍이 안주의 만경루에 머무르면서 시를 지었는데, 강희안이 교서를 받들고 현판을 썼더니, 김식이 보고 매우 놀라워하며 강희안의 이름을 기록하여 돌아갔다. 세상에는 한 가지 재예만 있는 사람도 또한 스스로 자기를 나타내어 값을 구하는데, 강희안은 재주가 많았으나 어리석은 것처럼 몸을 지키니 또한 어질다 아니하겠는가?

〈세조실록〉 34권-1464년(세조 4년) 10월 9일

 ## 꽃을 가꾸던 재상

다음은 강희안이 쓴 〈양화소록〉에 나오는 내용 중 일부다.

　사람이 한 세상을 살면서 명성과 이익에 골몰하여 고달프게 일하는 것이 죽음에 이르도록 끝이 없다. 과연 무엇을 하는 것인가? 벼슬을 버리고 강호에 소요하지는 못한다 하더라도 공무의 한가한 틈에 맑은 바람, 밝은 달 아래 향기 진한 연꽃과 그림자 뒤척이는 줄茲이나 부들蒲을 대하거나, 작은 물고기가 개구리밥과 수초 사이로 뛰노는 광경을 만날 때마다 옷깃을 풀어 헤치고 거닐거나 노래를 읊조리면서 노닌다면 몸은 명예의 굴레에 묶여 있지만 마음은 세상사에서 벗어나 노닐 것이고 자신의 감정을 마음껏 표현할 수 있을 것이다.
　옛사람이 말하기를 "명예와 이익을 다투는 세상에 얽매이면 욕심을 채우고 남을 굴복시키려는 마음이 생기고, 산림에서 한가롭게 지낸다면 침잠하려는 마음이 일어난다"고 하였다.
　이로부터 사람 마음은 처한 상황에 따라 변화하므로 그 나아갈 방향을 알 수 없다는 것을 엿볼 수 있다. 그러므로 도를 지켜 덕을 기르는 선비들은 번잡함을 싫어하고 한가로움을 좋아해 마음 편히 지내는 것에 만족하여 속박되지 않는다. 이 점은 옛날이나 지금이나 똑같은데 이것을 속세의 선비와 이야기하기는 어렵다.

　그는 조선 전기의 사람으로 시, 그림, 글씨에 뛰어나 세종 때의 안견, 최경 등과 더불어 3절이라 불렸다. 그림으로는 우리에게 널리 알려진 '고사관수도'를 그린 화가이며, 문집으로는 우리나라 최초로 원예 방법을 기록한 〈양화소록〉의 저자이기도 하다.

실록의 줄기에서도 "성격이 번거로운 것을 싫어하고 고요한 것을 좋아하여, 젊어서부터 명예나 벼슬에 연연하지 않았다"라고 기록하고 있듯이 그가 남긴 글과 그림은 품성이 어떠했는지를 잘 알려주고 있다.

재상이었지만 집에서는 평생 꽃을 가꾸며 살았는데 저서 〈양화소록〉에서 꽃을 가꾸는 이유를 하나의 일화를 통해 들려주고 있다.

어느 날 저녁 나는 등을 구부린 채 정원에서 흙을 북돋우어 꽃나무를 심느라 조금도 피곤한 줄 몰랐다. 나를 찾아 온 손님이 말했다.

"당신이 꽃을 재배하는 양생의 기술을 터득했다는 것은 지금 가르침을 받으니 알겠습니다. 그런데 당신은 몸을 지치게 하여 눈을 즐겁게 하고 마음을 미혹하게 함으로써 외물外物이 시키는 대로 하니 어찌된 일입니까? 마음이 쏠리는 것을 뜻志이라고 하는데, 그 뜻이 어찌 손상되지 않겠습니까?"

내가 말했다.

"아! 진실로 당신의 말이 옳다면, 몸이 말라비틀어진 나무처럼 되고 마음이 쑥대밭처럼 되고 난 후에야 그만두어야겠지요. 내가 천지 사이에 가득 찬 만물을 보니 수없이 많으면서도 서로 연관되어 있으며, 오묘하고도 오묘하게 모두 제나름대로 이치가 있습니다. 이치를 궁구하지 않는다면 앎에 이르지 못합니다. 그러므로 비록 풀 한 포기 나무 한 그루의 미물이라도 각각 그 이치를 탐구하여 근원으로 들어가면 지식이 두루 미치지 않음이 없고, 마음은 꿰뚫지 못하는 것이 없으니 나의 마음은 자연스럽게 사물과 분리되지 않고 만물의 겉모습에 구애받지 않게 됩니다. 그러니 어찌 뜻을 잃어버림이 있겠습니까. 더구나 '사물을 살필 때는 자신부터 돌아보고 지식이 완전해진 다음에야 뜻이 충실해진다'고 옛 사람들도 말했습니다.

찬 바람이 불어도 변치 않는 저 소나무의 지조가 모든 꽃과 나무보다 위에 있음은 덧붙일 것도 없습니다. 은일의 모습을 지닌 국화와 품격 있는 매화, 난혜와 서향 등 십여 종은 각기 운치를 자랑하고, 창포에는 고한孤寒의 절개가 있으며, 괴석은 확고부동한 덕을 지녀 군자의 벗이 될 만합니다. 언제나 함께 하며 눈에 담아두고 마음으로 본받을 것이니 어느 것 하나 소홀히 하여 멀리할 수는 없습니다. 그들의 덕목을 본받아 나의 덕으로 삼으면 이로움이 어찌 많지 않으며, 뜻은 어찌 커지지 않겠습니까.

넓은 집에서 가벼운 털옷을 입고 아름다운 구슬을 달고 생황을 연주하며 노래를 부르는 것은 마음과 눈을 즐겁게 하고자 하는 것이지만 오히려 성명을 훼손하고 교만한 마음만 싹틔울 뿐입니다. 어찌 상실되어 도리어 내 몸을 해친다고 할 수 있겠습니까."

손님이 말하기를,

"그대의 말이 옳습니다. 나는 그대의 말에 따르겠습니다."라고 하였다.

그가 구사하는 문장과 그림이 너무나 뛰어나 중국의 사신 김식이 경탄을 마지하지 않았으며, 중국 산해관의 관리가 그의 짧은 편지를 가보처럼 여겼다는 기록이 있다. 왕의 전교를 받아 중국 황제에게 보내는 사은서를 도맡아 쓰다시피 하기도 했다. 조선시대 유명한 농학자였던 강희맹이 그의 동생인 것도 형의 이러한 인생과 무관치 않을 것이다.

 강희안과 강희맹이 살아 있는데 어찌하여

강희안은 세종의 처조카로서 세조와는 이종사촌간인 셈인데 1458년 12월 8일의 실록을 보면 세조가 두 형제에 대해 섭섭한 감정을 토로하는 대목이 나온다.

> 내가 듣건대, 전 지돈녕부사 강석덕(세조의 외삼촌)의 딸이 추위를 당하여 해산을 하였다고 하는데, 집에는 조금의 곡식도 없다고 하니 진실로 가엾고 불쌍하다. 내 지친으로서 지금 이같이 극심한 지경에 이르렀다 하니 희안과 희맹이 살아 있는데 어째서 돌보지 아니하여 이처럼 심한 지경에 이르렀는가?

하며 승정원을 시켜 쌀 50석을 내리게 한다. 두 형제가 상당한 지위의 벼슬에 올랐지만 생활은 늘 검소하고 재물을 탐하지 않아 여유로운 생활을 하지 않았기 때문으로 여겨진다. 이는 훗날 강희맹이 뇌물을 받았다 하여 탄핵을 받게 될 때 왕에게 이에 대한 무고를 말하는 대목에서도 알 수 있다.

> 신은 본래 옹졸하여 평생에 남과 다툰 일이 없으며, 집안도 본래 가난하여 또 뇌물이나 전답으로 송사를 한 일도 없습니다. 백 가지로 생각해 보건대, 마땅히 비방을 부를 만한 원인이 없는데도 지금 이와 같으니, 신은 아마 크게 간특한 자가 버젓이 조정에 있으면서 유생의 이름을 사칭하여 신의 허물을 핑계로 음흉한 꾀를 행하려고 하는 것 같습니다.

이 사건을 제외하고 강희안의 집안은 실록에 어떤 추문도 기록되어 있지 않다. 조선의 많은 유명 명사들이 뇌물과 여자 문제로 추문을 기록하고 있음과 대비된다.

 능지처참의 위험에서 구사일생하다

세조가 단종의 왕위를 찬탈하면서 많은 사람이 칼날 아래 죽어갔으며, 뒤이어 세조를 제거하고 단종을 복위코자 했던 충신들 또한 피의 숙청을 피할 수 없었다. 이른바 충절과 의리의 표상으로 후세까지 알려진 사육신과 생육신이 바로 그들이다. 그런데 실록을 보면 강희안도 초기에 세조를 제거하는 데 사육신들과 동조를 하지 않았나 하는 의심을 갖게 한다. 다음은 세조 2년(1456년) 7월 12일 역모를 엄히 다스릴 것을 주청하는 대사헌 신석조가 올린 상소문이다.

　　전일에 이유 등의 죄를 청하였으나 윤허를 받지 못하여 신 등은 실망하였습니다. 또 강희안은 왕실의 인척으로 주상을 가까이 모시고 있으면서 이개의 "인심이 흉흉하다"는 말을 듣고서도 못들은 체하고 피하여 갔을 뿐이요, 즉시 아뢰지 않았습니다. 또 성승의 집에서 박팽년과 하위지가 함께 서로 술 마시는 것을 보았는데도 어찌 알지 못했다고 하겠습니까? 강희안은 서연에서 한 말과 성승의 집에서 모였던 점으로 보아 그 정적을 감출 수가 없습니다.

　　강희안 같은 자는 범연하게 공사供辭에 관련된 다른 사람과 비교가 아니 됩니다. 일찍이 이개의 "인심이 흉흉하다"는 말을 들었을 뿐만 아니라 또 역도들이 성승의 집에 모여서 모반을 꾀하던 날에도 역시 참여하였고, 또 성삼문을 끌고 함께 이웃집으로 들어갔으니, 어찌 그 음모를 알지 못하였겠습니까? 이제 다만 법대로 처치하지 아니할 뿐만 아니라 그 죄를 전적으로 풀어 주고, 또 벼슬할 것을 명하시니, 그것이 "먼저 당여를 다스려야 한다"는 뜻으로 볼 때 어떻다고 하겠습니까?

그러나 세조는 강희안 등이 모여 술 마신 일은 본래부터 정실이 없는 것이라 하여 불문에 붙인다. 그런데 그가 주륙의 위험에서 살아난 것은 성삼문의 말 한마디였다. 성삼문은 세조가 강희안도 모의에 참여를 했는지 묻자 "정말로 알지 못하오. 나으리가 아까운 선비를 모두 죽이려 하나 마땅히 이 사람은 남겨두었다가 쓰도록 하시오"라고 답변하였다.

이에 강희안은 죽음을 면하게 되었다. 만약 세조가 그를 모반에 가담했다는 죄로 처단하였다면 그의 주옥같은 글과 그림은 후세에 남겨지지 못했을 것이다. 그런데 강희안을 탄핵하는 여러 상소문을 살펴볼 때 사육신 등이 세조 제거를 위한 거사를 모의하던 초기, 강희안이 소극적으로 참여를 하다 뒤로 빠졌든지, 아니면 알면서도 모른 척 넘어갔지 않았을까 하는 의구심은 든다.

이황 李滉 (1501~1570년)

조선 중기의 학자, 문신. 이기호발설理氣互發說이 사상의 핵심이다. 영남학파를 이루었고, 이이의 제자들로 이루어진 기호학파와 대립, 동서 당쟁과도 관련되었다. 일본 유학계에 큰 영향을 끼쳤다. 도산서원을 설립해 후진양성과 학문연구에 힘썼다. 지은 책으로 〈퇴계전서〉退溪全書가 있으며 시조에 '도산십이곡' 陶山十二曲, 글씨에 '퇴계필적' 退溪筆迹이 있다.

도산 달밤에 핀 매화

숭정대부 판중추부사 이황이 졸하였다. 그에게 영의정을 추증하도록 명했다.

이황이 향리에 돌아가 누차 상소하여 연로하므로 사직할 것을 빌었으나 허락하지 않았다. 이때 병이 들었는데 아들 준에게 경계하기를,

"내가 죽으면 관청에서 틀림없이 관례에 따라 예장을 하도록 청할 것인데, 너는 모름지기 내가 내린 유언이라 칭하고 상소를 올려 끝까지 사양하라. 그리고 묘에도 비석을 세우지 말고 작은 돌의 전면에 '퇴도만은진성이

공지묘' 退陶晚隱眞城李公之墓라고 쓰고, 그 후면에 내가 지어둔 명문銘文을 새기라" 하였다.

그로부터 며칠 후 죽었는데 준이 두 번이나 상소하여 예장을 사양하였으나 허락하지 않았다.

이황의 자는 경호景浩이고, 선대는 진성 사람이며, 숙부 이우와 형 이인해도 다 명망이 높았다. 이황은 타고난 바탕이 순수하고 아름다웠으며 재주와 식견이 영리하고 슬기로웠다. 어려서 아버지를 여의고 자력으로 학문을 하였는데 문장이 일찍 성취되었고, 어린 나이에 성균관에 들어갔다.

당시는 기묘사화를 겪은 후라서 선비들의 말과 행동이 거칠고 가벼웠으나 이황은 예법으로 자신을 지키면서 남의 조롱이나 비웃음 따위는 아랑곳하지 않고 고상한 뜻과 차분한 마음을 가졌다.

비록 늙은 어머니를 위해 과거를 통해 벼슬을 하기는 하였으나 지위가 높은 자리를 좋아하지는 않았다. 을사년 난리에 거의 불측한 화에 빠질 뻔하고 권간들이 조정을 어지럽히는 꼴을 보고 되도록 외직에 보임되어 나가고자 하였고, 얼마 후 형 이해가 권간을 거슬러 억울한 죽음을 당하자 그때부터는 물러가 숨을 뜻을 굳히고 벼슬에 임명되어도 대부분 나가지 않았다.

오로지 성리학에 전념하다가 〈주자전서〉를 읽고 한결같이 그 교훈대로 따랐다. 도가 이루어지고 덕이 확립되자 더욱더 겸허하였으므로 그에게 배우려는 학자들이 사방에서 모여 들었고 달관, 귀인들도 마음을 다해 그를 공경했는데 학문 강론과 몸단속을 위주해 사림의 기풍이 크게 변화되었다.

명종은 그가 벼슬에 뜻이 없어 물러나 있음을 가상히 여겨 누차 관작을 높여 불렀으나 모두 나오지 않고 예안의 퇴계에 살면서 이 지명에 따라 호를 삼았다. 늘그막에는 산수가 좋은 도산에 집을 짓고 호를 도수로 고치기도 하였다. 빈약을 편안하게 여기고 담백함을 좋아했으며 이끗이나 형세, 분분한 영화 따위는 뜬구름 보듯 하였다. 그러나 보통 때는 별다르게 내세우는 바가 없어 일반 사람과 크게 다른 점이 없어 보였지만 벼슬의 진퇴나 주고받음에 있어서는 털끝만큼도 잘못이 없었다. 서울에서 세들어 살 때 이웃집의 밤나무 가지가 담장을 넘어 뻗쳐 있었으므로 밤이 익으면 알밤이 뜰에 떨어졌는데, 집 안의 어린 아이가 그걸 주워 먹을까봐 언제나 손수 주워 담 너머로 던졌을 정도로 개결한 성품이었다.

　명종 초기에 조야가 모두 부푼 기대에 이황이 아니면 성덕을 성취시킬 수 없을 것이라고 여겼고 주상 역시 그에 대한 총애가 남달랐는데, 이황은 이미 늙었고 지혜가 큰일을 담당하기에는 부족하며 또 세상이 쇠퇴하고 풍속도 야박하여 위아래에 믿을 만한 사람이 없어 유학자가 무엇을 하기에는 어렵겠다고 여겨 굳이 사양하고 기어이 물러가고야 말았다.

　주상은 그의 죽음을 듣고 슬퍼하여 증 영의정을 하사했으며 제례를 더욱 후하게 내렸다. 장례에 모인 태학생과 제자들이 수백 명에 달하였다.

〈선조수정실록〉4권 · 1570년(선조 3년) 12월 1일

 ## 청빈낙도와 은자의 고결한 품성

홀로 산창에 기대서니
밤기운이 차가운데

매화나무 가지 끝에
둥근 달이 떠 오르네

구태여 부르지 않아도
산들바람도 이니

맑은 향기 저절로
뜨락에 가득 차네

매화는 북풍한설이 몰아치고 나서 봄기운이 돌 무렵 가장 먼저 피는 꽃이다. 그래서 예로부터 매화는 어려운 간난의 추위 속에서도 꽃을 피운다 하여 절개와 지조의 상징으로 여겼다. 절개와 지조는 곧 조선시대의 정신세계와 사회 윤리규범을 지배하던 성리학의 근간이기도 하다. 따라서 우리의 조상들은 매화를 찬양하기를 지조 높은 선비의 기품과 같다고 하여 매양 본받기를 원하였다.

퇴계 역시 예외일 수 없었다. 벼슬에 연연함이 없이 초야에 묻혀 학문에 정진하기만을 원했던 조선의 대학자 퇴계는 특히 매화를 좋아하여 100여

수의 매화시를 남기고 있다. 위의 시는 퇴계가 남긴 매화시 중에 '도산 달밤에 핀 매화'다. 청빈낙도와 은자의 고결한 품성이 엿보이는 작품이다.

조선의 산야에 을사사화로 인한 원혼들의 피가 마르지 않고 백성들의 한숨과 눈물이 마르지 않던 시절, 퇴계는 피비린내 나는 살육의 중앙 무대에서 한사코 물러서 있고자 했다. 천성이 은자이기도 했지만 시대가 그를 은자의 학자로 머물게 했는지도 모른다. 따라서 그의 많은 매화시는 스스로를 위안하고 시대를 위안하는 시였다.

 동서 당쟁의 실마리를 제공한 이기이원론

어렸을 때의 이름은 서홍瑞鴻이었다. 자는 경호이며 호 퇴계 외에도 도옹, 퇴도, 청량산인이다. 시호 문순文純. 경상북도 예안에서 태어나 12세 때 숙부 이우에게서 학문을 배우다가 1523년(중종 18년) 성균관에 입학해 1528년 진사가 되고 1534년 식년문과에 을과로 급제하였다. 부정자 박사, 호조좌랑 등을 거쳐 1539년 수찬, 정언을 지냈고 형조좌랑으로서 승문원 교리를 겸직하였다.

1542년 충청도 암행어사로 나갔으며, 이듬해 대사성이 되었다. 명종 즉위년의 을사사화 때 간신 이기에 의해 직책이 삭직되었다가 다시 대사성에 임명되었다. 그 후 형조, 병조의 참의에 이어 부제학, 공조참판이 되었다. 1566년 공조판서에 오르고 이어 예조판서, 우찬성을 거쳐 대제학을 지내고 이듬해 고향으로 돌아가 학문과 교육에 전심하였다.

그는 이언적의 주리설을 계승, 주자의 주장을 따라 우주의 현상을 이理, 기氣 이원으로 설명, 이와 기는 서로 다르면서 동시에 상호 의존관계에 있어서, 이는 기를 움직이게 하는 근본 법칙을 의미하고 기는 형질을 갖춘 형이하적 존재로서 이의 법칙을 따라 구상화되는 것이라고 하여 이기이원론理氣二元論을 주장하면서도 이를 보다 근원적으로 보아 주자의 이기이원론을 발전시켰다.

퇴계는 이기호발설理氣互發說을 사상의 핵심으로 하는데, 즉 이가 발하여 기가 이에 따르는 것은 4단端이며 기가 발하여 이가 기를 타[乘]는 것은 7정情이라고 주장하였다. 사단칠정四端七情을 주제로 한 기대승과의 8년에 걸친 논쟁은 사칠분이기여부론四七分理氣與否論의 발단이 되었고 인간의 존재와 본질도 행동적인 면에서보다는 이념적인 면에서 추구하며, 인간의 순수이성은 절대선이며 여기에 따른 것을 최고의 덕으로 보았다.

그의 학풍은 뒤에 문하생인 유성룡, 김성일 등에게 계승되어 영남학파를 이루었고, 이이의 제자들로 이루어진 기호학파와 대립, 동서 당쟁은 이 두 학파의 대립과도 관련되었으며 퇴계의 학설은 임진왜란 후 일본에 소개되어 유학계에 큰 영향을 끼쳤다.

스스로 도산서원을 설립해 후진 양성과 학문 연구에 힘썼고 현실생활과 학문의 세계를 구분하여 끝까지 학자의 태도로 일관했다. 중종, 명종, 선조의 지극한 존경을 받았으며 시문은 물론 글씨에도 뛰어났다. 그가 죽자 명종은 죽음을 슬퍼하며 그를 영의정에 추증했다.

그가 평생을 가까이 했던 매화처럼 시대가 어지럽고, 허명이 세상을 우롱하는 시대일수록 그의 향기는 깊고 그윽하기만 하다.

 고문으로 억울하게 죽은 퇴계의 형, 이해

 시대를 농간했던 윤원형의 일파가 숙청이 되고 명종이 수렴청정의 자리에서 벗어나 비로소 왕권을 행사하면서 이황을 불러 도움을 청하고자 했으나 그는 벼슬에 뜻이 전혀 없었다.
 그는 명종의 누차에 걸친 부름에도 응하지 않았으며 마지못해 응해서도 곧바로 사직하고 낙향해 버렸다. 비록 그가 천성적인 은자적 성품이기도 하였으나 을사사화와 권신들의 횡포 그리고 무엇보다도 친형이었던 이해의 죽음은 그를 굳이 중앙의 정치무대에 발들여 놓기를 거부하게 만들었던 것 같다. 실록의 줄기는 을사사화 때 그가 화를 당할 뻔하였고 형 이해가 권간을 거슬러 억울한 죽음을 당하자 그때부터는 물러가 숨을 뜻을 굳히고 벼슬에 임명되어도 대부분 나가지 않았다고 기록하고 있다.
 어렸을 때 아버지를 여의고 청상과부인 홀어머니 밑에서 형과 함께 자라 성균관에서 동문수학하고 과거에도 나란히 합격하여 벼슬길에 나아갔던 혈육이 권신들에 의해 억울하게 죽음 당했을 때 그 심경이 어떠했겠는가. 따라서 우리가 그의 인생을 관통하는 철학과 행동을 말할 때 형의 죽음을 그와 떼어놓고 가벼이 볼 수 없는 것도 여기에 있다. 실록의 사관은 퇴계의 형 이해의 죽음에 대해 이렇게 기술하고 있다.

 이치가 전에 헌납(사간원의 5품 관리)으로 있을 때 이기가 공을 믿고 권세를 마음대로 부린다고 탄핵했기 때문에 이기가 앙심을 품었었다. 마침 이치가 유신 현감으로 있었는데 고을 백성 중에 어떤 사람(최하손)이

고을에서 떠돌던 글을 얻어가지고는 그것을 모반이라 생각하여 고변하였다. 이치가 살펴보고 사실이 아니라는 것을 알고 감사 이해에게 보고하고 곤장을 쳐서 죽였다. 이해가 대사헌으로 있을 때 이기의 행실이 개돼지와 같다고 논박하였기 때문에 이기가 또한 분을 품었는데 드러내지는 않고 있었다.

모반 사건에 연루된 이홍윤의 가산을 적몰할 때에 이홍윤의 형 이홍남이, 어미가 죽어 아직 빈소에 있었는데 상복을 입고 관부에 나와 홍윤의 재물을 하나하나 열거하면서 "어떤 물건은 내 것이니 돌려 달라"고 하였다. 이해가 이 소리를 듣고 공청에서 큰 소리로 "고변으로 가문이 다 멸망했겠지만 어미의 몸이 아직 식기도 전에 상복을 입고 관부에 들어와 자기 동생의 재물을 찾아가는 것은 좋지 못한 일이 아닌가?" 하였다. 이홍남이 그 말을 듣고 마음속에 앙심을 품고 있다가 사실을 날조하여 자기의 처형인 원호변에게 고하고 호변은 그의 숙부인 원계검에게 말하였으며, 이기가 대사헌 송세형에게 부탁하여 이를 거론하게 하였다. 이해는 또한 세도를 부리는 윤원형을 싫어해 그에게 붙지 않았는데, 윤원형이 금부의 추관으로 있었다. 그러므로 가장 혹독한 화를 받았다.

여기서 이기라는 자는 명종 때의 권신으로 실록은 그를 기록하기를 "인품이 흉패하고 모습은 늙은 호랑이와 같았으므로 그 외모만 보아도 속마음을 알 수가 있었다"라고 평하고 있다. 그는 자신에 대해 비난할 경우 처음에는 무시하는 듯하다가 끝내는 철저히 보복하여 그에 의해 죽임을 당한 사람이 매우 많았다. 그러므로 온 나라 사람들이 모두 숨을 죽이며 조심하여 감히 이기에 대해 언급하지 못했다. 그가 죽자 사람들이 모두 분개하여 그의 고기를 먹고 그의 가죽을 깔고 자지 못하는 것을 통한하였다 하니 악행이 이루 말할 수 없었던 모양이었다.

그런데 이해가 청홍도(충청도) 감사로 있으면서 모반사건으로 연루된 죄인 이홍윤의 재산을 적몰하는 일을 담당했는데, 이홍윤의 형이 동생의 재산을 탐내자 꾸짖으며 돌려주지 않고 일부를 가족에게 남겨주었던 모양이었다. 당시 역모자의 재산은 국가가 전부 환수하는 것이 법이었는데 이해가 역모자의 재산을 적몰하지 않고 돌려주었다고 하여 이기에 의해 탄핵을 받게 되었던 것이다.

결국 이해는 명종의 명으로 '장 일백에 유 삼천리'로 갑산에 유배되었는데 유배 가던 도중 매질의 후유증으로 양주에서 죽고 말았다.

 명종과 이황의 줄다리기

결국 따지고 보면 어찌됐던 이황을 존경하여 그렇게 불러대던 명종마저도 형을 죽인 장본인이 아니었던가? 따라서 형 이해의 죽음은 그를 더 이상 중앙정치에 머물고 싶은 마음을 접게 했을 것이다. 인간적으로 명종에 대한 섭섭함이야 이루 말할 수 있었겠는가.

그럼에도 명종은 끝없이 그에게 직첩을 내리고 중앙무대로 돌아오기를 간곡히 부탁한다. 그러나 누차에 걸쳐 응하지 않고 마지못해 응하더라도 바로 사직 상소를 올리고는 걸음아 나살려라 하고는 향리로 내빼버렸다.

명종의 부름에 대해 사양하며 올린 글을 보면 16년 동안에 서울에 있으면서 사직하였다가 다시 임명된 것이 10차례이고 임명되었는데도 받아들이지 못한 것이 4차례이며, 물러나 시골로 돌아간 것이 4차례이고, 지방에 있느라 보필하지 못한 것이 6차례이며 소명을 사양한 것이 3차례였다. 가히 명종과 이황의 줄다리기가 어떠했으며, 명종이 그에게 들인 공과 존경심이 지대했음을 알 수 있다.

그에 대한 왕의 총애는 명종뿐만이 아니라 거슬러 올라 중종 때에도 각별했다. 실록을 보면 중종의 이황에 대한 대우와 총애는 가히 놀라울 정도다. 중종은 형조정랑이었던 그를 아껴 독서당에 사가독서를 시키면서 아무도 그를 찾지 못하도록 엄명을 내리고 직무로부터 해방시켜주기 위해 한가한 관직으로 제수하기까지 하였다.

이때 사관은 이황에 대해 "상께서 이처럼 중히 여겼는데도 더러는 임의로 들락날락하여 자기 집에 있는 날이 많고 독서당에 있는 날은 적었으니 성상이 위임하고 중히 여기는 뜻을 받드는 것이라 할 수 있겠는가. 스스로 잘못함이 심하다"라고 책망하고 있는데, 이는 실록에서의 유일한 책망이기도 하다.

 땔나무도 대기 어려울 만큼 청빈했던 재상

이황은 청렴하게 꿋꿋한 지조를 닦아 스스로를 지켜나갔고 차분하고 욕심이 없어 권세와 부귀를 영화로 여기지 않았다. 벼슬에 연연하지도 않

았으며 벼슬하는 동안 서울에 있으면서도 집 한 칸 없어 남의 집에 세들어 살았다. 청빈하기가 그의 품행과 같았으니 권세를 잡은 자들조차 감히 건들지 못했다.

중종 때에 비로소 벼슬길에 올랐다가 간신 김안로에게 배척되었고, 김안로가 죽음을 당한 뒤에는 비록 벼슬이 잇달아 내려졌으나 늘 사양하고 물러가고자 하였다. 명종이 즉위한 초기에 풍기 군수로 있다가 벼슬을 버리고 시골로 돌아갔었고, 왕의 부름을 받고 조정에 돌아와 특별히 성균관 대사성에 제수되어 을사사화를 겪으면서 피폐해졌던 선비들의 풍습을 쇄신하려고 마음 먹었으나 끝내 시행하지 못했다. 뜻을 올곧게 펼치기에는 시대 상황과 인물들의 난삽함이 그를 실망케 하고 좌절케 했다. 그 뒤에 임금이 첨지중추부사를 제수했으나 병으로 사양하고 돌아가니 왕이 음식물을 내려 그의 청렴함을 치하했다.

일국의 재상 반열에 있었으면서도 집에는 부리는 종 한 명이 없었으며, 심지어 땔나무조차 대기 어려웠다 하니 청빈함이 어떠했는지 미루어 짐작하고도 남음이 있다. 실록은 그의 성품에 대해 이렇게 기록하고 있는데 이는 정사룡이라는 관리가 명종에게 올린 말이다.

이황은 재주와 행실이 아울러 갖추어져서 사람들에게 존중받아온 지 오래되었습니다. 이 사람은 본디 성품이 조용하고 겸손하며 기질이 미약하므로 번거로운 일을 싫어하고 한가하고 고요한 것을 좋아합니다. 그 글은 경박한 글이 아니요 이학理學이 바르고 깊으며 문장이 바르고 점잖으니, 문관 가운데에 이만한 사람이 없습니다. 이황은 청빈으로 자기를 지키므로 서울에 있을 적에도 본디 집에서 부려오던 하인이 없으므로 땔나무도 대기 어려웠습니다. 이것은 그의 개인적인 일로서 아뢰기는 미안하나 위에서는 아랫사람의 정상을 마땅히 아서야 하겠으므로 감히 아룁니다.

이황은 어릴 적부터 마음이 편안하고 고요하여 번잡한 것을 좋아하지 않았다. 학문이 깊었으나 그것을 드러내놓고 말하지 않았다. 성품이 자연을 사랑하여 초가집을 짓고 살면서 하루 종일 단정히 앉아서 단지 성현의 책만을 대하고, 끼니를 잇지 못하여도 그런 생활을 만족스럽게 여기며 살았던 인물이었다.

김종직 金宗直(1431~1492년)

조선 전기의 성리학자, 문신. 경남 밀양 출생. 영남학파의 종조이며, 생전에 지은 조의제문弔義帝文이 죽은 후인 1498년(연산군 4년) 무오사화가 일어나는 원인이 되었다. 부관참시를 당하였으며, 많은 제자가 죽음을 당했다. 지은 책으로 〈유두유록〉, 〈청구풍아〉, 〈당후일기〉 등이 있다.

글 하나 때문에 두 번을 죽다

지중추부사 김종직이 졸하였다. 김종직의 자는 계온季昷이고, 성균사예 김숙자의 아들이다. 1453년(단종 원년)에 문과에 합격하였다. 세조가 집현전을 없애고 글 잘하는 선비 10명을 선발하여 예문을 겸하게 할 때 김종직이 형인 김종석과 함께 선발되어 들어갔다.

성종이 즉위하고 집현전의 예에 의해 예문관의 인원을 늘려서 문학하는 선비를 선발하여 충당시켜 모두 경연관을 겸하게 하였는데, 김종직이 수찬이 되었다. 그러나 어버이가 연로함으로 인하여 지방에 나아가 함양 군수가 되었다. 1479년(성종 6년)에 임기가 만료되자 승문원 참교에 제수되었고, 이어 어머니가 연로함으로 인해 사직하자 선산 부사에 제수되었다.

1479년(성종 10년)에 어머니 상을 당했고, 삼년상을 마치고는 금산 초야에 있었다. 1482년(성종 13년)에 부름을 받고 홍문관 응교에 제수되었으며, 얼마 되지 않아 직제학에 제수되고 부제학으로 승진되었으며, 승정원 동부승지에 제수되고 좌부승지까지 이르렀으며 도승지에 발탁되었다. 곧이어 가선대부, 이조참판 겸 동지경연사에 올랐다. 당시 경연 당상은 다만 조강朝講(이른 아침에 왕에게 글을 강의하는 일)에 참여하여 모셨을 뿐이었는데 임금이 특별히 김종직에게 명하여 진강進講(임금 앞에서 글을 강의하는 일)하게 하고 이어 주강晝講(임금 앞에서 법을 강의하는 일)에 참여하게 하였다. 김종직이 동지경연사로 있은 것이 오래였으나 건의하는 일이 없었으므로 명망이 조금 감소되었다.

1487년(성종 18년)에 전라도 관찰사로 나갔고, 이어 공조참판, 형조판서에 제수되었는데, 중풍의 마비 증세로 인하여 휴가를 주었으나 낫지 아니하므로 지중추부사로 옮겼다. 동래 온천에 목욕하기를 청해 내려갔다가 이어 밀양의 옛집으로 돌아가서 글을 올려 사직하였는데, 임금이 친히 불허하는 편지를 써서 하사하였다. 이때에 와서 졸하였다.

처음의 시호는 문충文忠이었는데, 도덕이 높고 학문이 넓은 것을 文이라 하고, 청렴하고 공정한 것이 忠이다. 뒤에 대간의 논박으로 인하여 시호를 문간文簡으로 고쳤는데, 문학이 넓고 본 것이 많은 것이 文이고 경敬에 거하여 간소하게 행동함이 簡이다. 김종직은 자호를 점필재佔畢齋라고 하였으며, 저술한 책이 몇 권이 있다. 찬집한 〈청구풍아〉, 〈동문수〉가 세상에 행해지고 있다.

〈성종실록〉268권 · 1492년(성종 23년) 8월 19일

 잡학을 무시했다가 파직을 당하다

　김종직은 어렸을 때부터 타고난 자질이 영리하고 비범했다. 5살에 글을 익히기 시작했는데 한번 가르치면 바로 외울 정도로 성취도가 높아 아버지가 되려 걱정이 들어 비로소 8살이 되어서야 〈소학〉을 가르치기 시작했다. 그런데 날마다 수백 가지 문장을 기억하고 외웠다. 1453년(단종 1년)에 진사가 되고, 1459년(세조 5년) 식년문과에 정과로 급제하여 벼슬길에 나아가 마침내 형조판서에까지 이르렀다.
　아버지는 정몽주와 길재의 학통을 이은 사람이었다. 점필재는 그러한 아버지로부터 학문을 배웠으며, 따라서 절의를 중요시하고 문장과 역사에 정통하여 후일 조선시대 성리학의 맥을 잇는 사림의 중추적 역할을 했다.
　김종직은 문장 중심, 정치 중심인 한당류漢唐類의 학풍과, 성리학이 국가 사회 전반의 규범과 학문의 철학적 이론 부문을 관장하던 시대에 살았다. 따라서 그 역시 대부분의 조선의 학자와 마찬가지로 문을 숭상하고 잡학을 경시했던 사람이었으며, 이로 인해 세조로부터 경박한 사람이라는 꾸중까지 들으면서 파직을 당한 일이 있었다. 잡학雜學이라 하면 요즘으로 보면 이과 계통의 학문을 말함이다. 그의 사상의 일단이 드러나는 〈세조실록〉의 기록(1464년 8월 6일)을 보자.

김종직이 아뢰기를

"지금 문신으로 천문, 지리, 음양, 율려, 의약, 복서, 시사詩史의 7학을 나누어 닦게 하는데, 그러나 시사는 본래 유학자의 일이지만 그 나머지 잡학이야 어찌 유학자들이 마땅히 힘써 배울 학이겠습니까? 또 잡학은 각각 업으로 하는 자가 있으니 만약 권선징악의 법을 엄하게 세우고 다시 교양을 더한다면 자연히 모두 정통할 것인데, 그 능통하는 데에 반드시 문신이라야만 좋은 것이 아닙니다."

하니, 임금이 말하기를

"잡학을 하는 자들이 모두 용렬한 무리인지라 마음을 오로지하여 뜻을 이루는 자가 드물기 때문에 너희들로 하여금 이것을 배우게 하고자 하는 것이다. 이것이 비록 비루한 일이라 하나 나도 또한 거칠게나마 일찍이 섭렵하면서 그 문호에서 며칠간 공부한 적이 있었다."

하고, 이조에 전지하기를

"김종직은 경박한 사람이다. 잡학은 나도 뜻을 두는 바인데 김종직이 이렇게 말하는 것이 옳은가? 그 정상을 국문하는 것은 옳다. 그러나 이미 돌아가면서 직접 사람들로 하여금 의견을 다 말하게 하였는데, 또 말한 자를 죄준다면 언로가 막힐 것이니 그것을 중지하고 그를 파직하라."

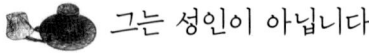 그는 성인이 아닙니다

점필재는 살아서 이름을 날리기보다는 오히려 죽어서 이름을 날리게

된다. 가장 먼저 제기되었던 문제가 바로 시호 문제였고 두 번째가 생전에 써 두었던 〈조의제문〉이라는 글로 인한 무오사화였다.

그가 죽자 성종은 문충文忠이라는 시호를 내렸는데 대간들이 그 시호가 김종직에게는 어울리는 것이 아니라 하여 줄기차게 상소를 올린다. 원래 시호는 대신들이 죽었을 때 그 사람의 생전의 행실과 학문의 성과를 가지고 관련 관청(봉상시)에서 시호를 지어 올리면 왕이 내리는 것으로 한번 정하면 바꾸지 않는 것이 관례였다. 그런데 이를 의정부 대신들이 거론하고 나선 것은 문충이라는 시호를 설명하면서 도덕박문道德博聞이라고 한 것이다. 이는 도덕과 사물을 널리 들어 통했다는 말인데 김종직은 실제와 맞지 않아 이것이 대신들에게 거슬렸던 모양이다.

> 의정부에서 아뢰기를,
> 김종직의 시호를 보건대 성인과 같이 의논하였고, 그 글자의 해석에 도덕박문이라고 하였으니, 만일 정주鄭朱(중국 송나라의 유학자 정호, 정이 형제와 주희를 아울러 이르는 말)와 같이 도통한 자가 아니면 여기에 해당되지 않습니다. 신 등이 생각하건대 시호를 정하는 데에는 반드시 재주와 행실이 서로 맞아야 하는 것인데, 김종직의 시호는 서로 맞지 않습니다. 청컨대 이를 바꾸소서.

봉상시奉常寺(제사와 시호에 관한 사무를 맡아 보던 관청)에서 김종직의 시호를 의논함에 있어 "덕과 인에 의거하였고, 충성과 신의로서 공경함을 돈독히 하였으며 널리 학문을 닦아 몸가짐을 예의에 맞게 하고, 사람들을 가르치는 데 게으르지 않았으며 청렴하되 소견이 좁지 않고 온화하되 시류에 휩쓸리지 않았다"는 등의 말은 비록 공자라 하더라도 이보다 나을 수 없겠습니다. 김종직은 정직하고 청렴하며 글을 잘한 사람에 지나지 않는데, 시호를 의논한 것은 성인과 같음이 있으니 청컨대 그 실상을 국문하도록 하소서.

결국 이 일은 봉상시의 관리를 문책하고 시호를 문간文簡으로 고치는 것으로 일단락 짓는다.

 '조의제문'이 불러온 피의 숙청

점필재의 이름이 오늘날까지 역사책에서 중요한 한 부분을 차지하게 된 것은 생전에 관리로서의 업적에 의한 것이 아니고 깊은 학문과 절의, 문장가로서 그가 남긴 글 하나 때문이었다. 이름하여 '조의제문'이다. 그는 조의제문의 서두에서 왜 조의제문을 쓰게 되었는가를 꿈 이야기를 들어 다음과 같이 이야기하고 있다.

정축 10월 어느 날에 나는 밀성에서 출발하여 경산으로 가는 중에 답계역에서 자는데, 꿈에 신이 칠장의 의복을 입고 헌칠한 모양으로 와서 스스로 말하기를 "나는 초나라 회왕懷王 손심인데, 서초 패왕霸王에게 살해되어 빈강에 잠겼다" 하고 문득 보이지 아니하였다.

나는 꿈을 깨어 놀라며 생각하기를 회왕은 남초나라 사람이요, 나는 동이東夷 사람으로 지역의 거리가 만여 리가 될 뿐이 아니며, 세대의 선후도 역시 천 년이 훨씬 넘는데, 꿈속에 와서 감응하니 이것이 무슨 상서일까? 또 역사를 상고해 보아도 강에 잠겼다는 말은 없으니, 정녕 항우가 사람을 시켜서 비밀리에 쳐 죽이고 그 시체를 물에 던진 것일까? 이는 알 수 없는 일이다.

조의제문

하늘이 만물의 법칙을 마련하여 주셨으니
누가 사대와 오상을 높일 줄 모르리
중국이라 넉넉하고 동이족이라 모자란 것 아니거늘
어찌 옛날에만 있었고 지금은 없겠는가
그러기에 나는 동이족으로 천년 뒤에 태어나서
삼가 초나라 회왕께 조문을 드리네
옛날 진시황이 병사를 몰아서
사해의 물결이 핏빛으로 변했네
비록 보잘것없는 생명체라도 살아날 수 있을까
그물을 벗어나기 급급했도다.
당시 여섯 나라의 후손들은
숨고 도망가서 겨우 평민들과 짝이 되었네
항량은 남쪽 나라의 장종으로
진승과 오광을 뒤따라 일어났다네

왕위를 얻고 백성들의 소망을 따르려 함이여

끊어졌던 웅역의 제사를 보존했네

천자가 될 상서를 잡고 임금자리에 오름이여

이 세상에는 미씨보다 존귀한 이 없었다네

장자를 보내어 광중에 들어가게 함이여

인의의 마음을 알고도 남는다네

흉악한 무리들이 관군을 마음대로 죽임이여

어찌 잡아다가 제부에 기름칠 아니했는고

아! 형세가 그렇지 못함이여

내가 왕을 생각하니 더욱 두렵네

도리어 시해를 당했으니

정말로 천운이 어긋난 것이네

침산이 우뚝하여 하늘을 찌를 듯

해는 니웃니웃 저물어 가는데

침의 강물이 밤낮으로 흘러흘러

넘실거리는 물결은 돌아올 줄 모르네

이 천지가 다하도록 그 원한 다할까

넋은 지금도 구천을 맴도시는데

내 마음 금석을 꿰뚫음이여

임금께서 갑자기 꿈속에 나타나셨네

주자의 사필을 본받아

설레는 마음으로 경건히 사뢰며

술잔을 들어 강신제를 드리나니
영혼이시여 흠향하시옵소서

이 '조의제문'에서 김종직은 항우에게 죽은 초나라 회왕을 조문하고 있는데, 이것은 세조에게 죽음을 당한 단종을 회왕에 비유한 것으로 세조의 찬탈을 은근히 비난한 글이다. 이 글을 김종직의 제자인 김일손이 사관으로 있을 때 사초에 적어 넣었다. 연산군이 즉위한 뒤 〈성종실록〉을 편찬하게 되었는데 편찬 책임자는 이극돈으로 이른바 훈구파에 속한 사람이었다.

그런데 김일손의 사초 중에 이극돈의 비행이 기록되어 있어 김일손에 대한 앙심을 품고 있던 중 김종직의 '조의제문'을 사초 중에서 발견한 이극돈은 김일손이 김종직의 제자임을 기화로 김종직과 그 제자들이 주류를 이루고 있는 사림파를 숙청할 목적으로 선비를 싫어하는 연산군을 움직여 옥사를 일으켰다. 이것이 무오사화(1498년)인데, 그 결과로 김종직은 부관참시를 당하였고, 김일손, 권오복, 권경유, 이목, 허반 등이 참수되고 많은 사람들이 유배당했다.

그런데 이와 같은 사건이 일어나게 된 배경에는 공신 세력인 훈구파와 영남을 중심으로 한 신진 세력인 사림파의 대결 구도도 있었지만 그보다는 김종직과 유자광, 이극돈과 김일손과의 개인적 원한과 이로 인한 감정 대립이 사건의 결정적 진원지였음을 부인할 수 없다. 특히 간신의 대명사로 오늘날까지 회자되는 유자광을 빼놓고서 김종직과 무오사화에 대해 설명하기는 어렵다.

〈연산군일기〉에 기록된 유자광의 평가와 무오사화의 전말이라는 내용을 보면 그 진위가 보다 더 확실해진다. 유자광에 대한 기록을 보자. 1498년(연산 4년) 7월 29일의 기록이다.

　　유자광은 부윤 유규의 서자로 몸이 날래고 힘이 세었으며 높은 나무를 원숭이와 같이 잘 탔다. 어려서 불량배가 되어 장기와 바둑을 두고 재물을 다투기도 했으며 새벽이나 밤에 떠돌아다니며 길가에서 여자를 만나면 마구 끌어다가 성폭행을 일삼으므로 아버지는 태생이 미천한데다가 또 방종하고 패악함이 이러한 유자광을 누차에 걸쳐 매질을 하고 훈계를 하였는데 반성하지 않아 자식으로 여기지 않았다. 그는 처음에 궁의 건춘문에서 파수를 보던 직책으로 있었는데, 어느 날 왕에게 스스로를 천거하는 상소를 올려, 세조가 그 사람됨을 장하게 여겨 발탁하여 썼다. 또 남이를 역모로 몰아 변을 이른 공로로 훈봉을 받아 1품의 품계로 건너뛰었다.

　　스스로 호걸지사라 자칭하여 성질이 음흉하여 남을 잘 해쳤고 재능과 명예가 자기 위에 솟아난 자가 있으면 반드시 모함하려고 하였다. 그래서 한명회 휘하의 세력들이 성함을 시기했는데, 마침 성종께서 간하는 말을 기꺼이 받아들이는 것을 보고, 기발한 언론으로서 왕의 좋아하는 바를 맞추고자 하여 마침내 한명회가 발호할 뜻이 있다고 상소하였는데 왕이 죄로 여기지 아니하였다. 뒤에 임사홍, 박효원 등과 더불어 현석규를 밀어내려고 하다가 실패하여 동래로 귀양 갔었는데, 이윽고 석방되어 왔다. 그러나 왕은 그가 국정을 어지럽게 하는 사람이라는 것을 알고 다만 훈봉만 회복시킬 뿐 일을 다스리는 소임을 제수하지 아니하니 유자광은 마음에 항상 불만을 품었었다. 그러던 중 이극돈 형제가 조정에서 권세를 잡는 것을 보고 족히 자기 일을 성취시킬 만한 사람이라는 것을 알고 문득 몸을 기울여 아부하여 서로 결탁하였다.

 유자광의 김종직에 대한 원한

일찍이 유자광과 김종직은 구원이 있었다. 어느 해 유자광이 함양 고을에 놀러갔다가 시를 지어 판자에 새겨 함양 관청 벽에 걸게 한 적이 있었다. 그 후 김종직이 이 고을 원이 되어 왔는데 이를 보고 "유자광이 무엇이기에 감히 현판을 한단 말이냐" 하고 즉시 명하여 철거하여 불사르게 했다. 유자광은 이 사실을 알고나서 김종직에 대해 이를 갈았으나 김종직이 임금의 총애를 받고 있었기 때문에 도리어 스스로 아첨하며 가까이 했다. 그 후 김종직이 죽자 글을 지어 통곡까지 했다.

김일손은 일찍이 김종직에게 학문을 수학했는데, 사간원의 관리가 되자 직언하기를 서슴지 않았다. 상소를 올려 "이극돈과 성준이 서로 파당을 이루려 한다"고 논하자 이극돈은 이에 크게 노하고 악감정을 가지게 되었다. 그 후 이극돈이 사관의 책임자가 되어 김일손이 쓴 사초를 보게 되었는데, 내용이 자신을 매우 악하게 기술했을 뿐만 아니라 세조의 왕위 찬탈에 대한 내용을 담고 있어 이로 기화로 원한을 갚을 호기로 생각했다.

이를 난신 유자광에게 상의하니 자광은 팔을 내두르며 말하기를 "이 어찌 머뭇거릴 일입니까" 하고, 즉시 노사신, 윤필상, 한치형을 가서 보고 먼저 세조께 은혜를 받았으니 잊어서는 안 된다는 뜻을 말하여 그들을 설득한 뒤 연산군에게 이를 보고했던 것이다.

종직이 우리 세조를 무고함이 이에 이르렀으니 그 부도한 죄는 마땅히 대역으로 논해야겠으며, 그가 지은 글도 세상에 유전하는 것이 마땅치 못하오니 아울러 다 소각해버리소서.

연산은 유자광의 보고를 받고 그렇잖아도 자신의 패악에 대해 시시콜콜 간섭하는 사람들을 제거할 꼬투리를 찾고 있었던 참이었으니 이보다 좋은 기회가 없었다. 결국 사림에 대한 피의 주륙이 시작된 것이니 이 사건이 곧 무오사화이다. 유자광이 연산에게 조의제문에 대해 보고한 날의 기상을 실록은 이렇게 기록하고 있다.

이날 대낮이 캄캄하여 비가 물 쏟듯이 내리고, 큰바람이 동남방에서 일어나 나무가 뽑히며 기와가 날리니 성중 백성들이 놀라 넘어지고 떨지 않는 자가 없었는데 유자광은 의기가 만족하여 양양하게 제 집으로 돌아갔다.

앞으로 일어날 일에 하늘도 놀라고 땅도 놀랄 피바람의 사건을 미리 경고한 것이리라. 사건이 이리 전개되자 처음에 함께 동조했던 노사신은 유자광에게 "당초에 우리가 아뢴 것은 실록의 기록을 위함인데, 지금 자잘한 일에까지 연결되어 사람들이 날마다 많이 갇히고 있으니 우리들의 본의가 아니지 않소"라고 끝까지 반대했다.

　그 날 이후 연산은 가장 먼저 김종직의 문집을 수장한 자는 이틀 안에 각기 자진 납상하여 빈청 앞뜰에서 불태우게 하고, 여러 도의 관청 현판도 현지에서 떼어내도록 하였다. 이어서 이미 죽은 김종직의 무덤을 파서 부관참시했고 김일손은 능지처참되었으며, 김굉필, 정여창 이하 문인 40여 명은 현직이나 재야에 있는지를 불문하고 사사하거나 유배를 보냈다.

　김종직은 관직생활 30년에 초옥 한 간 마련하지 못했다. 사람들은 그의 청절 검소한 것을 알고 숭모했으며, 왕은 그가 와병 중에는 사관을 보내 문병을 하고 약을 계속 보냈다. 왕은 종 15명과 논 7섬지기를 내렸으나 끝내 받지 않았다. 62세로 세상을 떠났는데 부음을 들은 문인들은 말할 것도 없고 원근에서 사대부 유생이 구름처럼 모였다.

　연산군의 폐출과 함께 후일 김종직은 복권이 되고 조선조 최고의 유학자로 숭앙을 받았다. 김종직과 그의 제자들이 성리학적 이념에 의한 이상 사회를 이룩하기 위하여 그 뜻을 펴고자 하다가 급기야 폐쇄적이고 정체적인 사회 현실과 무도한 군주에 의해 좌절되었기 때문에 후일의 유학자들이 그를 높이 받들어 존중했던 것이다. 그런 연유로 김종직이야말로 도학道學의 이념을 정치에 실천코자 했던 이조 성리학의 조종祖宗으로 추모를 받는 것이다.

조선 인물 청문회

1쇄 인쇄 2013년 6월 17일 **1쇄 발행** 2013년 6월 21일
글 윤용철 **펴낸곳** 도서출판 말글빛냄
펴낸이 한정희 **마케팅** 최윤석
주소 서울시 마포구 마포동 324-3 3층
전화 325-5051 **팩스** 325-5771 **홈페이지** www.wordsbook.co.kr
등록 2004년 3월 12일 제313-2004-000061호
ISBN 978-89-92114-85-1 03910 **가격** 13,800원

*잘못된 책은 바꾸어 드립니다.